# 公路桥梁工程设计与施工管理

康召才　刘长天　刘　佳　**主编**

哈尔滨出版社
HARBIN PUBLISHING HOUSE

图书在版编目（CIP）数据

公路桥梁工程设计与施工管理 / 康召才，刘长天，刘佳主编．— 哈尔滨：哈尔滨出版社，2023.1
ISBN 978-7-5484-6716-8

Ⅰ．①公… Ⅱ．①康… ②刘… ③刘… Ⅲ．①公路桥－桥梁设计－研究②公路桥－桥梁施工－研究 Ⅳ．①U448.14

中国版本图书馆CIP数据核字（2022）第163216号

## 公路桥梁工程设计与施工管理
### GONGLU QIAOLIANG GONGCHENG SHEJI YU SHIGONG GUANLI

| 作　　者：| 康召才　刘长天　刘　佳　主编 |
|---|---|
| 责任编辑：| 韩伟锋 |
| 封面设计：| 张　华 |

出版发行：哈尔滨出版社（Harbin Publishing House）
社　　址：哈尔滨市香坊区泰山路82-9号　邮编：150090
经　　销：全国新华书店
印　　刷：廊坊市广阳区九洲印刷厂
网　　址：www.hrbcbs.com
E－mail：hrbcbs@yeah.net
编辑版权热线：（0451）87900271　87900272
开　　本：787mm×1092mm　1/16　印张：13　字数：290 千字
版　　次：2023 年 1 月第 1 版
印　　次：2023 年 1 月第 1 次印刷
书　　号：ISBN 978-7-5484-6716-8
定　　价：68.00 元

凡购本社图书发现印装错误，请与本社印制部联系调换。

服务热线：（0451）87900279

# 前　言

随着我国路桥工程建设高潮的兴起，国家对路桥工程建设的投资规模逐年加大，国、省道路与县、乡道路建设得到蓬勃发展，对公路行业施工技术人才的需求更加迫切。路桥工程的施工技术是道路与桥梁建设技术人员必须掌握的基本知识和能力。

大力发展交通运输事业是加速实现我国现代化的重要保证。四通八达的现代交通，对于加强全国各族人民的团结、发展国民经济、促进文化交流和巩固国防等都具有非常重要的作用。在公路、铁路、城市和农村道路交通及水利等建设中，为了跨越各种障碍（如河流、沟谷或其他线路等），必须修建各种类型的道路桥梁或涵洞，成为陆路交通的重要组成部分。特别是在现代高等级公路及城市高架道路的修建中，道路桥梁不仅在工程规模上巨大，还往往是保证全线早日通车的关键。在国防建设上，道路桥梁是交通运输的咽喉，在需要高度快速、机动的现代战争中具有非常重要的地位。

随着科学技术的进步，工业水平的提高，社会生产力的高速发展，人们对道路桥梁建筑提出了更高的要求。现代高速公路上交叉的立交桥、高架桥和城市高架道路，数十千米的海湾和海峡大桥，新发展的城郊高速铁路桥与轻轨运输高架桥等不但是规模巨大的工程实体，而且犹如一条地上彩虹，将城市装扮得格外美丽。纵观世界各大城市，常以雄伟的大桥作为城市的标志与骄傲。道路桥梁建筑已不单纯作为交通线上的重要工程实体，还常作为一种空间艺术结构存在于社会之中。因此，提高道路桥梁工程施工与管理水平，对社会的发展进步具有重要意义。

# 编委会成员

主　编　康召才　刘长天　刘　佳
副主编　常守军　丁　琪　李书睿
　　　　孙凤祥　许泽桂

# 目 录

## 第一章 绪论 ··················································································· 1
### 第一节 道路工程施工的历史与发展 ······················································· 1
### 第二节 道路工程施工的依据与程序 ······················································· 2

## 第二章 路基施工 ············································································· 4
### 第一节 概述 ····················································································· 4
### 第二节 施工准备 ··············································································· 6
### 第三节 路堤填筑施工 ········································································· 9
### 第四节 路堑开挖施工 ······································································· 15
### 第五节 路基排水施工 ······································································· 18
### 第六节 软土路基施工 ······································································· 21
### 第七节 路基防护与支护施工 ······························································ 24

## 第三章 路面施工 ············································································ 37
### 第一节 概述 ··················································································· 37
### 第二节 施工准备 ············································································· 40
### 第三节 路面垫层施工 ······································································· 44
### 第四节 路面基层施工 ······································································· 46
### 第五节 沥青路面施工 ······································································· 57
### 第六节 水泥混凝土路面施工 ······························································ 74

## 第四章 桥梁技术施工 ····································································· 91
### 第一节 扩大基础施工 ······································································· 91
### 第二节 桩基础施工 ··········································································· 99

## 第五章 桥梁下部构造施工 ···························································· 103
### 第一节 混凝土墩台、石砌墩台施工 ···················································· 103

第二节　装配式墩台施工…………………………………………………104

　　第三节　滑动模板施工……………………………………………………106

　　第四节　支座安装与墩台附属工程施工…………………………………109

第六章　桥梁上部结构施工………………………………………………………113

　　第一节　梁桥施工…………………………………………………………113

　　第二节　拱桥施工…………………………………………………………128

　　第三节　其他桥梁施工……………………………………………………137

第七章　公路桥梁工程组织设计…………………………………………………148

　　第一节　公路工程施工组织设计概述……………………………………148

　　第二节　公路工程施工组织设计的内容…………………………………149

第八章　公路工程项目施工管理…………………………………………………154

　　第一节　公路工程项目进度管理…………………………………………154

　　第二节　公路工程项目质量管理…………………………………………158

　　第三节　公路工程项目安全管理…………………………………………180

　　第四节　公路工程项目施工技术管理……………………………………185

结　语………………………………………………………………………………197

参考文献……………………………………………………………………………198

# 第一章 绪论

## 第一节 道路工程施工的历史与发展

### 一、公路道路工程施工技术的发展

#### （一）地基加固技术比较先进，基本达到国际水平

依据具体的地基土质情况，运用适当的加固材料和加固方式进行复合型地基加固，如水泥碎石桩与石灰等材料混合加固。当然，加固形式上仍然是桩基加固，但是传统的混凝土桩基已经被管桩所取代，在护壁方面仍使用泥浆。

#### （二）混凝土技术水平较高，获得较快的发展

这主要表现在混凝土性能的改善和高性能混凝土的投入使用上，使道路路面的整体强度得到空前的提升，而且为了提高混凝土路面的质量，现浇模板得到重视和大力研发，以求降低道路施工成本，要求施工部门对模板合理设计还有搅拌混凝土的发展，运用机械化对混凝土进行整合搅拌，制定高性能混凝土，保证道路工程施工的质量。

#### （三）防水技术的高度发展，提升道路工程施工质量

主要是高分子材料的发展运用，在防水工程中达到了一个空前的高度，使防水技术得到了很大程度的提升，从而使一系列建筑工程施工质量都获得了相应提高。随着技术的提升，防水材料方面推陈出新，大量的新式防水材料被运用到工程施工当中，主要有沥青防水卷、防水涂料及高分子片材。先进的防水技术充分利用到水泥混凝土路面的施工中，使水泥混凝土防水层的防水性能得到提升，再利用橡胶沥青进行防水涂膜或者利用密封沙浆防水，以做到道路施工防水方面的无懈可击。再有就是节能技术的发展，也在客观上促进了道路工程施工的发展，随着可持续发展战略的实施，人们的发展与自然资源之间的关系逐渐受到人们的重视，节能技术的进步使道路施工技术更加高效。

### 二、道路工程历史

道路工程历史源远流长。历史上最早的原始社会人群，因生活和生产的需要，形成天

然原始的人行小径。以后要求有更好的道路，取土填坑，架木过溪，以利通行。当人类由原始农业到驯养牲畜后，逐渐利用牛、马、骆驼等乘骑或驮运。这种生产力的飞跃进一步要求更适用的道路，因而出现驮运道。车轮是古代的伟大发明之一。它使陆地运输从此进入了马车交通时代。巴比伦、埃及、中国、印度、希腊、罗马、印加等文明古国，为了军事和商旅需要，道路工程方面都有过辉煌成就。古波斯大道、欧洲琥珀大道、罗马阿庇乌大道、中国秦代栈道和驰道等，享誉至今已有数千年历史。特别是横贯亚洲的丝绸之路延续两千年，对东西文化交流起到巨大影响，中国三大发明也从此传播世界。中国古代道路工程有卓越创造。"季春之月，令司空官，周视原野，开辟道路，毋有障塞""列树以表道，立鄙食以守路"。可见中国自古以来就重视道路的规划、修建和养护。公元前316年，"秦伐蜀，修金牛道，于绝险之处、傍凿山岩而施板梁为阁"《战国策·秦策》称栈道。秦筑驰道，汉唐通西域，各国商旅兴盛。

罗马帝国衰亡后，直到18世纪中叶，现代道路工程才开始在欧洲兴起。1747年，第一所桥路学校在巴黎建立。法国特雷萨盖、英国特尔福德和马克当等工程师提出新的理论和实践，认为良好路基也承受荷载，故将罗马式厚路面减到25厘米以下，并采用块石作基层和碎石做面层取得成功，从而奠定了现代道路工程的基础。1883—1885年，德国戴姆勒奔驰发明了汽车，开创了以汽车交通为主的现代道路工程的新时代。

# 第二节 道路工程施工的依据与程序

## 一、道路施工程序

（一）道路施工前要先到施工现场取土、石灰、大沙、石子、水泥送实验室做实验，取样时要有监理及业主代表现场取样，共同送实验室（必须用水洗两遍大沙，不得用细沙）。做的实验要有12%灰土击实实验（重型）、石灰钙镁含量、石灰含量滴定标准曲线图；石子、大沙、水泥原材料试验报告及混凝土配合比。

（二）路基宽度以内有树坑的，必须先处理树坑，处理方法用水浸实后上土方，用振动压路机碾压、整平压实。

（三）路基宽度不够的，需要加宽的做法如下：新上土方应与原路基每30cm打一个台阶，台阶宽50cm以上，且向内倾斜，分层碾压后整平压实。

（四）浇筑混凝土时要用强制式搅拌机、电子配料料仓，严格按照配合比控制混凝土的各项指标，每天做一组抗压试块（监理与业主共同取样），试块要做好养护。

（五）模板要采用18cm的槽钢模板，低于18cm的模板不允许进场，路基不得起拱，模板下不允许挖槽，模板要支牢固，浇筑混凝土路面时不得出现涨板现象。

（六）浇筑路面时要用自行式振动梁（必须配备振动电机），振捣时要密实，不得有大量气泡产生，面层施工时必须使用机械磨面，不得采用人工收面。运输混凝土料时，运输车车底不得撒大沙。收面要及时，面上不得有泌水产生，压纹要清晰，纹深6mm。每5m一道切割缝切割要及时，切缝厚度为路面厚度的1/3，道路沥青灌缝。收缩缝为当天施工缝留直设置胶合板。当天施工路段必须路肩培土。路面养护要根据天气情况进行养护，温度高时要洒水养生，温度低时可采用薄膜覆盖养生，养护不得低于14天。

（七）混凝土路面要顺直，不得出现弯曲、胀模现象。道路交汇处设弧形连接，转弯半径为3m。

## 二、施工依据

《城市道路工程设计规范》（CJJ 37—2012）
《城市道路路线设计规范》（CJJ 193—2012）
《城市道路交叉口设计规程》（CJJ152—2010）
《城镇道路路面设计规范》（CJJ 169—2012）
《公路沥青路面设计规范》（JTG D50—2006）
《公路路基设计规范》（JTG D30—2004）
《无障碍设计规范》（GB 50703—2012）
《城市道路交通设施设计规范》（GB 50688—2011）
《公路沥青路面施工技术规范》（JTG F40—2004）
《公路路面基层施工技术规范》（JTJ034—2000）
《公路路基施工技术规范》（JTG F10—2006）
《公路土工合成材料应用技术规范》（JTG/T D32—2012）

# 第二章 路基施工

## 第一节 概述

### 一、路基施工的意义及要求

#### （一）路基施工的意义

路基是道路的主体和路面的基础，必须具有足够的强度和整体稳定性。路基施工质量的好坏，直接影响着路面的使用效果。因此，提高路基的强度和整体稳定性，保证路基施工质量，是关系道路施工质量的关键。

路基工程涉及范围广、影响因素多、灵活性大，尤其是岩土内部结构复杂多变，设计阶段难以尽善尽美，因此需要在施工过程中进一步完善。根据耗费的人力、资源和财力，以及快速、高效与安全的要求，路基施工比路基设计更为重要、更为复杂。

路基土石方工程量大、分布不均匀，且工序较多，施工方法与技术操作方面各具特点。不仅与路基工程相关的设施，如路基排水、防护与加固等相互制约，而且同道路工程的其他工程项目，如桥涵、隧道、路面及附属设施相互交错。因此，路基施工在质量标准、技术操作、施工管理等方面都具有特殊性，必须予以研究和不断改进；就整个道路工程的施工而言，路基施工往往是施工组织管理的关键环节。

路基的隐蔽工程较多，质量不合标准会给路面及自身留下隐患，一旦产生危害，不仅会损坏道路使用品质，妨碍交通及产生经济损失，而且后患无穷，难以根治。因此，要确保工程质量，实现快速、高效、安全施工，必须重视路基施工。

#### （二）路基施工的要求

路基品质的好坏主要取决于路基自身的强度、整体稳定性，以及各种自然因素对路基强度、整体稳定性的影响，所以，合格的路基要满足以下几个方面：

1.具有足够的强度。路基的强度是指在车辆荷载的作用下，路基抵抗变形和破坏的能力。在行车荷载及路基路面的自重作用下，路基受到一定的压力，这些压力可能使路基产生过大的变形，造成路基的破坏。因此，为保证路基在外力作用下，不致产生超过允许范围的变形，要求路基具有足够的强度。

2.具有足够的整体稳定性。路基通常是直接在地面上填筑（或挖去）一部分土体修建而成的。建成后的路基，改变了原地面的自然平衡状态，有可能导致挖方路基两侧边坡因失去支撑而滑移（或填方路基因自重增大而滑移），使路基失去整体稳定性。为防止路基结构产生过大变形或破坏，必须因地制宜地采取一定的措施来保证路基整体结构的稳定性。

3.具有足够的水温稳定性。路基的水温稳定性主要是指路基在水和温度的作用下保持其强度的能力。路基在地面水及地下水的作用下，强度将显著降低。特别是季节性冰冻地区，由于水温状况的变化，路基会发生周期性冻融现象，形成冻胀与翻浆，使路基强度急剧下降。因此，对于路基，不但要求有足够的强度，还要保证在最不利的水温状况下，强度不显著降低，这要求路基具有足够的水温稳定性。

## 二、路基施工的基本方法

路基施工的基本方法，按其技术特点大致可分为人力施工、机械化施工和综合机械化施工、水力机械化施工和爆破法等。

### （一）人力施工

人力施工作为传统的施工方法，具有使用手工工具、劳动强度大、功效低、进度慢、工程质量难以保证等特征，但限于具体条件，短期内还必然存在。该法适用于地方道路和某些辅助性工作。为了加快施工进度，提高劳动生产率，实现高标准、高质量的施工，对于劳动强度大和技术要求高的工作，应配以数量充足、配套齐全的施工机械。

### （二）机械化施工和综合机械化施工

该法是保证高等级公路施工质量和施工进度的重要条件，对于路基土石方工程来说，更具有迫切性。实践证明，单机作业的效率，比人力及简易机械施工要高得多，但需要大量的人力与之配合，由于机械和人力的效率差距过大，难以协调配合，单机效率受到限制，势必造成停机待料，机械的生产率降低，如果对主机配以辅机，相互协调，共同形成主要工序的综合机械化作业，工效才能大大提高。以挖掘机开挖土路堑为例，当出现情况1.没有足够的拉土车配合运输土方；2.拉土车运土填筑路基，没有相应的摊平和压实机械配合；3.没有相应的辅助机械为挖掘机松土和创造合适的施工面时，整个施工进度就无法协调，难以紧凑作业，功效也难以达到应有的要求。所以，实现综合机械化施工、科学地严密组织施工，是实现路基施工现代化的重要途径。

### （三）水力机械化施工

水力机械化施工也是机械化施工的方法之一，它运用水泵、水枪等水力机械，喷射强力水流，冲散土层并流运至指定地点沉积。水利机械适用于电源和水源充足，挖掘比较松散的土质及地下钻孔等。对于沙砾填筑路堤或基坑回填，还可起到密实作用（称为水夯法）。

## （四）爆破法

爆破法是石质路基开挖的基本方法，采用钻岩机钻孔与机械清理，也是岩石路基机械化施工的必备条件。除石质路基开挖外，爆破法还可用于冻土、泥沼等特殊路基施工，以及清除路面、开石取料与石料加工等。

上述施工方法的选择，应根据工程性质、施工期限、现有条件等因素而定，而且应因地制宜和综合使用各种方法。

高速公路、一级公路以及在特殊地区或采用新技术、新工艺、新材料进行路基施工时，应采用不同的施工方案做试验路段，从中选出路基施工的最佳方案指导全线施工。试验路段位置应选择在地质条件、断面形式均具有代表性的地段，路段长不宜小于100m。

# 第二节　施工准备

施工单位接受施工任务后，即可着手进行施工准备工作。

施工准备工作一般包括以下几个方面的内容：

## 一、组织准备

组织准备包括建立健全施工队伍和管理机构、明确施工任务及预期目标、制定必要可行的规章制度。组织准备是做好一切准备工作的前提。

## 二、技术准备

路基开工前，施工单位应在全面熟悉设计文件和设计交底的基础上，进行施工现场的勘查、设计文件的核对，并在必要时进行修改，发现问题应及时根据有关程序提出修改意见并报请变更设计，编制施工组织计划，恢复路线，施工放样与清除施工场地，搞好临时工程的各项工作等。现场勘查与设计文件核对，可以熟悉和掌握施工对象特点、要求和内容，是整个施工的重要步骤。

施工组织计划包括选择施工方案、确定施工方法、布置施工现场（施工总平面布置）、编制施工进度计划、拟订关键工程的技术措施等，它是整个工程施工的指导性文件，也是其他各项工作的依据。在当前强调加强施工管理，实现现代化施工管理的时期，如何抓住施工组织计划这一环节，更具有现实意义。

临时工程，包括施工现场的供电、给水、修建便道、便桥，架设临时通信设施，设置施工用房（生活和生产所必需）等，这些均为开展基本工作的必备条件。路基恢复定线、清除路基用地范围内一切障碍物等，是施工前的技术准备工作，也是基本工作的一个组成部分，宜协调进行。

## 三、物质准备

物质准备工作包括各种材料与机具设备的购置、采集、加工、调运与储存，以及生活后勤供应等。为使供应工作能适应施工的需要，物质准备工作必须制订具体计划。其中，有的计划内容，如劳动力调配、机具配置及主要材料供应计划等，也常被列为施工组织计划的一个组成部分。

## 四、场地准备

施工场地的准备是路基工程施工前的一项重要准备工作，一般由建设单位（业主）完成，或根据合同文件规定由建设单位配合施工单位准备。主要包括以下几个方面的工作：

### （一）用地划界及拆迁建筑物

施工前，根据实际情况确定用地范围进行公路用地测量，并绘制用地平面图及用地划界表，送交有关单位拆迁及办理占用土地手续。施工前对路基范围内的所有地物均应妥善处理。路基施工范围内的所有建筑物、设施等，均应会同有关部门事先拆迁或改造。因路基施工影响沿线附近建筑物的稳定时，应予适当加固。

### （二）场地清理

路基用地范围内的树木、灌木丛等均应在施工前砍伐或移植清理，砍伐的树木应移置于路基用地之外，进行妥善处理。高速公路、一级公路和填方高度小于1m的其他公路，应将路基范围内的树根全部挖除并将坑穴填平夯实；填方高度大于1m的其他公路允许保留树根，但根部露出地面不得超过20cm。取土坑范围内的树根也应全部挖除。在填方和借方地段的原地面应进行表面清理，清理深度应根据种植土厚度而决定，清出的种植土应集中堆放。填方地段在清理完地表面后，应整平压实到规定要求，才可进行填方作业。

### （三）场地排水

场地排水是指疏干、排除场地上所积地面水，保持场地干燥，为施工提供正常条件。通常是根据现场情况，设置纵横排水沟，形成排水系统，将水引入附近河渠，于低洼处排除。为节省工程量，避免返工浪费，所开的排水沟应按所设计的路基排水系统布置。在受地面积水或地下水影响的土质不良的地段施工时，为了保证工程质量，减少土方挖掘、运送和夯实的困难，施工前也应切实做好场地排水工作并齐全有效。

## 五、修筑试验路段

修筑试验路段的目的是取得施工经验，检验施工机械组合，根据压实机械情况及施工技术规范准许情况下的压实厚度、松铺系数，以确定松铺厚度、土的最佳含水量、达到设计要求密实度的碾压遍数，作为以后施工的经验资料，以指导大面积路基施工。路基的铺土厚度、压实遍数、含水率大小，以及采用"四新"（新技术、新工艺、新设备、新材料）进行施工时，均要通过试验进行确定。因此，在路基工程正式施工前，应按有关规定划出一定的路段进行试验。

（一）高速公路、一级公路以及在特殊地区或采用新技术、新工艺、新设备、新材料进行路基施工时，应采用不同的施工方案做试验路段，从中选出路基施工的最佳方案用以指导全线的施工。

（二）试验路段的位置应选择在地质条件、断面形式等方面均具有代表性的地段，试验路段的长度不宜小于100m。

（三）试验所用的材料和机具应当与路基全线施工所用的材料和机具相同。通过试验来确定不同机具压实不同填料的最佳含水率、适宜的松铺厚度和相应的碾压遍数、最佳的机械配套和施工组织。对于高速公路和一级公路应按松铺厚度30cm进行试验，以确保压实层的均匀性。

（四）试验路段施工过程中及完成试验后，应加强对有关压实指标的检测；在完成试验以后，应及时写出试验报告。当发现路基在设计方面存在缺陷时，应提出变更设计的意见报审。

## 六、临时工程

（一）工地临时供电（保证施工用电和生活用电）。生活用电主要是照明用电，施工用电包括施工设施用电、主体工程施工用电及其他临时设施用电。工地临时供电设施的主要作用是确定用电量及其分布，选择电源，设计供电系统。用电量分动力用电和照明用电，并考虑最高用电负荷。电源应尽量使用外供电，没有或不能使用外供电时才考虑自己发电。

（二）工地临时供水（保证施工用水、生活用水及消防用水）水源选择可分为江水、湖水、水库蓄水等地面水，泉水、井水等地下水及现有的供水管道。选择应考虑以下因素：

1. 水量充足、可靠。
2. 取水、输水等设施安全经济。
3. 施工与运输管理及维护方便。
4. 施工用水与生活饮用水应符合水质标准。

（三）临时交通路基工程大部分处在野外，交通不便。为保证施工期间工地与外界的正常沟通，施工机具、材料、人员和给养能够顺利运送，在正式施工前，必须修筑临时交通道路（便道和便桥）。临时交通道路工程通常不包含在标书内。因此，工地在布设临时交通道路时应根据实际情况，尽可能地利用现有的交通道路运输系统，以降低工程成本。

（四）施工设施用房。施工设施用房包括行政办公用房、宿舍、文化生活设施、仓库、机械维修用房和材料物资堆放用房。一般要求有：布置紧凑，便于管理，充分利用非耕地，尽量利用施工现场或附近既有建筑物。必须修建的临时房屋，应以经济、实用为原则。

（五）预制场地准备。如果有预制工程，应做好台座、锚夹具、钢筋加工、木加工等场地的准备工作。

# 第三节　路堤填筑施工

## 一、填料选择

路堤通常是利用沿线就近土石作为填筑材料。应尽可能地优先选择当地强度高、稳定性好并利于施工的土石做路堤填料。一般情况下，碎石、卵石、砾石、粗沙等具有良好的透水性，且强度高、稳定性好，因此可优先采用；亚沙土、亚黏土等经压实后也具有足够的强度，故也可采用；重黏土、黏性土、捣碎后的植物土等由于透水性差，做路堤填料时应慎重采用；粉性土水稳性差，不宜做路堤填料；泥炭、淤泥、沼泽土、冻结土，含残余树根和易于腐烂物质的土不宜用作填筑路堤；含盐量超过规定的强盐渍土和过盐渍土不能用作高等级公路路基填料；膨胀土除非表层用非膨胀土封闭，一般也不宜用作高等级公路路基填料。液限大于50%、塑性指数大于26、含水量不适宜直接压实的细粒土，不得直接作为路基填料。需要使用时，必须采取措施进行土质处理。路基取土与填筑必须有条不紊，有计划有步骤地进行，这不仅是文明施工的需要，而且是选土和合理利用填土的保证。不同性质的路基用土，除按规定予以废弃和适当处置外，一般不允许任意混填。经野外取土试验，符合规定时才能使用，二级和二级以下的公路做高级路面时，应符合高速公路及一级公路的规定。

## 二、基底处理

为使填筑在天然地面上的路堤与原地面紧密结合以保证填筑后的路堤不至于产生沿基底的滑动和过大变形，填筑路堤前，应根据基底的土质、水文、坡度、植被和填土高度采取一定措施对基底进行处理。

（一）密实稳定的土质基底

1. 当地面横坡度 i<1：1 且路堤高度超过 0.5m 时，一般不做处理，直接在地面上修筑路堤；

2. 当地面横坡度 i=1：1~1：5 时，需除草皮、杂物，处理深度不小于 15cm；

3. 当地面横坡度 i>1：5 时，除草皮、杂物后，需在地表挖台阶处理，台阶宽度不小于 1m，高度为 0.2~0.3m。

## （二）耕地或松土基底

1. 一般情况应清除有机土，种植土后压实；
2. 当耕地为深度大于30cm的深耕地时，需先将耕地翻松，结块土打碎后整平压实；
3. 当遇到水田时，需首先排水、疏干，进行换填土处理。

## （三）覆盖层不厚的倾斜岩石基底

当地面横坡为1：5~1：2.5时，需挖除覆盖层，并将基岩挖成台阶。当地面横坡度陡于1：2.5时，应进行个别设计，特殊处理，如设置护脚或护墙。

当路基稳定受到地下水影响时，应予拦截或排除，引地下水至路堤基底范围以外。如处理有困难时，则应在路堤底部填以渗水土或不易风化的岩块。

# 三、填筑方式及机械配置

## （一）土质路堤填筑

土质路堤（包括石质土），按填土顺序可分为分层平铺、竖向填筑和混合填筑。

### 1. 分层平铺

分层平铺是一种将不同性质的土有规则地分层填筑和压实的填筑方法，该法易于达到规定的压实度，易于保证质量，是填筑路堤的基本方法。分层平铺又分为水平分层填筑法和纵向分层填筑法。水平分层填筑法填筑时应按照横断面全宽分成水平层次，逐层向上填筑。如原地面不平，应由最低处分层填起，每填一层，经压实合格后再填上一层。此法施工操作方便、安全、压实质量容易保证。纵向分层填筑法适用于推土机或铲运机从路堑取土填筑运距较短的路堤。依纵坡方向分层、逐层推土填筑。原地面纵坡小于20°的地段可用此法施工。

分层平铺应遵守以下规定：

（1）用不同性质土填筑路堤时，应分层填筑，层数应尽量减少，每种填料总厚度不小于0.5m，不得混杂乱填，在纵向使用不同土质填筑相邻路堤，为防止发生不均匀变形应将交接处做成斜面，将透水性差的土填在斜面下部；

（2）用透水性较小的土填路堤下层时，应做成4%的双向横坡，如用以填筑上层时，不应覆盖在透水性较大的土所填筑的下层边坡上；

（3）凡不因潮湿及冻融而变更其体积的优良土应填在上层，强度较小的土应填在下层；

（4）河滩路堤填土应在整个宽度上连同护道在内一并分层填筑，受水浸淹部分的填料，选用水稳定性好的土料；

（5）桥涵、挡土墙及其他构造物的回填土，以采用沙砾或沙性土为宜，并应适时分层回填压实。分层填筑方式有利于压实，可保证强度，不同用土按规定层次填筑。分层平铺时应注意用土不含有害杂质（草木、有机物等）及未经处置的劣土（细粉土、膨胀土、盐渍土与腐殖土等）；桥涵、挡土墙等结构物的回填土，以沙性土为宜，防止不均匀沉降，并按有关操作规程回填和夯实。

2. 竖向填筑

竖向填筑指沿道路中心线方向逐步向前深填。路线跨越深谷或池塘时，地面高差大，填土面积小，难以水平分层卸土，以及陡坡地段上半填半挖路基，局部路段横坡较陡或难以分层填筑等情况，可采用竖向填筑方式。竖向填筑的质量在于密实程度，为此宜采用必要的技术措施。如选用振动式或锤式夯击机，选用沉陷量较小及粒径较均匀的沙石填料；路堤全宽一次成型；暂不修建较高级的路面，容许短期内自然沉落。

3. 混合填筑

混合填筑指路堤下层采用竖向填筑法而上层采用水平分层填筑法，因而其上部经分层碾压容易达到足够的压实度。必要时可考虑参照地基加固的注入、扩孔或强夯等措施，以保证填土具有足够的密实度。

土质路堤填筑所使用的机械设备有平土机、推土机、铲运机等机具。

### （二）桥涵等构造物处的填筑

桥台台背、涵洞两侧及涵顶、挡土墙墙背的填筑在这些构造物基本完成后进行，由于场地狭窄，又要保证不损坏构造物，填筑压实比较困难，而且容易积水。如果填筑不良，完工后填土与构造物连接部分出现沉降差，就会发生跳车，影响行车的速度、舒适与安全，甚至影响构造物的稳定，养护期间要经常修补路面，也会导致堵塞交通。所以要注意选好填料和认真施工。

1. 填料

在下列范围内一般应选用渗水性土填筑：台背顺路线方向，上部距翼墙尾端不少于台高加2m，下部距基础内缘不少于2m；拱桥台背不少于台高的3~4倍；涵洞两侧不少于孔径的2倍；挡土墙墙背回填部分。如果台背采用渗水土有困难时，在冰冻地区自路堤顶面起2.5m以下，非冰冻地区高水位以下，可用与路堤相同的填料填筑。特别要注意的是，不要将构造物基础挖出来的劣质土混入填料中。

2. 填筑

桥台背后填土应与锥坡填土同时进行，涵洞、管道缺口填土，应在两侧对称均匀回填；涵顶填土的松铺厚度小于50cm时，不得通过重型车辆或施工机械；靠近构造物100cm范围内不得有大型机械行驶或作业。

3. 排水

桥涵等结构物处填土，在施工中要竭力防止雨水流入；对已有积水应挖沟或用水泵将其排除。对于地下渗水，可设盲沟引出。当不得不用非渗水土填筑时，应在其上设置横向盲沟或用黏土等不透水材料封顶。挡土墙墙背应做好反滤层，使水能顺利地从泄水孔流出去。

4.压实

应在接近最佳含水量状态下分层填筑，分层压实。每层松铺厚度不宜超过20cm，密实度应达到设计要求。如设计无专门规定，则按路基压实度标准执行。用非渗水土填筑时，必须加强压实措施，或对填土性能进行改善处理（如掺生石灰），以提高强度和减少雨水的渗入。

为了保证填土压实质量，在比较宽阔的部位应该尽量使用大型压实机械，只是在临近构造物边缘及涵顶50cm内，才采用小型夯压机械，分薄层认真夯压密实。夯压遍数应通过试验确定，以达到压实度要求为准。

## 四、填土压实与质量控制

在公路路基修筑过程中，常常会遇到天然土层强度较低，经汽车荷载作用则产生较大沉陷而影响工程质量的现象。尤其是取土填筑路基时，由于原有结构状态被施工挖运破坏，致使其结构松散、强度降低、水稳性差。土在压实过程中，因土粒受到瞬时荷重或振动力的作用，使土粒调整位置重新组合，彼此挤紧，较小颗粒被挤入较大颗粒间的空隙中。颗粒位置转移稳定，空隙缩小，土的单位重量提高，形成密实整体，从而使强度增加，稳定性提高。为了使路基具有足够的强度与稳定性，必须予以压实，以提高其密实程度。所以路基的压实工作是路基施工过程中的一个重要工序，亦是提高路基强度与稳定性的根本技术措施之一。大量试验和工程实践还证明：土基压实后，路基的塑性变性、渗透系数、毛细水作用及隔温性能等，均有明显改善。因此，压实是改善土工程性质的一种经济合理措施。

### （一）影响压实效果的主要因素

根据试验研究可知，土的压实过程和结果受多种因素的影响。对具有塑性的细粒土，影响压实效果的因素有内因和外因两方面：内因主要是土质和含水量，外因主要是压实功能、压实机具和压实方法等。掌握这些因素的规律，对深入了解土的压实原理和指导压实工作，都有重要的意义。

1.含水量对压实效果的影响

土中含水量对压实效果的影响比较显著。当含水量较小时，由于粒间引力（可能还包括毛细管压力）使土保持着比较疏松的状态或凝聚结构，土中孔隙大都互相连通，水少而气多，在一定的外部压实功能作用下，虽然土孔隙中气体易被排出，密度可以增大，但由于水膜润滑作用不明显以及外部功能也不足以克服粒间引力，土粒相对移动不容易，因其压实效果比较差；含水量逐渐增大时，水膜变厚，引力缩小，水膜又起着润滑作用，外部压实功能比较容易使土粒移动，压实效果渐佳；土中含水量过大时，孔隙中出现了自由水，压实功能不可能使气体排出，压实功能的一部分被自由水所抵消，减小了有效压力，压实效果反而降低。由击实试验所得的击实曲线图可以看出，曲线有一峰值，此处的干容重（干重度）为最大，称为最大干容重（干重度）。与之对应的含水量则称为最佳含水量。这就得出一个结论：在最佳含水量的情况下压实效果最好。

然而，含水量较小时，土粒间引力较大，虽然干容重（干密度）较小，但其强度可能比最佳含水量时还要高。可是此时因密实度较低，孔隙多，一经饱水，其强度会急剧下降。这又得出一个结论：在最佳含水量情况下压实的土水稳性最好。

最佳含水量和最大干容重是两个十分重要的指标，对路基设计与施工很有用处。试验表明，一般塑性土的最佳含水量（按轻型击实标准）大致相当于该种土液限含水量的 0.58~0.62 倍，平均约 0.6 倍。

2. 土质对压实效果的影响

不同的土质，其压实效果也不同。不同的土质具有不同的最佳含水量及最大干密度。分散性（液限、黏性）较高的土，其最佳含水量较高而最大干密度较低，这是由于土粒越细，比面积越大，土粒表面的水膜越多，加之黏土中含有亲水性较高的胶体物质所致。对沙土，由于其颗粒粗并且呈松散状，水分易于散失，故最佳含水量对其没有更多的实际意义。

3. 压实功能对压实效果的影响

压实功能系指压实机具重量、碾压次数、作用时间等，压实功能是影响压实效果的又一重要因素。

通常对同一种土，随着压实功能的增大，最佳含水量会减小而最大干密度增加。当含水量一定时，压实功能越大则密实度越高。因此，增大压实功是提高土基密实度的又一种方法，但压实功增大到一定程度后，土的密度增长就不明显了。这表明，对于某一种土来说，如果超过某一限度，再采用增加压实功的办法来提高土的密实度就不经济了，因此最经济的办法是严格控制工地现场含水量，使碾压在接近最佳含水量时进行，这样便能容易地达到规定的压实度。

4. 压实机具和压实方法对压实效果的影响

不同的压实机具，其压力作用深度不同，因而压实效果也不同。通常夯击式作用深度最大，振动式次之，静力碾压式最浅。根据这一特性即可确定各种机具的最佳压实厚度，然而，一种机具的作用深度，在压实过程中并不是固定不变的。例如光面碾，开始碾压时，因土体松软，压力传递较深，但随着碾压次数的增加，土的强度相应提高，其作用深度就逐渐减小。

不同压实厚度其压实效果也不同。通常情况下，夯击不宜超过 20cm，8~12t 光面碾不宜超过 20~30cm。

压实作用时间越长，土密实度越高，但随时间进一步加长，其密实度的增长幅度会逐渐减小，故压实时，要求压实机具以较低速度行驶，以便达到预期的压实效果。

（二）路基压实标准

通常采用干密度表征土的密实程度。在路基施工中，用压实度表征土基密实程度的指标。

压实度是指压实后土的干密度与该种土室内标准击实试验下所得的最大干密度之比。压实土体的干密度可按下式计算：

$\gamma\omega = \gamma 0/(1+0.01\omega)$

式中：$\gamma\omega$——土的湿密度（g/cm）

$\gamma 0$——土的含水量（%）

不同道路等级及路床不同深度，其压实度要求不同。道路等级越高压实度要求也越高，路基上部压实度比路基下部为高。路基压实过程中只有达到规定的压实度，才能保证路基的强度和稳定性。

压实度是以室内标准击实试验所得最大干密度为标准的。同一压实度时如采用不同击实标准，其实际密实度是大不一样的。目前标准击实试验有轻型击实试验和重型击实试验两种。事实证明，对同一土体，重型击实比轻型击实可获得更高的最大干密度和相对较低的最佳含水量。随着高等级公路的发展，对公路路基质量的要求越来越高，因此，对高等级公路和城市重要干道，采用重型击实标准来控制压实度，对于确保路基路面质量，提高道路使用品质具有非常重要的意义。

### （三）压实方法及机械

压实土层的密实度随深度递减，表面5cm的密实度最高。填土分层的压实厚度和压实遍数与压实机械类型、土的种类和压实度要求有关，应通过试验来确定。同样质量的振动压路机要比光轮静碾压路机的压实有效深度大1.5~2.5倍。如果压实遍数超过10遍仍达不到压实度要求，则继续增加遍数的效果很小，不如减小压实层厚。

碾压时，横向接头的轮迹应有一部分重叠，对振动压路机一般重叠40~50cm，对三轮压路机一般重叠1/2后轮宽；前后相邻两区段亦宜纵向重叠1~1.5m。应做到无漏压、无死角和确保碾压均匀。

压路机行驶速度过慢则影响生产率，行驶过快则与土的接触时间过短，压实效果较差。一般光轮静碾压路机的最佳速度为2~5km/h，振动压路机为3~6km/h。所以各种压路机械的最大速度不宜超过4km/h。对压实度要求高，以及铺土层较厚时，行驶速度更要慢些。碾压开始宜用慢速，随着土层的逐步密实，速度逐步提高。压实时的单位压力不应超过土的强度极限，否则土体将会遭到破坏。开始时土体较疏松、强度低，故宜先轻压，随着土体密度的增加，再逐步提高压强。所以，推运摊铺土料时，应力求机械车辆均匀分布行驶在整个路堤宽度内，以便填土得到均匀预压。否则要采用轻型光轮压路机（6~8t）进行预压。正式碾压时，若为振动压路机，第一遍应静压，然后由弱振至强振。

碾压时，在直线路段和大半径曲线路段，应先压边缘，后压中间；小半径曲线地段因有较大的超高，碾压顺序宜先低（内侧）后高（外侧）。路堤边缘往往压实不到，仍处于松散状态，雨后容易滑坍，故两侧可采取多填宽度40~50cm，压实工作完成后再按设计宽度和坡度予以刷齐整平。也可以采用卷扬机牵引的小型振动压路机从坡脚向上碾压，或采用人工拍实。坡度不陡于1∶1.75时，可用履带式推土机从下向上压实。

不同的填料和场地条件要选择不同的压实机械。常用的压实设备有光面碾、羊足碾、轮胎碾、振动碾、夯实机等，技术性能可查阅相对应的机械设备。

### （四）压实质量控制与检查

土的压实应在接近最佳含水量的情况下进行。天然土通常接近最佳含水量，因此填铺后应随即碾压。含水量过大时，应将土摊开晾晒至要求的含水量时再整平压实。

填土接近最佳含水量的容许范围，与土的种类和压实度要求有关。在一定的压实度要求下，沙类土比细粒土的范围大；在同一种土类的情况下，压实度要求低的比要求高的范围大。范围的具体值可从该种土的击实试验曲线上查得，即在该曲线图的纵坐标上按要求的干密度处画一横线，此线与曲线相交的两点所对应的含水量值就是它的范围。

在压实过程中，施工单位的自检人员应经常检查压实度是否符合要求。压实度试验方法可采用环刀法、蜡封法、水袋法、灌沙法或核子密度湿度仪法。环刀法适用于细粒土，灌沙法适用于各类土。核子密度湿度仪应与环刀法、灌沙法等进行对比标定后才可应用。每一压实层均应检验压实度，合格后方可填筑其上一层。

检验取样频率，当填土宽度较窄时（例如路堤的上部），沿路线纵向每200m检查4处，每处左右各1个点，当填土较宽时，每2000m²检查8个点。必要时可增加检查点数，以防止压实不足处漏检。

路槽底弯沉值反映路基上部的整体强度，而压实度反映路基每一层的密实状态，只有弯沉值和压实度两者都合格，路基的整体强度、稳定性和耐久性才能符合要求。如果经过反复检查，各层压实度均合格，而表面弯沉值仍然达不到设计要求值时（这种情况极少），应考虑按实测弯沉值调整路面结构设计，以适应该压实土所能达到的强度。

《公路路基施工技术规范》（JTGF 10—2006）对路基压实及压实质量与检查都做出了具体的规定，施工中应根据实际情况认真分析研究，特别是要针对影响压实效果的多种因素采取相应措施，以确保土基达到规定的压实度要求。

# 第四节　路堑开挖施工

## 一、土质路堑开挖

### （一）开挖方式的确定

路堑开挖是将路基范围内设计高程之上的天然土体挖除并运到填方地段或其他指定地点的施工活动。开挖路堑将破坏土体原来的平衡状态，开挖时保证挖方边坡的稳定性是一个十分重要的问题。深长路堑往往工程量巨大，开挖作业面狭窄，常常是一段路基施工进度的控制性工程。因此应因地制宜，以加快施工进度、保证工程质量和施工安全为原则，综合考虑工程量大小、路堑深度与长度、开挖作业面大小、地形与地质情况、土石方调配方案、机械设备等因素，制订切实可行的开挖方式。根据路堑深度和纵向长度，开挖时可按横挖法、纵挖法或混合式开挖法进行。

## （二）横挖法

横挖法是从路堑的一端或两端在横断面全宽范围内向前开挖，主要适用于短而浅的路堑。路堑深度不大时，一次挖到设计高程的开挖方式称为单层横挖法，若路堑较深，为增加作业面，以便容纳较多的施工机械，形成多层出土以加快工程进度，在不同高度上分成几个台阶同时开挖的方式称为多层横挖法，此时各施工层面具有独立的出土通道和临时排水设施，用人工按多层横挖法开挖路堑时，所开设的施工台阶高度应符合安全施工的要求，一般为 1.5~2.0m。若采用机械开挖路堑，每层台阶高度可为 3~4m。当运距较近时用推土机进行开挖，运距较远时宜用挖掘机配合自卸汽车进行开挖，或用推土机推土堆积，再用装载机配合自卸汽车运土。开挖时应配备平地机或人工分层修刮、整平边坡。

## （三）纵挖法

纵挖法是开挖时沿路堑纵向将开挖深度内的土体分成厚度较小的土层依次开挖，它可分为分层纵挖法和通道纵挖法两种。分层纵挖法适宜于路堑宽度和深度均不大的情况，在路堑纵断面全宽范围内纵向分层挖掘，当开挖地段地面横坡较陡、开挖长度较短（不超过100m）且开挖深度不大于 3m 时，宜采用推土机作业。当挖掘的路堑长度较长（超过1000m）时，宜采用铲运机或铲运机加推土机助铲作业。

通道纵挖法适宜于路堑较长、较宽、较深而两端地面坡度较小的情况。开挖时先沿纵向分层，每层先挖出一条通道，然后开挖通道两旁，通道作为机械运行和出土的线路。

如果所开挖的路堑很长，可在一侧适当位置将路堑横向挖穿，把路堑分为几段，各段再采用纵向开挖的方式作业，这种挖掘路堑的方法称为分段纵挖法。这种挖掘方式可增加施工作业面，减少作业面之间的干扰并增加出料口，从而大大提高工效，适用于傍山的深长路堑的开挖。

用推土机开挖路堑时，每一铲挖地段的长度应以满足一次铲切达到满载为佳，一般为 5~10m，铲挖时宜下坡进行，对于普通土，下坡坡度不宜小于 10%，不得大于 15%；傍山卸土的运行道应设向内稍低的横坡，但同时应留有向外排水的通道。采用铲运机开挖路堑时，铲运机在路基上的作业长度不宜小于 100m，宽度能使铲斗易于达到满载。采用铲斗容量为 4~8m³ 的拖式铲运机或铲运推土机时，运距 100~400m；铲斗容量为 9~12m² 时运距宜为 100~700m。若采用自行式铲运机，运距可相应加倍。铲运机运土道宽度不应小于 4m，双向运土道宽度不应小于 8m；载重上坡坡度不宜大于 8%，空载上坡坡度不宜大于 50%；弯道应尽可能平缓，避免急弯。铲运机回驶时刮平作业面，铲运道重载弯道处应保持平整。地形起伏较大的工地，应充分利用下坡铲土以提高功效。取土时应沿铲运作业面有计划地均匀进行，不得局部过度取土以免造成坑洼积水。铲运机卸土场大小应满足分层铺卸的需要，并留有回转余地。填方卸土应边走边卸，防止成堆，行走路线外侧边缘至填方边缘距离不宜小于20cm。

### （四）混合式开挖法

混合式开挖法是将横挖法与纵挖法混合使用。开挖时先沿路堑纵向开挖通道，然后从通道开始沿横向坡面挖掘，以增加开挖坡面，每一开挖坡面能容纳一个施工作业组或一台机械。在挖方量较大地段，还可沿横向再挖通道以安装运土传送设备或布置运土车辆。这种方法适用于路堑纵向长度和深度都很大的地段。

路堑开挖应自上而下地进行，不得超挖滥挖。在不影响边坡稳定性的条件下可采用中小型爆破以提高开挖效率。在开挖过程中土质发生变化时，应及时修改施工方案和边坡坡度。对于已开挖的适宜种植草皮和有其他用途的土，应储备利用。路堑路床的表层土若为有机土、难以晾干或其他不宜做路床的土时，应用符合要求的土置换，然后按路堤填筑要求进行压实。

## 二、石质路堑开挖

由于岩石坚硬，石质路堑的开挖往往比较困难，这对路基的施工进度影响很大，尤其是工程量大而集中的山区石方路堑更是如此。因此，采用何种开挖方法以加快工程进度，是石质路堑开挖需要解决的重要问题。通常，应根据岩石的类别、风化程度、节理发育程度、施工条件及工程量大小等选择爆破法、松土法或破碎法进行开挖。

### （一）爆破法

爆破法是利用炸药爆炸的能量将土石炸碎以利挖运或借助爆炸能量将土石移到预定位置。用这种方法开挖石质路堑具有工效高、速度快、劳动力消耗少、施工成本低等优点。对于岩质坚硬，不可能用人工或机械开挖的石质路堑，通常要采用爆破法开挖。爆破后用机械清方，是非常有效的路堑开挖方法。

根据炸药用量的多少，爆破法可分为中小型爆破和大爆破，其中使用频率最高的是中小型爆破，大爆破的应用则受多种因素的限制。例如开挖山岭地带的石方路堑时，若岩层不太破碎，路堑较深且路线通过突出的山嘴时，采用大爆破开挖可大大提高施工效率。但如果路堑位于页岩、片岩、沙岩、砾岩等非整体性岩体时，则不应采用大爆破开挖。尤其是路堑位于岩石倾斜朝向路线且有夹沙层、黏土层的软弱地段及易坍塌的堆积层时，禁止采用大爆破开挖，以免对路基稳定性造成危害。

爆破对山体破坏较大，对周围环境也有较大影响，因此必须按有关施工规范和安全规程进行作业，严格按设计文件实施。通常应做试爆分析，用试爆分析结果作为指导施工的依据。

## （二）松土法

松土法开挖是充分利用岩体的各种裂缝和结构面，先用推土机牵引松土器将岩体翻松，再用推土机或装载机与自卸汽车配合将翻松的岩块运输到指定地点。松土法开挖避免了爆破作业的危险性，而且有利于挖方边坡的稳定和附近建筑设施的安全，凡能用松土法开挖的石方路堑，应尽量不采用爆破法施工。随着大功率施工机械的使用，松土法越来越多地应用于石质路堑的开挖，而且开挖的效率也越来越高，能够用松土法施工的范围也不断扩大。

松土法开挖的效率与岩体破裂面情况及风化程度有关。岩体被破碎岩石分隔成较大块体时，松开效率较高。当岩体已裂成小石块或呈粒状时，松土只能劈成沟槽，效率较低。沙岩、石灰岩、页岩等沉积岩有沉积层面，是比较容易松开的岩石，沉积层越薄越容易松开。片麻石、石英岩等变质岩，松开的难易程度要视其破裂面发育程度而定。花岗岩、玄武岩、安山岩等岩浆岩不呈层状或带状，松开比较困难。

多齿松土器适用于松动较破碎的薄层岩体，单齿松土器则适用于松动较坚硬的厚层岩体。松土器型号及松土间隔应根据岩石的强度、裂隙情况，以及推土机功率等选择，最好通过现场松土器劈松试验来确定。遇到较坚硬的岩石，松土器难以贯入，引起推土机后部翘起或履带打滑时，可用另一台推土机在松土器后面顶推。坚硬完整的岩石难以翻松，可进行适当的浅孔松动爆破，再进行松土作业。

## （三）破碎法

破碎法开挖是利用破碎机凿碎岩块，然后进行装、运等作业。这种方法是将凿子安装在推土机或挖土机上，利用活塞的冲击作用使凿子产生冲击力以凿碎岩石，其破碎岩石的能力取决于活塞功率的大小。破碎法主要用于岩体裂缝较多、岩块体积小、抗压强度低于100MPa的岩石，由于开挖效率不高，只能用于前述两种方法不能使用的局部场合，作为爆破法和松土法的辅助作业方式。

以上三种开挖方法各有特点，应视施工条件合理选用。

# 第五节　路基排水施工

## 一、路基地下水排水设置与施工要求

### （一）排水沟、暗沟

1.设置。当地下水位较高，潜水层埋藏不深时，可采用排水沟或暗沟截流地下水及降低地下水位，沟底宜埋入不透水层内。沟壁最下一排渗水孔（或裂缝）的底部宜高出沟底不小于 0.2 m。排水沟或暗沟设在路基旁侧时，宜沿路线方向布置，设在低洼地带或天然沟谷处时，宜顺山坡的沟谷走向布置。排水沟可兼排地表水，在寒冷地区不宜用于排除地下水。

2. 施工要求。排水沟或暗沟采用混凝土浇筑或浆砌片石砌筑时，应在沟壁与含水量地层接触面的高度处，设置一排或多排向沟中倾斜的渗水孔。沟壁外侧应填以粗粒透水材料或土工合成材料做反滤层。沿沟槽每隔 10~15m 或当沟槽通过软硬岩层分界处时应设置伸缩缝或沉降缝。

## （二）渗沟

1. 设置。为降低地下水位或拦截地下水，可在地面以下设置渗沟。渗沟有填石渗沟、管式渗沟和洞式渗沟三种形式，三种渗沟均应设置排水层（或管、洞）、反滤层和封闭层。

2. 施工要求。

（1）填石渗沟的施工要求：填石渗沟通常为矩形或梯形，在渗沟的底部和中间用较大碎石或卵石（粒径 3~5 cm）填筑，在碎石或卵石的两侧和上部，按一定比例分层（层厚约 15 cm），填较细颗粒的粒料（中沙、粗沙、砾石），做成反滤层，逐层的粒径比例，由下至上大致按 4 : 1 递减。沙石料颗粒小于 0.15 mm 的含量不应大于 5%。用土工合成材料包裹有孔的硬塑管时，管四周填以大于塑管孔径的等粒径碎、砾石，组成渗沟。顶部做封闭层，用双层反铺草皮或其他材料（如土工合成的防渗材料）铺成，并在其上夯填厚度不小于 0.5 m 的黏土防水层。

（2）管式渗沟的施工要求：管式渗沟适用于地下水引水较长、流量较大的地区。当管式渗沟长度为 100~300 m 时，其末端宜设横向泄水管分段排除地下水。管式渗沟的泄水管可用陶瓷、混凝土、石棉、水泥或塑料等材料制成，管壁应设泄水孔，交错布置，间距不宜大于 20cm。渗沟的高度应使填料的顶面高于原地下水位。沟底垫层材料一般采用干砌片石，如沟底深入不透水层时宜采用浆砌片石、混凝土或土工合成的防水材料。

（3）洞式渗沟的施工要求：洞式渗沟适用于地下水流量较大的地段，洞壁宜采用浆砌片石砌筑洞顶应用盖板覆盖，盖板之间应留有空隙，使地下水流入洞内。洞式渗沟的高度要求同管式渗沟相同。

## （三）渗井

1. 设置。当路基附近的地面水或浅层地下水无法排除，影响路基稳定时，可设置渗井，将地面水或地下水经渗井通过下透水层中的钻孔流入下层透水层中排除。

2. 施工要求。渗井直径 50~60 cm，井内填置材料按层次在下层透水范围内填碎石或卵石，上层不透水层范围内填沙或砾石，填充料应采用筛洗过的不同粒径的材料，应层次分明，不得粗细材料混杂填塞，井壁和填充料之间应设反滤层。

渗井离路堤坡脚不应小于 10 m，渗水井顶部四周（进口部除外）用黏土筑堤围护，井顶应加筑混凝土盖，严防渗井淤塞。

### （四）检查井

1. 设置。为检查维修渗沟，宜每隔 30~50m 或在平面转折和坡度由陡变缓处设置检查井。

2. 施工要求。检查井一般采用圆形，内径不小于 1.0m，在井壁处的渗沟底应高出井底 0.3~0.4 m，井底铺一层厚 0.1~0.2m 的混凝土。井基如遇不良土质，应采取换填、夯实等措施。兼起渗井作用的检查井的井壁，应在含水层范围设置渗水孔和反滤层。深度大于 20m 的检查井，除设置检查梯外，还应设置安全设备。井口顶部应高出附近地面 0.3~0.5 m，并设井盖。

## 二、路基地面排水设置与施工要求

### （一）边沟

1. 设置。挖方地段和填土高度小于边沟深度的填方地段均应设置边沟。路堤靠山一侧的坡脚应设置不渗水的边沟。为了防止边沟漫溢或冲刷，在平原区和重丘山岭区，边沟应分段设置出水口，多雨地区梯形边沟每段长度不宜超过 300m，三角形边沟不宜超过 200 m。

2. 施工要求。平曲线处边沟施工时，沟底纵坡应与曲线前后沟底纵坡平顺衔接，不允许曲线内侧有积水或外溢现象发生。曲线外侧边沟应适当加深，其增加值等于超高值。边沟的加固：土质地段当沟底纵坡大于 3% 时应采取加固措施；采用干砌片石对边沟进行铺砌时，应选用有平整面的片石，各砌缝要用小石子嵌紧；采用浆砌片石铺砌时，砌缝沙浆应饱满，沟身不漏水；若沟底采用抹面时，抹面应平整压光。

### （二）截水沟

1. 设置。在无弃土堆的情况下，截水沟的边缘离开挖方路基坡顶的距离视土质而定，以不影响边坡稳定为原则。如系一般土质至少应离开 5m，对黄土地区不应小于 10m 并应进行防渗加固。截水沟挖出的土，可在路堑与截水沟之间修成土台并夯实，台顶应筑成 2% 倾向截水沟的横坡。

路基上方有弃土堆时，截水沟应离开弃土堆脚 1~5m，弃土堆坡脚离开路基挖方坡顶不应小于 10m，弃土堆顶部应设 2% 倾向截水沟的横坡。

山坡上路堤的截水沟离开路堤坡脚至少 2.0 m，并用挖截水沟的土填在路堤与截水沟之间，修筑向沟倾斜坡度为 2% 的护坡道或土台，使路堤内侧地面水流入截水沟排出。

2. 施工要求。截水沟长度超过 500 m 时应选择适当的地点设出水口，将水引至山坡侧的自然沟中或桥涵进水口，截水沟必须有牢靠的出水口，必要时须设置排水沟、跌水或急流槽。截水沟的出水口必须与其他排水设施平顺衔接。为防止水流下渗和冲刷，截水沟应进行严密的防渗和加固，地质不良地段和土质松软、透水性较大或裂隙较多的岩石路段，对沟底纵坡较大的土质截水沟及截水沟的出水口，均应采用加固措施防止渗漏和冲刷沟壁。

## （三）排水沟

排水沟的施工应符合下列规定：1.排水沟的线形要求平顺，尽可能地采用直线形，转弯处宜做成弧线，其半径不宜小于10 m，排水沟长度根据实际需要而定，通常不宜超过500 m。2.排水沟沿路线布设时，应离路基尽可能地远一些，距路基坡脚不宜小于3~4m。大于沟底、沟壁土的容许冲刷流速时，应采取边沟表面加固措施。

## （四）跌水与急流槽

跌水与急流槽的施工应符合下列规定：1.跌水与急流槽必须用浆砌圬工结构，跌水的台阶高度可根据地形地质等条件决定，多级台阶的各级高度可以不同，其高度与长度之比应与原地面坡度相适应。2.急流槽的纵坡不宜超过1∶1.5，同时应与天然地面坡度相配合。当急流槽较长时，槽底可用几个纵坡，一般是上段较陡，向下逐渐放缓。3.当急流槽很长时，应分段砌筑，每段不宜超过10 m，接头用防水材料填塞，密实无空隙。4.急流槽的砌筑应使自然水流与涵洞进、出口之间形成一个过渡段，基础应嵌入地面以下，基底要求砌筑抗滑平台并设置端护墙。

路堤边坡急流槽的修筑，应能为水流入排水沟提供一个顺畅通道，路缘石开口及流水进入路堤边坡急流槽的过渡段应连接圆顺。

# 第六节　软土路基施工

地基与建筑物的关系非常密切。地基虽不是建筑物本身的一部分，但它在建筑中占有十分重要的地位。地基问题的处理恰当与否，不仅直接影响建筑物的造价，而且直接影响建筑物的安危，即它关系整个工程的质量、投资和进度，因此其重要性已越来越多地被人们所认识。

地基处理的目的是利用换填、夯实、挤密、排水、胶结、加筋和热学等方法对地基土进行加固，用以改良地基土的工程特性。

提高地基的抗剪强度；

降低地基的压缩性；

改善地基的透水特性；

改善地基的动力特性；

改善特殊土的不良地质特性。

地基处理的对象是软弱地基和特殊土地基。

软基处理方法很多，根据地域的不同，处理方法也不尽相同，主要可分为以下几类：垫层法，包括换土垫层法、换土加筋垫层法；抛石挤淤法；排水固结法；粒料桩法，包括碎石桩、沙桩；加固土桩法，包括水泥搅拌桩、粉喷桩、旋喷桩；水泥粉煤灰碎石桩（CFG桩）。

## 一、垫层法处理软基

垫层法属于软土地基浅层处理方法，包括换土垫层法、换土加筋垫层法、加筋碎石垫层法。适用于淤泥、淤泥质土、冲填土等软弱地基的浅层处理。采用换土垫层法或换土加筋垫层法处理软基时，垫层厚度一般不小于0.5m且不超过3.0m，采用浅层处理方式。

### （一）换土垫层法

换土垫层可以采用沙砾、碎石、素土、石灰土、水泥土和土石屑等材料。沙砾、碎石宜选用碎石、卵石、角砾、砾沙、中沙或粗沙，级配良好，不含植物残体、垃圾等杂质，石料的最大粒径不大于100mm，含泥量不大于5%；素土垫层宜采用沙性土、黏土或粉质黏土，土中有机质含量不得超过5%；石灰土垫层石灰含量为8%~20%，土采用塑性指数12~20的黏性土，石灰采用Ⅱ级及以上消石灰（或石灰粉），技术指标应符合规范要求；水泥土垫层水泥含量4%~6%，土采用粉质黏土，液限不超过40，塑性指数不超过17；土石屑垫层粒性小于2mm部分不得超过总重的40%，含粉量不得超过总量的9%，含泥量不得超过总量的5%。

施工时垫层分层夯实、碾压的厚度、最佳含水量及夯实碾压遍数根据夯实、碾压集聚及设计要求的压实度现场试验确定。

### （二）换土加筋垫层法

换土加筋垫层法所用垫层材料的要求与换土垫层法材料要求相同。加筋材料采用抗拉强度不低于30kN，受力时伸长率低、耐久性好、抗腐蚀的土工格栅，具体性能指标应符合设计要求。

施工时垫层分层夯实、碾压的厚度、最佳含水量及夯实碾压遍数根据夯实、碾压集聚及设计要求的压实度现场试验确定。

土工格栅的连接应牢固，在受力连接处的强度不得低于材料设计抗拉强度，且其重叠长度不应小于150mm。土工格栅摊铺以后应及时填筑垫层材料，间隔时间不应超过48h，格栅上的第一层填料应采用轻型推土机填筑，车辆、施工机械只应沿路堤轴线行驶。

## 二、抛石挤淤法处理软基

抛石挤淤法适用于常年积水的洼地，排水施工困难，表层土呈流动状态，厚度较小，片石能沉到底部的泥沼或厚度小于3.0m的软土路段，尤其适用于石料丰富、运距较近的地区。

抛石挤淤法抛填的片石粒径宜大于300mm，且小于300mm粒径含量不超过20%。抛填时从路堤中部开始，中部向前突进后再渐次向两侧扩展，以使淤泥向两旁挤出。

## 三、排水固结法

排水固结法适用于饱和软黏土、有机质黏土的地基处理。排水固结法的排水系统由水平排水沙垫层和竖向排水构成，主要起到改变地基原有排水边界条件、缩短地基孔隙水的排水距离、加速软土地基的固结过程的作用。

采用排水固结法处理软基必须有不小于6个月的填土预压期，应通过计算机实测资料分析确定，以达到严格控制工后沉降的要求。

### （一）水平排水沙垫层

沙垫层厚500mm，采用中沙或粗沙，有机质含量不大于1%，含泥量不超过5%，渗透系数大于$5 \times 10^{-5}$m/s。

水平沙垫层应宽出两侧路基下坡脚各1.0m，并保证排水出路的畅通。

### （二）竖向排水体

竖向排水体常选用沙井和塑料排水板。

1. 沙井

沙采用洁净的中沙或粗沙，含泥量不超过3%，大于0.5mm的沙的含量占总重的50%以上，渗透系数不小于$5 \times 10^{-5}$m/s。沙井直径70mm左右，正三角形布置，沙井长度和间距通过计算确定，最大间距按井径比不大于25控制，一般以1~2m为宜。

2. 塑料排水板

排水板采用正三角形布置，板长和间距通过计算确定，最大间距按等效井径比不大于25控制，一般以1~2m为宜。

排水板在插入过程中导轨应垂直，钢套管不得弯曲，排水板搭接应采用滤套内平接的方法，搭接长度不小于200mm，滤套包裹，用可靠措施固定。排水板施工过程应防止泥土等杂物进入套管内，排水板与桩尖锚固要牢固，防止拔管时脱离将排水板带出。

3. 竖向排水体与水平沙垫层的联通

竖向排水体在施工前应先铺300mm厚沙垫层，并做出3%~4%的横坡，然后施工竖向排水体。对塑料排水板流出的孔口长度沿流水方向弯折500mm，使其与沙垫层贯通，最后铺剩余的沙垫层。

4. 排水固结法的预压系统

预压可以采用堆载预压、真空预压或堆载—真空联合预压。根据当地筑路材料来源及工程实际情况，堆载预压可以采用等载预压、欠载预压或过载预压。堆载预压时，应逐层填筑路堤并加强沉降观测，保证地基的稳定。

预压荷载应分级施加以适应地基强度的增长，荷载施加过程中要加强监测，防止施工过程中发生地基失稳。

# 第七节　路基防护与支护施工

## 一、路基防护与支挡

### （一）路基防护与支挡工程类型

路基防护与支挡工程中，一般把防止风化和冲刷，主要起隔离、封闭作用的措施称为防护工程。防护工程不能承受外力作用，所以要求路基本身必须是稳定的。把防止路基或山体因重力作用而滑移，地基承载力不足而沉陷，主要起支承和加固作用的结构物称为支挡工程。它们当中有些措施往往兼有防护与加固作用。路基防护与支挡工程设施，按其作用的不同，可分为边坡坡面防护、冲刷防护及支挡建筑物三大类。

1. 坡面防护

坡面防护主要是保护路基边坡表面，免受雨水冲刷，减缓温差及温度变化的影响，防止和延缓软弱岩土表面的风化、碎裂、剥蚀演变进程，从而保护路基边坡的整体稳定性，在一定程度上还可美化路容，协调自然环境。常用类型有植物防护、浆（干）砌片石及混凝土预制块、坡面处置及综合防护等。

2. 冲刷防护

用于防护水流对路基的冲刷与淘刷，可分为直接防护和间接防护等。直接防护类型有植物防护、砌石防护与加固等。间接防护主要指设置导流结构物，如丁坝、顺坝、防洪堤、拦水坝等，必要时进行疏浚河床改变河道，以改变水流方向，避免或减缓水流对路基的直接破坏作用。

3. 支挡建筑物

用以防止路基变形或支挡路基本身或山体的位移，以保证其稳定性，常用的类型有挡土墙、土垛、石垛及浸水挡土墙等。

### （二）植物防护施工

进行公路边坡坡面防护，必须考虑当地的气候特点、边坡类型和工程经济特点。植物的选择应根据植物学特性，考虑公路结构、护管条件、环境条件等。优先选择本地区的绿化植物、乡土植物和园林植物等；注重种类和生态习性的多样性；与附近的植物和风景等诸多条件相适应；兼顾近期和远期的植物规划，慢生和速生种类相结合；花、枝、叶形态美观的植物。植物的配置应考虑如下条件：根据季节的变化要求，使用不同季节的植物，丰富公路景观。南方一般地区植物防护种类宜做到花常开、叶常绿；北方有条件地区宜做到三季有花、四季常绿；有条件地区植物防护的空间配置在平面和立面的基础上，可采用自然式和规则式；草地与周围植物应根据景观、功能要求，利用对比等手法进行配置。

边坡的植物防护配比一般应通过种子发芽率试验和种植试验确定，种植试验一般分路堤边坡和路堑边坡，其中路堑边坡又可分为阳坡土质、阴坡土质、阳坡土夹石、阴坡土夹石、缀花边坡及纯石质边坡进行不同配比的试验，根据试验边坡植物的生长情况确定施工配比。

1. 植物防护的技术要求

（1）公路边坡植物防护应与主体工程相互协调：①路堤或路堑边坡，考虑高度和坡度，利用护坡道、平台、碎落台，在满足土壤和灌木条件的前提下，进行植物防护。②一般坡度缓于1：1.5的路基边坡可种植乔木，大乔木种植坡度缓于1：4，中乔木种植坡度缓于1：3。③坡度较陡、土质不佳时，可设计支架或砌筑植树坑，混凝土、砌石或喷射沙浆的边坡，可在边坡脚挖筑种植坑、槽填客土或坡面预留坑、槽填客土种植。

（2）土质或以土质为主的边坡，宜用灌木或混播抗逆性强的草种，并可多选用豆科植物进行植物防护，通过管护逐步稳定。种植香根草防护的路堤边坡。

（3）边坡平台宜选择灌木或小乔木植物防护。

（4）混凝土、砌石或喷射沙浆的边坡，可选择攀缘或悬垂的植物以及抗逆性强的灌木或小乔木植物防护。

（5）土夹石边坡，应结合防护工程，改善水肥条件后，用灌木或草本植物防护。

2. 植物防护施工时间的选择

（1）边坡植物防护需在土建工程完成后进行：在土建施工完成并清除场地废物和其他有碍植物生长的杂物，边坡平整后开始边坡植物防护施工，上边坡植物防护应在边坡工程治理稳定后进行。

（2）施工季节宜在春季、雨季、秋季：春季在3~4月；雨季在5~9月；秋季在10~11月。

（3）植物防护施工应根据植物特性适时种植：①耐寒树种秋季落叶后种植为宜，耐寒性较差或珍贵的边缘树种宜在春季种植。②常绿树种、针叶树类宜在春季或雨季种植，常绿阔叶树类在春季、雨季种植效果好。③草地建植：采用营养体繁殖的，适宜时间是春末、夏初和深秋，以雨季为好。播种的时间，一般冷季型草以秋季为好，暖季型草宜在春末夏初。

3. 植物防护的施工流程和施工方法

（1）公路边坡播种植物防护的施工流程及施工方法：公路边坡喷播法播种防护的工艺流程为：坡面整理：进行喷播的场地废物和其他有碍植物生长的杂物清除和边坡平整，填平低洼。草地种植前，宜打碎土块至30mm以下，不得超过60mm。施用底肥以用有机肥为主，均匀撒布或条施、穴施，并与土壤充分拌和。对土壤较硬、节理发育差、种子着床困难的边坡，采用挖沟、挖槽、打孔等技术进行处理，以保证种子的附着及生长；对较贫瘠的坡面施以底肥，增加植物对贫瘠土壤的适应能力。对拱形（或"人"字形）护坡工程的坡面需做成行距15~20cm、深5~8cm的横沟，六角空心砖坡面只松土不做槽。对不适应植物生长的边坡土壤，进行换土处理，所换土壤必须符合植物防护技术规范中对土壤的要求。对于可能产生径流冲刷的坡面，应采取截排水措施，避免径流对种植坡面的冲刷，影响种植效果。种子处理：种子的处理是影响植物生长最直接的因素。根据各种种子的生长特性，采取不同的处理方法：如白三叶，提前24小时进行根瘤接种，使根瘤的复活及附着繁殖较为充分；对部分苗木种子，如车桑子、刺槐等要提前用温水（一般为50℃左右的温水）或5%的氢氧化钠溶液浸泡12小时，做催芽处理；如苗木种子壳较硬难以出苗，应进行种子的破壳处理，以保证灌木的正常出苗；施工：由于在初期，树苗出芽、生长一般较草的出芽、生长速度慢，如果树、草同时播种，出苗初期的阳光、养分等被草吸收，树苗生长速度慢，甚至死亡。为此，对于树草混播的植物防护应采用两步施工，即先点播，后喷播。采用点播法种植树种，采用喷播法种植草种。当土质松散时，急需快速植物防护的边坡，可采取先喷播、后补播的工艺流程。无论采用哪种施工方法，都需施足底肥。

点播：种子种植一般每平方米4~6穴，穴深3~5 cm，穴宽10~15 cm。肥料与种子以2：1的体积充分混合后，一次点播到穴位内，每穴点播种子5~10粒后立即覆土，等小苗长到2~3 cm高后，即可实施喷播。

喷播：公路边坡坡面一般采用液压喷播法进行植物防护施工，喷播的配比按设计和试验结果（发芽率试验、喷播试验的植物生长情况）进行，种子配备应按两天施工用量提前一天配备好，并挂好标签，以免混用。喷播程序如下：配料—注水—搅拌—喷播—覆盖。

配料是在喷播车料箱注水的同时，首先加入复合肥和纤维材料（如锯木面等），在注水到约3/5时加种子、黏结剂（如胶粉）、保水剂（如纸浆等）以及土壤防蚀剂，注满水后搅拌15 min即可用高压水把混合好的液体均匀喷播在坡面上。喷播施工后及时覆盖无纺布，用U形铁丝、铁钉、木（竹）钉间隔60~100cm把无纺布固定在坡面上。如果是一次施工法，即树种和草种同时一次喷播，由于灌木种子的种皮较厚，应在喷播前用50℃温水浸泡12小时（或进行破壳处理，或在5%的氢氧化钠溶液中浸泡12小时）后再与其他种子拌和，以提高发芽率。但应注意出芽不宜过长，否则在喷播时幼芽易损伤，反而影响成苗率。

（2）公路边坡直播播种防护的施工流程及施工方法：应采用新鲜的种子，其纯度、重量、含水量、净度和发芽率等应合格；发芽困难需处理后播种的草种，应进行催芽处理。常用的处理方法有：冷水浸种、机械处理、药物催芽、高温催芽等；播种以撒播为主，还可以采用开沟条播、穴播等方法。播种均匀，播种后应及时覆土滚压，或用齿耙拉松表土，埋没种子1~2 cm；设计的播种量应根据现场情况适当调整。种子发芽率高，填土湿润、疏松、建坪时间充足的，播种量可适当减少；相反，则相应增加。播种后，为保持土壤水分、调节土温和抑制其他杂草，宜覆盖无纺布，苗高6~8cm后可适时揭布；出苗前后应重点进行水肥管理，出苗一周内，尤其要保持土壤水分，并可采用复合肥追肥增加苗势。

（3）三维植被网垫植草施工流程及施工方法：三维植被网垫植草法，种子均匀且用量省，降雨或浇水时不易被冲刷、流失，防止水土流失效果明显。三维植被网垫植草可按以下步骤施工：清理边坡—整平坡面—润湿坡面—铺网垫—用竹（木）钉固定网垫—撒细土—播种—撒土覆盖—浇水养护—后期管理。

4. 植物防护的施工质量控制

（1）确定施工质量控制点：喷播的施工气候；配比、称量的准确，搅拌的均匀性，灌木种子的催芽率，喷播的均匀性、覆盖固定的牢固性；栽植的树苗质量（树根的完整性、分级情况）；运输对树苗的损伤保护；坑距、坑的尺寸，风大地段的树苗固定情况，底肥施作情况；葡萄茎繁殖法的根茎长度、种植时的出露情况；两步施工法的施工间隔；揭布时机；施肥量施肥时的气候；浇水的时机。

（2）公路边坡植物护坡质量检测要求：成活率的指标；边坡喷播植物、灌木成活率指标；覆盖率的指标。

### （三）坛工防护施工

1. 喷浆、喷射混凝土防护

喷浆、喷射混凝土防护适用于易风化和坡面不平的岩石挖方边坡。喷浆、喷射混凝土的水泥用量较大，可用于重点工程或重点防护地段。根据实践经验，比较经济的沙浆是用水泥、石灰、河沙及水四种原材料，厚度一般为 1~3cm（喷浆）或 7~15cm（喷混凝土）。对坡面较陡或易风化的坡面，可以在喷射防护之前铺设加筋材料，加筋材料可以用铁丝网或土工格栅。喷浆、喷射混凝土坡面应设置泄水孔，一般按 2~3m 间距和排距设置。

（1）喷浆、喷射混凝土防护的施工流程：喷浆、喷射混凝土防护一般按下列工序和步骤进行：施工前准备—测量放样—清理坡面—准备水泥浆或喷射混凝土—预留泄水孔—（打锚孔—清孔—插锚杆—压力灌浆—检查锚杆抗拔力—挂网）—（预留伸缩缝）—喷浆或喷射混凝土—（切缝机切缝—封缝）。

（2）喷浆、喷射混凝土防护的施工方法：施工前，要清除坡面的活岩、虚渣、浮土、草根等杂物，坡面如有较大的裂缝、凹坑时，应先嵌补牢实，使坡面平顺整齐；岩体表面要冲洗干净，土体表面要平整、密实湿润；对坡面渗水进行处理；材料要符合设计规定，不得使用三无产品；钢筋不得有污锈；泄水孔通常采用预留的方法形成，即在喷浆、喷射混凝土之前将硬塑料管或 PVC 管或钢管或其他地方性材料做成的管子（如竹筒等）放置在泄水孔设计位置，泄水管应外倾、固定，用纸团或木桩堵孔，然后进行喷浆施工，施工完毕后，除掉堵塞排水管的纸团或木桩就可以形成泄水孔。也可以用坡面喷浆、喷射混凝土之后采用风钻钻凿泄水孔；每 10~15 m 设置一条伸缩缝，用浸沥青木板或塑料泡沫放置在伸缩缝位置，并加以固定，然后进行喷射施工形成伸缩缝；也可以在喷射施工完成后用切割机切割形成伸缩缝。等混凝土凝固后用熔化沥青浇筑封闭伸缩缝；在伸缩缝的下三角位置，可用边长为 30~50cm 长的木板形成木模，在这个三角形木模内，不喷浆、喷射混凝土，用作排水，填土后即可进行绿化；喷射应自下而上进行，喷嘴要垂直坡面，并经常保持 1 m 左右的距离。当混凝土厚度大于 7 cm 时，宜分两层喷射；混凝土 C15 或 C20，配合比（水泥：沙：碎石）为 1：2：2~1：2：3，水灰比 1：0.45~1：0.55。速凝剂用量视品牌，经试验确定；喷射厚度应均匀，喷射次数及厚度，应根据岩体风化、表面破碎情况而定；

一般喷 2~3 次即可，厚度为 1~3 cm（喷浆）或 7~15 cm（喷混凝土）；喷射告一段落后，要进行全面检查，如发现空白点或薄层处，应进行补喷；应采取多种方法保证喷层厚度，如用预嵌标钉、刻槽和激光断面仪测定等方法检查，每 50m 长度的边坡，至少应抽检一个断面的上、中、下三处厚度，看其是否符合设计，误差不得大于 10%。

（3）喷浆、喷射混凝土防护施工的质量控制与检查：喷浆、喷射混凝土施工前，坡面应稳定、平整，并清理干净和处理好坡面渗水，否则不得进行施工；使用规定的原材料和按规定的方法准备材料；喷浆或喷射混凝土前，应按 2~3 m 间距和排距放置排水管形成排水孔，或喷射施工完毕后钻凿排水孔；检查伸缩缝模板的位置准确到位后，才能进行喷射施工；材料配比应符合设计要求，并随时检查配比称量和留足试件进行强度试验；喷射施工中，用预嵌标钉、喷层凿取试件等方法标示检查、控制喷层的厚度并不得有漏喷；喷浆、喷射混凝土防护施工的质量检查内容及方法。

2. 勾缝与灌浆防护

适用于比较坚硬，且裂缝多而细的岩石边坡，防止水分浸入岩层内造成病害。灌浆防护适用于坚硬，但裂缝较宽和较深的岩石边坡，借沙浆的胶结力，使坡面表层成为一个整体的防水层。

（1）勾缝与灌浆防护的施工流程：清理坡面—拌制沙浆或混凝土—冲洗裂缝—勾缝或灌浆—打磨、抹平—养生。

（2）勾缝与灌浆防护的施工方法：施工前应清除坡面的活岩、虚渣、浮土、草根等杂物，将缝内冲洗干净，并依缝宽和缝深分别按下列要求施工：岩体较坚硬，不容易风化，节理多而细者，宜用勾缝，沙浆应嵌入缝中与岩体牢固结合；节理、裂缝宽度较大者，宜用沙浆灌缝，可用 1：4 或 1：5（质量比）的水泥沙浆捣插密实，必要时可用压浆机灌注，灌浆应灌满至缝口抹平；缝宽大而深时，宜用水泥混凝土灌注，可按体积比为 1：3：6 或 1：4：6 配合比配料灌注振捣密实，灌满至缝口抹平；在坡面有渗水、泉水的位置应留排水口，在每台坡脚每 2~3m 处也应留一个排水口。排水口的施工是先留一条或几条节理面，长 5 cm 左右，不进行灌浆或勾缝；补缝后 3~5 min 进行打磨、抹平，使表面光滑，并用麻袋或青草将缝覆盖，洒水养生。

（3）勾缝与灌浆防护施工的质量控制与检查：施工前，坡面应稳定、平整，并清理干净和处理好地下水，否则不得进行勾缝或灌浆施工；使用规定的原材料和按规定的方法准备材料；灌浆施工过程中，应检查控制灌浆孔的间距、深度和浆液配比、灌浆压力；注意预留排水口；施工完毕后，必须注意养护；勾缝、灌浆施工的质量检查内容及方法。

3. 护面墙

在各种软质岩层和较破碎岩石中修建的挖方边坡，为免受大气、降雨因素影响而修建的护墙，称为护面墙。施工方法有干砌和浆砌两种，多用于易风化的片岩、绿泥片岩、泥质页岩、千枚岩及其他风化严重的软岩挖方边坡防护。

（1）护面墙的构造与布置：护面墙除自重外，还能承担部分墙后土体压力，一般要求挖方边坡能自身稳定。护面墙每10m长设置一道伸缩缝（或沉降缝），缝宽2cm，嵌以沥青麻絮（如果不是浸水护面墙，可不进行封缝处理），并每隔2~3m设置5cm×5cm或10cm×10cm或5cm×10cm的泄水孔。公路用地紧张时，护面墙通常与边沟直接相连，当采用梯形断面边沟时，护面墙的面墙可作为边沟的外侧沟帮。当采用带盖板的矩形断面边沟时，边沟外侧沟帮仅17cm左右宽，且与护面墙相连，这种护面墙有时又叫带边沟的护面墙。护面墙基础应置于稳定的地基上，埋深应根据地质条件确定，在冰冻地区应埋置在冰冻线以下不小于0.25m。护面墙的前趾低于边沟底面。墙背顶应用浆砌石或沙浆，或黏土填埋密实，以防止雨水渗入墙后引起墙体破坏。护面墙多采用浆砌片石结构，在缺乏石料的地区，也可采用现浇混凝土或预制混凝土块砌筑。混凝土不应低于C15，砌筑用沙浆不应低于M5，寒冷地区不应低于M7.5。

在石质较好的路段，护面墙墙身中间可以不铺砌，留出拱形、圆形、方格形等空隙，以节省浆砌圬工，并可以作为排水、绿化等用途。

（2）护面墙的施工流程：施工前准备—刷坡—测量放样—基坑开挖—基坑检查—基础砌筑—基础检查—墙身砌筑（预留泄水孔）—墙顶抹面—墙身勾缝—墙背回填（泄水孔处设置反滤层）—交工验收。

（3）护面墙的施工方法：浸水路基处的墙体应选择在枯水季节施工；护面墙施工前，应清除表面松动岩石、浮渣，边坡能够自稳；护面墙应挂线砌筑施工，墙背要紧贴坡面，不得干填或乱填碎石块；护面墙每10m长或基础土质有变化时应设置伸缩缝（或沉降缝），缝宽2cm，施工时可在伸缩缝（或沉降缝）处放置厚2cm塑料泡沫；有过水要求的护面墙，应用沥青麻丝填缝，以防挡墙外面的水进入坡体内；护面墙每隔2~3m设5cm×5cm或10cm×10cm或5cm×10cm的方形泄水孔，或直径为5cm的圆形泄水孔，泄水孔必须高于原地面线20cm（或在洪水位以上30cm），泄水孔必须向外倾斜、直顺、无堵塞、无孔洞漏水现象，泄水孔进水口要设置反滤结构。泄水孔的反滤结构可以采用如下三种形式：粒料反滤层、反滤土工布包裹沙反滤层、无沙混凝土反滤层。沙做反滤层施工时，以进水口为中心，形成边长为30cm的进水口集料反滤层；反滤土工布包裹沙施工，是用土工布做成外形比泄水孔稍大的口袋，用2~5mm的沙填装后，塞进泄水孔就可以形成反滤结构；无沙混凝土反滤结构施工是采用规定的沙粒按《公路路基施工技术规范》的规定拌和后，用无沙混凝土封堵泄水孔的进水口，封闭长度为5~10cm，即可形成无沙混凝土反滤结构。

对于严重潮湿或严重冻害的土质边坡，在未进行排水前，不宜直接砌筑护面墙，而应该先排水。排水方法可采用塑料管、PVC管、竹筒等将坡体水导出，然后再砌筑护面墙。在护面墙达到坡体出水处时，应该设置泄水孔，等该泄水孔的砌筑沙浆和抹面沙浆凝固后才可用泄水孔导水，或直接把排水管砌筑在墙体中，排水管就作为泄水孔。

泄水孔的施工方法是：砌筑护面墙时，在泄水孔位置处的墙体上先留5cm宽或10cm宽的沟槽，并进行抹面或勾缝，在槽上方盖上较平整的片石，然后将编织带或水泥包装袋（可防止沙浆漏入预留沟槽内）铺在片石上，再抹沙浆，接着砌筑上面的墙体，这种方法能保证排水孔不堵塞。在护面墙上设置泄水孔，也可在砌筑时直接将塑料管、PVC管、竹筒埋置在泄水孔位置处作为泄水孔。

4. 干砌片石护坡

适用于土质、软岩及易风化、破坏较严重的填挖方路基边坡，以防止雨、雪水冲刷。在砌面防护中，宜首选干砌片石结构。这不仅可以节省投资，而且可以适应较大的边坡变形。如在冻胀严重的路段，干砌片石就显得特别优越。对土质填方路段也能适应路基边坡沉落变形。但干砌片石护坡受水流冲击时，细小土颗粒易被流水冲刷带走，而引起较大的沉陷。

（1）干砌片石护坡的构造与布置：常用的干砌片石结构分单层铺砌和双层铺砌两种，单层铺砌结构厚0.25~0.35 m，双层铺砌下层厚0.15~0.25 m，上层厚0.25~0.35 m。为防止坡面土层被水流冲出和减轻漂浮物的撞击力，应在干砌防护下面设置碎石或沙砾构成的垫层（反滤层）。垫层一般厚度为0.1~0.2m，在一定条件下，也可以用反滤土工布代替。

干砌片石护坡坡脚应视土质情况，设置不同埋深的基础。基础的砌筑有两种：墁石铺砌基础和抛石、堆石基础。被防护的边坡自身应符合稳定性的要求，一般坡率应大于1∶1~1.0∶1.5。

（2）干砌片石护坡的施工流程：施工前准备—刷坡—测量放样—基坑开挖—基坑验收—基础砌筑—基础检查—墙身砌筑—墙顶封面—交工验收。

（3）干砌片石护坡的施工方法：尽量安排在枯水季节施工；石料应为新鲜或微风化、坚硬、有棱角和不会冻结而破裂的岩石，其重力密度不应小于24 kN/m³。在经常浸水的部位，用不易风化岩石；在防护的边坡上铺石应设垫层，垫层材料最好为碎石或砾石。当边坡材料符合垫层要求时可不设垫层；铺砌应设置基础，在冲刷情况比较严重时，应设浆砌片石脚墙基础；铺砌应自下而上进行，不损坏垫层；石块应栽砌，大面与坡面垂直，厚度与坡面平行，各石块应彼此镶紧，各砌层之间应错缝砌筑；铺石护坡最好在新筑路堤沉实或经可靠的夯实以后再施工；在受水后易发生湿陷而引起较大变形的黄土、石膏地区不宜采用干砌片石防护。

（4）干砌片石护坡施工的质量控制与检查：施工前，坡面应稳定、平整，并清理干净和处理好地下水，否则不得施工；使用规定的原材料，规格尺寸和强度不符合要求的石料不得用作砌筑；基础开挖必须到位，验收合格后方可进行墙体砌筑，否则不得进行墙体的砌筑，严禁超挖回填虚土；石块应栽砌，大面与坡面垂直，厚度与坡面平行，各石块应彼此镶紧，错缝砌筑；随时监督检测砌筑厚度，保证护坡厚度；干砌片石的质量检测项目和方法。

5. 浆砌片石护坡

是公路建设特别是高速公路建设中常用的工程防护方法。浆砌片石护坡是用水泥沙浆将片石空隙填满，使砌石成为一个整体，以保护坡面不受外界因素（水、大气等）的侵蚀，所以比干砌片石有更高的强度和稳定性。

（1）浆砌片石护坡的构造与布置：浆砌片石护坡采用的水泥沙浆一般为M5，受水流冲刷或寒冷地区应采用M7.5或M10。浆砌片石护坡所使用的石料应是不易风化的坚硬岩石或大块卵石，厚度为 0.25~0.5 m。护坡底面铺设厚 0.1~0.15 m 的碎石或沙砾组成的垫层，在一定条件下，也可以采用与垫层等效的反滤土工布代替。浆砌片石护坡应视土质情况设置砌石基础，其埋深应为护坡厚度的 1.5 倍以上（在冰冻地区设置在冰冻线以下 0.25m）。砌石护坡应每隔 10~15m 或在地质条件发生变化处设置宽 2cm 的伸缩缝（或沉降缝），并按 2~3m 间距预留泄水孔。

（2）浆砌片石护坡的施工流程：施工前准备—刷坡—测量放样—基坑开挖—基坑验收—基础砌筑—基础检查—护坡铺砌—护坡勾缝—墙顶封面—交工验收。

（3）浆砌片石护坡的施工方法：①采用人工或机械开挖基础，基础应埋入冲刷线以下 0.5~1.0 m，否则须有防止冲刷基础措施；在寒冷地区应埋入冰冻线以下 0.25m。②墙身部分每隔 2~3 m，设 5 cm×5 cm、10 cm×10 cm 或 5 cm×10 cm 的方形泄水孔或孔径为 5cm、10cm 的圆形泄水孔一个，上下两排错位布置，最好呈梅花形分布。泄水孔施工可以采用如下方法：在泄水孔位置处先砌成 5cm×5cm、10cm×10cm、5cm×10cm，向外倾斜 3% 的沟槽，并用沙浆抹平，然后干砌沟槽顶面，用水泥袋、塑料布等工地废旧薄层材料盖住沟槽顶的干砌片石后，接着砌筑上面的墙体；在泄水孔位置处放置直径为 5~10cm 的 PVC 管、竹筒等材料，并向外倾斜 3% 的泄水管，然后继续砌筑上面的护坡。如果需要节省材料，重复利用 PVC 管、竹筒，应该在沙浆初凝后立即慢慢抽出 PVC 管、竹筒等材料，并用清水冲洗干净，以备后面的泄水孔施工之用。③泄水孔的进水口需设置反滤结构，其施工方法同护面墙反滤层。④沿护坡及墙身长度每隔 10~15m 设沉降缝一道；基底土质有变化处，亦需设置沉降缝，缝宽 2cm。在施工过程中可在沉降缝设计位置处先放置 2cm 厚的泡沫板，以保证沉降缝的直顺度。当边坡为浸水坡面时，缝内应填塞沥青麻絮，防止河水倒灌入路基内，使路基湿软而降低强度和产生淘刷。

6. 拱形骨架植草护坡

多用于稳定的土质挖方路基边坡的防护，土质边坡一般采用液压喷播植草进行绿化施工；对风化严重的石质边坡，可在骨架中间透空部分填土后再进行种草、种树等植物防护工作。根据拱形骨架所采用的材料不同，又可分为浆砌片石拱形骨架植草护坡、现浇混凝土拱形骨架植草护坡、预制混凝土块拱形骨架植草护坡等类型。

（1）拱形骨架植草护坡的构造与布置：护坡坡度与路基边坡坡度一致，一般在 1∶1 左右，每一台护坡垂直高度为 8~10 m，沿坡长每隔 10~15m 设置一条伸缩缝（沉降缝），缝宽 2cm 左右，一般设置在拱肋的拱顶处，伸缩缝（沉降缝）上下对齐。拱形护坡的拱肋通常设计成 L 形断面，通过肋条上的拦水埝拦截汇集坡面径流，以减少雨水对坡面的冲刷。在路堤坡面的防护中，为了克服拦水带设置在路面容易形成积水的问题，取消拦水带，采用在最高一道护坡肋之上的空格用沙浆或浆砌封面。

（2）拱形骨架植草护坡的施工流程：施工前准备—刷坡—全站仪定位放样—拱形模放样—人工开挖竖肋和拱肋沟槽—验槽—铺砌竖肋沟底—铺砌竖肋沟帮—支拱形铁皮模—砌筑拱肋—竖肋和拱肋抹面—骨架中间回填客土—植草绿化；混凝土预制块拱形骨架植草护

坡的施工流程：混凝土预制块拱形护坡的施工流程及步骤同浆砌片石拱形护坡。

### （四）沿河路基防护施工

沿河路基防护包括坡岸防护、导流构造物防护和其他防护。各种防护都必须加强基础处理和圬工质量，防止水流冲刷，保证路基稳定。沿河路基防护工程基础应埋设在局部冲刷线以下不小于1m或嵌入基岩内；导流构造物施工前，根据现场具体情况采取相应措施，避免冲刷农田、村庄、公路和下游路基。

1. 抛石防护

当水流流速为3.0~5.0 m/s时，宜采用抛石防护。抛石防护类似于陡坡路堤在坡脚处设置石垛。抛石体边坡坡度和石料粒径应根据水深、流速和波浪情况确定，石料粒径应大于300 mm，宜用大小不同的石块掺杂抛投。坡度应不陡于抛石石料浸水后的天然休止角。抛石厚度宜为粒径的3~4倍，用大粒径时，不得小于2倍。流速大、水很深、波浪高的路段，抛石应采用粒径较大的石块。抛石石料应选用质地坚硬、耐冻且不宜风化崩解的石块。

2. 石笼防护

当水流流速大于5.1m/s或过多压缩河床，造成上游壅水时，宜用石笼防护或设置驳岸、浸水挡土墙等支挡结构物。石笼防护主要用于缺乏大石块的地区，它是用铁丝编织成长方体或圆柱体框架，内装石料，设置在坡脚处。石笼形状根据设计要求或不同情况和用途选用，笼内填石选用浸水不崩解和不易风化的石料，粒径不小于4 cm，一般为5~20 cm，外层石料要求有棱角，内层用较小石块填充。编制石笼时，应注意各部分尺寸正确，以利于石笼与石笼之间紧密连接。安置石笼时，用于防止冲刷淘底的石笼，应与坡脚线垂直，且在堤岸一端固定。用于防止堤岸边坡冲刷时，则垒码平铺成梯形，单个石笼的大小，以不被相应速度的水流冲动为宜，铺设时须用厚0.2~0.4m的碎（砾）石垫层铺平，底层各角可用铁棒固定于基底。

3. 浸水挡土墙和土工膜袋防护

（1）浸水挡土墙施工应符合下列规定：浸水挡土墙应选用坚硬未风化且浸水不崩解的石块。应注意浸水挡土墙与岸坡的衔接。

（2）土工膜袋防护施工应符合下列规定：按设计要求整平坡面，放线定位，挖好边界处理沟；膜袋铺展后应拉紧固定，防止充填时下滑；充填材料应根据设计要求和实际情况合理选用，充填应连续；需要排水的边坡，应适时开孔设置排水管；膜袋顶部宜采用浆砌块石固定。有地面径流处，坡顶应采取防护措施，防止地表水侵蚀膜袋底部；岸坡膜袋底端应设压脚或护脚棱体，有冲刷处应采取防冲措施；膜袋护坡的侧翼宜设压袋沟；膜袋与坡面间应按设计要求铺设好土工织物滤层。

## 二、路基排水设施施工

路基排水设施可以及时排出地表径流，降低土基湿度，保持路基常年处于干燥和中湿状态，使路基工作区内的土基含水量降低到一定的范围内，确保路基路面具有足够的强度与稳定性。

## （一）路基排水的一般要求

路基内的水源来自地表水和地下水。地表水主要由降水形成的地面径流。地下水为从地面渗入并滞留于上层的滞流水和地下含水层内的潜水。路基排水的目的是通过采取有效措施，使路基内含水量保持在允许范围内，保证路基经常处于稳定状态，满足使用要求。

1. 流向路基的地表水和地下水，需在路基范围以外的地点，设置截水沟与排水沟或渗沟进行拦截，并引离至指定地点，路基范围内的水源，分别采用边沟、渗沟、渗井和排水沟予以排除。路基排水一般向低洼一侧排除，必须横跨路基时，尽量利用拟设的桥涵，必要时设置涵洞、倒虹吸或渡槽。水流落差较大时，应在较短段落上设置跌水或急流槽。

2. 对于明显的天然沟槽，一般宜依沟设涵，不必勉强改沟与合并。对于沟槽不明显的漫流，应在上游设置束流设施，加以调节，尽量汇集成沟导流排除。对于较大的水流，注意因势利导，不可轻易改变流向，必要时配以防护加固工程，进行分流或束流。为了提高截流效果，减少工程量，地面沟渠宜大体沿等高线布置，尽可能地使沟渠垂直于流水方向，且应力求短捷，水流通畅。沟渠转弯处要求以圆曲线相接，以减小水流的阻力。排水沟的出水口应设置急流槽将水流引出路基或引入排水系统。

3. 各种排水设备必须地基稳固，不得渗漏或滞留，并具有适当纵坡，以控制与保持适当的流速。沟槽的基底与沟底沟壁，必要时予以加固，不得溢水渗水，防止损害路基和引起水土流失。

4. 施工前，应校核全线排水设计是否完善、合理，必要时应提出补充和修改意见，使全线的沟渠、管道、桥涵组合成完整的排水系统。完成临时排水设施，临时排水设施应尽量与永久排水设施相结合，排水方案应因地制宜、经济实用。施工期间，应经常维护临时排水设施，保证水流畅通。

5. 路堤施工中，各施工作业层面应设 2%~4% 的排水横坡，层面上不得有积水，并采取措施防止水流冲刷边坡。

6. 路堑施工中，应及时将地表水排走。

## （二）常见排水设施

路基路面排水设施可分为地上的排水设施和地下的排水设施。地面排水设施有边沟、截水沟、排水沟、跌水、急流槽倒虹吸、渡水槽、蒸发池等，它们分别设置在路基的不同部位，共同形成完整的路基地面排水系统。各类地表排水设施的沟槽顶面应当高出设计水位 0.1~0.2m，地表排水设施的断面形状和尺寸应满足排泄设计流量的要求，不产生冲刷和淤积。地表排水沟渠宜短不宜长，以使水流不过于汇集，做到及时疏散，就近分流，同时也应兼做其他流水的用途。

## 1. 边沟

挖方路基以及填土高度低于路基设计要求的临界高度的路堤，在路肩外缘均应设置纵向人工沟渠，称之为边沟。其主要功能在于排除路基用地范围内的地表水，包括路面、路肩和边坡的流水。边沟断面形式主要有梯形、矩形、三角形或流线型等，按公路等级、所需排水设计流量，设置位置和土质或岩质选定。

## 2. 截水沟

截水沟是设置在挖方路基边坡坡顶以外，或山坡路堤上方的适当位置，用以拦截路基上方流向路基的地表水，减轻边沟的水流负担，保护挖方边坡和填方坡脚不受流水冲刷和损害的人工沟渠。它是多雨地区、山岭和丘陵地区路基排水的重要设施之一。截水沟设在路堑坡顶或路堤坡脚外侧，要结合地形和地质条件沿等高线布置，将拦截的水顺畅地排向自然沟谷或水道。降水量较少或坡面坚硬和边坡较低以致冲刷影响不大的地段，可以不设截水沟；反之，若降雨量较多，且暴雨频率高，山坡覆盖层松软，坡面较高，水土流失较严重的地段，必要时可设置两道或多道截水沟。截水沟的横断面形式，一般为梯形，沟壁边坡坡度因土质条件而异，一般采用 $1:1$~$1:1.5$。沟底宽度和深度不小于 0.5 m，地质或土质条件差，有可能产生渗流或变形时，应采取相应的防护措施。截水沟下游应有急流槽，把路堑或路堤坡面截水沟汇集的雨水导入天然水沟或排水沟。

## 3. 排水沟

排水沟主要用于排除来自边沟、截水沟或其他水源的水流，并将其引至路基范围以外的指定地点。当路线受到多段沟渠或水道影响时，为保证路基不受水害，可以设置排水沟或改移渠道，以调节水流，整治水道。排水沟的横断面形式，一般采用梯形，尺寸大小应经过水力水文计算而定。排水沟的布置，必须结合地形等条件，离路基尽可能远些，转向时，尽可能采用较大半径（10~20m 以上），徐缓改变方向，距路基坡脚的距离一般不宜小于 3~4 m；排水沟长度一般不超过 500 m；纵坡大于 7% 时，应设置跌水或急流槽。

## 4. 跌水与急流槽

均用于陡坡地段，沟底纵坡可达 100%。由于纵坡大、水流湍急、冲刷作用严重，所以跌水与急流槽必须用浆砌石块或水泥混凝土砌筑，且应埋设牢固。在陡坡地段设置跌水结构物，可在短距离内降低水流流速、消减水流能量，避免出水口下游的桥涵结构物、自然水道或农田受到冲刷。跌水成台阶式，有单级跌水和多级跌水之分。跌水两端的土质沟渠，应注意加固，保持水流畅通，不致产生水流冲刷和淤积，以充分发挥跌水的排水效能。急流槽的纵坡，比跌水的平均纵坡更陡，结构的坚固稳定性要求更高，是山区公路回头曲线沟通上下线路基排水及沟渠出水口的一种常见排水设施。急流槽主体部分的纵坡依地形而定，一般可达 67%，如果地质条件良好，需要时还可以更陡，但结构要求更严，造价亦相应提高，设计时应通过比较确定。按水力计算特点，由进水口急流槽（槽身）和出水口三部分组成。

若沟槽横断面不同，为了平顺衔接，可在急流槽的进、出水口与槽身连接处设过渡段，出水口部分设消力池。各部分的尺寸,根据水力计算确定。急流槽的基础必须稳固,端部及槽身每隔2~5m在槽底设耳墙埋入地面以下,以防止滑动。当槽身较长时宜分段砌筑每段长5~10m的预留伸缩缝,并用防水材料填塞。在开挖坡面的急流槽与边沟交汇处,应在边沟设置沉淤池或消能池,一方面可以沉积泥沙;另一方面可以起到消能作用,避免泥沙堵塞边沟和水流冲刷边沟,导致边沟遭到破坏。

5. 盲沟与渗沟

设在路基边沟下面的暗沟称为盲沟,其作用是拦截或排除地下水。盲沟造价通常高于明沟,发生淤塞时,疏通困难,甚至需要开挖重建。设置在路基两侧边沟下的盲沟,主要作用是降低地下水位,防止毛细水上升至路基工作区范围内,形成水分积聚而造成冻胀和翻浆,或土基过湿而降低强度等。路基在挖方与填方交界处的横向盲沟,用以拦截和排除路堑下面的层间水或小股泉水,保持路堤填土不受水害。盲沟设置在地面以下起引排、集中水流的作用,无排渗水和汇水的作用。简易的盲沟结构主要由粗粒碎石、细粒碎石及不透水层组成。

6. 渗井

当路基附近的地表水或浅层地下水无法排除,影响路基稳定时,可设置渗井,将地表水或地下水经渗井通过下透水层中的钻孔流入下层透水层中排除。渗井直径50~60 cm,井内填充料含泥量应小于5%,按单一粒径分层填筑,不得将粗细材料混杂填塞。在下层透水范围内填碎石或卵石,上层不透水层范围内填沙或砾石,填充料应采用筛洗过的不同粒径的材料,井壁和填充料之间应设反滤层。渗井离路堤坡脚不应小于10 m,渗水井顶部四周用黏土填筑围护,井顶应加筑混凝土盖,严防渗井淤塞。渗井开挖应根据土质选用合理的支撑形式,并应随挖随支撑、及时回填。

7. 检查井

为检查维修渗沟,每隔30~50m或在平面转折和坡度由陡变缓处宜设置检查井。检查井一般采用圆形,内径不小于1.0m,井壁处的渗沟底应高出井底03~0.4m,井底铺一层厚0.1~0.2m的混凝土,混凝土强度必须达到5MPa。井基如遇不良土质,应采取换填、夯实等措施。兼起渗井作用的检查井的井壁,应在含水层范围设置渗水孔和反滤层。深度大于20 m的检查井,蹬出梯要牢固。井口顶部应高出附近地面0.3~0.5 m,并设井盖,井框、井盖应平稳,进口周围无积水。

## (三)边沟、截水沟与排水沟的施工

通常把边沟、截水沟与排水沟笼统地称为"水沟",其施工工艺和施工方法非常相似。水沟的施工流程如下:施工准备(清理现场、核查设计布置是否合理、组织施工人员及施工机械材料准备)—测量放样—撒石灰线(机械开挖)或挂线(人工开挖)—沟槽开挖—人工修整—验槽—水沟加固(水沟沟底纵坡大于3%时,或土质水沟采用矩形断面时,或需要防止水沟水流下渗时)。

当公路用地比较紧张时，边沟、排水沟和碎落台截水沟多采用矩形断面形式，需要结合其他防护工程进行加固处理。高等级公路为了行车安全和增加路面视觉宽度，常在边沟顶面加带槽孔的混凝土盖板。

混凝土盖板的高等级公路边沟施工流程如下：全站仪定位放样—撒石灰线—挖机（或人工）开挖沟槽—人工修整—验槽—砌筑沟底—砌筑沟帮—检查沟底、沟帮—沟帮、沟底抹面或勾缝—运输盖板—清除边沟淤积及沉降缝封缝—安装盖板—找平外露边沟顶面。

1. 土质水沟的施工方法

根据设计图纸尺寸，利用经纬仪及钢尺或皮尺从中桩引测，或利用全站仪从测量控制点引测，放样点间距直线段一般为10 m一点，曲线段根据转弯半径大小为2~5m一点。放样时，应核查水沟设计位置的合理性，是否与公路设施及建筑物位置发生冲突；坡降是否过大或过小，过大是否需要采取加固措施，过小是否会产生积水或漫流现象；与其他防排水措施交接处是否会发生错位或冲刷，是否需要进行防冲加固；出水口水流是否顺畅，是否会发生冲刷危害，是否应采取消能或提高抗冲刷的加固措施；边沟转弯半径是否符合有关要求，是否应在外侧加高和加固。设计存在不合理的地方或存在需要完善的地方，需及时向有关单位汇报，并对设计进行修改和完善。放样之后，应进行现场清理，清除杂草、灌木、有机质土及覆土等杂物，平整场地及进行施工临时排水。低等级道路或降水量较少的地区，水沟设计尺寸亦较小，通常采用人工开挖沟槽。反之，高等级道路或降水量较大的地区，水沟设计尺寸亦较大，为了保证施工质量和工期，大多采用人工配合挖掘机开挖。在纵向上，一般应从下游向上游开挖。当人工开挖作业时，测量放样后，挂线施工。施工时一般采用分段开挖的方法，每一段可以分层开挖，从上至下，逐渐成型，也可以全断面开挖，先开辟出一个工作面，修整成设计断面，然后往前推进，每一个断面都一次成型。

当采用机械开挖作业时，应该先放样，然后撒石灰线，挖土机开始工作。开挖过程中，最好欠挖，人工修整到位，不能超挖。如果出现超挖，超挖部分用浆砌片石或其他加固材料找补。开挖时尽量不扰动原状土，采用机械开挖，可适当欠挖，边挖边测量控制，沟底高程用水准仪实测控制，最后用人工修整。修整时以一定长度（一般为10 m，曲线段按半径大小为2~5m）按设计尺寸定标准断面，在两标准断面间拉线，按线修整，也可用断面样板或皮尺或钢尺逐段检查，反复修整，直到符合设计要求为止。雨季施工时基坑开挖必须采取防止坑外雨水流入基坑的措施，坑内雨水应及时排出。

2. 石质水沟的施工方法

石质水沟的开挖，无论采用人工还是机械施工，均需爆破，使石方松动后再开挖成型，这样很容易超挖，应控制炮孔位置和爆破药量，超挖部分用浆砌片石、混凝土或沙浆找补。石质水沟其他工序的施工方法与土质水沟相同。

3. 水沟加固的施工方法

为防止水流对水沟的冲刷与渗漏，应对边沟、截水沟和排水沟等地面排水设施的沟底和沟壁进行加固。

# 第三章 路面施工

## 第一节 概述

### 一、技术管理的概念

#### （一）技术管理的作用

为保证施工活动的正常开展，获得高效、优质、低成本的效果，必须采取一定的施工技术措施。因此，制定技术措施、组织及协调技术活动等工作，就成为施工管理的重要内容。概括起来，技术管理工作的作用有以下四点。

1. 保证施工过程符合施工技术规范和合同文件的要求，在设计文件和图纸规定的技术要求及技术标准的控制下，使施工生产正常有序地进行。

2. 不断提高技术管理水平和施工人员的技术素质。依据一定的管理程序，有目的地分析施工中可能存在的技术薄弱环节并预先采取有针对性的措施，力求高质量地完成工程施工任务。

3. 通过对技术的动态管理，发掘施工中人工、材料及机械设备等资源的潜力，从而在保证工程质量和生产计划的前提下，降低工程成本，提高经营效益。

4. 通过技术管理，积极研究、开发与推广新技术、新工艺、新材料、新机具，促进企业技术管理现代化，增加技术储备和技术积累，提高企业的竞争能力。

#### （二）技术管理的任务

技术管理的任务，就是对项目施工全过程运用计划、组织、指挥、协调和控制等管理职能促进技术工作的开展，贯彻国家的技术政策、技术法规和上级有关技术工作的指示与决定，动态地组织各项技术工作，优化技术方案，推进技术进步，使施工生产始终在技术标准的控制下按设计文件和图纸规定的技术要求进行，使技术规范与施工进度、质量与成本达到统一，从而保证安全、优质、低耗、高效地按期完成项目施工任务。具体体现在以下三个方面。

1. 增强科学研究工作的开展，提高生产的现代化水平。通过加强科学研究，在工程结构设计方面尽量采用国内外先进的理论和技术；在施工方面要采用切实可行的先进工艺来缩短建设周期、降低工程成本；在工程质量方面要不断地进行研究和改进，确保工程质量，大力开展挖潜、革新、改造，提高施工生产的现代化水平。

2. 科学地组织各项技术工作，建立良好的技术管理秩序。建立和健全各项技术管理制度；贯彻执行技术规程、技术规范和技术标准，充分发挥技术力量的作用，大力开展技术革新和开发工作，不断采用新技术；开展全面质量管理，确保工程质量，组织安全生产和文明施工。

3. 加强技术研究的组织和技术教育的开展，努力提高机械化施工水平，做好信息情报和技术资料的管理工作，促进管理工作的现代化。

### （三）技术管理的内容

公路工程施工是由多工种、多工序构成的复杂的综合过程。其技术管理主要内容的归纳见表3-1。

表3-1 技术管理的内容

| 技术管理 | 施工过程技术管理 | 施工准备阶段技术管理 | 图纸会审、设计交底、编制施工组织设计、技术交底、施工方案编制 |
|---|---|---|---|
| | | 施工实施阶段技术管理 | 处理工程变更及修改设计、技术检验、材料及半成品试验、定期组织质量巡检、技术质量保证体系正常运转、组织现场专业研讨会、定期核查施工必需的技术措施 |
| | | 施工验收阶段技术管理 | 编制竣工工程的养护方案并指导实施、检查和督促质量评定、检查和督促交工文件并存档、组织开展技术总结、技术成果交流会 |
| | 技术开发活动 | | 科技情报与信息系统、技术改进与合理化建议、技术管理制度与技术标准化工作、技术培训 |

### （四）技术管理的要求

为实现技术管理的任务，技术管理工作的基本要求如下：

1. 尊重科学技术原理，按照科学技术的要求办事。公路项目施工中的技术要求可分为两类，一类是只适用于公路施工活动的具体技术要求，主要包括施工工艺技术、操作方法、机械设备的使用、安全施工技术等方面的技术要求；另一类是适用于任何生产领域，带有普遍性的技术要求，如一切新技术的采用应先经过试验等要求。

2. 全面讲求经济效果。即技术管理工作要符合经济节约的原则。全面经济效果是与狭隘的经济效果相对立的。狭隘的经济效果是只求本单位和当前的经济效果，并把它作为衡量经济效果的唯一标准和尺度。全面经济效果则与此不同。第一，既要注意本单位的经济效果，还要看给整个国民经济带来的经济效果；第二，不仅要看当前的经济效果，还要看远期的经济效果，要把两者结合起来。为此，就要全面地进行技术经济分析，对重要的施工部分进行多方案比较。

3. 要贯彻执行国家的技术经济政策。国家根据不同时期的技术经济状况和自然资源的特点，依据科学技术发展规律，针对国民经济中的重大技术问题，制定了一系列的技术政策。这些政策保护了技术和经济的统一，应该贯彻执行。比如在公路建设方面的技术政策有节约木材的政策，节约能源和节约稀缺材料的政策，节约土地、保护农田的政策，保护环境的政策等。技术政策是有时间性（阶段性）的，随着生产技术和经济水平的发展而变化。

## 二、技术管理的特点

在公路工程项目施工过程中，施工技术管理工作呈现出有动有静、动静结合的特点。从管理因素和管理效益来说，又表现出不同的规律性。

### （一）因素性特点

技术管理因素主要指人员、措施及规章制度的影响，其表现出以下特点：

1. 项目施工技术管理的现场工作是明确固定的，即该项目的施工技术管理的各项制度、标准、要求是确定的。

2. 项目主要技术负责人、工程各部分和工序的技术负责人是稳定的，以保证项目及工序的技术管理工作的连续性和交工、竣工资料的齐全、完整。

3. 项目的一般技术工作人员是随着工程进展的需要而增减、调整的，其技术措施是随着项目的内外条件变化而变动的。

4. 工程队的主要技术负责人根据施工项目的需要巡回流动于各项目之间，检查、指导该队的技术工作。

### （二）效益性特点

施工技术管理还具有先导性、时效性、动态性、规范性和经济性五个特点。

1. 先导性。所谓先导性是指技术工作要先行，要抓紧抓好施工前的技术准备和施工过程中的超前服务和预控。这是项目动态管理在空间上的"动"。推行项目动态管理，要充分利用公司智力密集的优势，组织好施工组织设计的编制工作，结合工程项目的特点，尽量采用新技术、新工艺、新材料、新机具。在项目实施前，集中力量规划好施工方案、主要施工机械的进出场时间并采取预控措施优化劳动组合。对特殊工种，采取先培训后上岗的办法。根据实际需要在不同项目之间动态调度各种生产要素，为工程项目的实施创造良好的技术条件，这种先导性的技术管理是项目动态管理取得成功的重要保证。

2. 时效性。所谓时效性就是要强调时间观念，提高工作效率。这是项目技术管理在时间上的"动"。一定的项目，其施工过程有客观规律性、阶段性和工期目标，而各生产要素的需求在时间上是变化的，动态管理就是一个寻求动态平衡的过程，因此，必须按网络计划的部署，准确、及时地完成施工准备、队伍调动、机械调配和材料供应等工作。而技术管理就要在动态中跟踪做好超前服务，如及时进行交工技术资料的整理，做到与施工同步等。

3. 动态性。动态性是指把动态管理作为技术管理的核心，贯穿于项目技术管理的全过程。要求改变把施工队伍成建制地固定在某一施工点上进行管理的传统静态做法，而应采取灵活机动的措施，因地制宜地使用人力、财力、机械、物资等生产要素。一个施工队伍往往同时参与几个施工项目,各项目之间工期交叉,或处于不同的施工阶段,因此对资源的需求是此消彼长、错落起伏的。这就要求随时掌握资源、气候条件等施工要素的信息动向,及时收集整理各种原始资料,反馈质量信息,优化施工方案,制定切实可行的技术措施,做好技术管理工作。同时应指出,推行项目动态管理时,虽然人力、财力和物资诸生产要素是流动的,但由于实行了技术工作的统一领导和分级管理、项目总工程师责任制和岗位责任制等管理制度,使技术系统的质量保证体系在每一项目内相对稳定,因而可以充分发挥人的主观能动性和实现资源的优化配置。

4. 规范性。规范性即要求施工技术管理向标准化、规范化的方向发展。规范化是针对具体的工程项目,将先进的适用技术制定出规范性的施工方法并予以推广应用。项目动态管理条件下,技术管理规范化的一项重要内容就是采用工法制度。工法是以工程为对象、以工艺为核心,用系统工程方法,将先进技术与科学管理相结合,形成具有实用价值的综合配套的新技术。工法既规定了工序、工艺要求、操作规程,又规定了相应的机械设备、劳动组合、质量标准、安全措施、材料消耗、经济分析及工程实例等内容,这与项目动态管理条件下的技术管理的特点和要求是一致的。这有利于增强企业的技术积累、技术储备和竞争能力,提高工作效率,确保安全和质量,最终提高企业的综合技术经济效益。所以,标准化工作是企业技术管理的重要工作之一。

5. 经济性。就是要以明确的经济观点指导项目的技术管理,用有效的技术管理工作达到实现更好的综合经济效益的目的。因为竣工工程所具有的价值,由消耗资源、占用土地等要素的价值转移而形成,其中科技含量越高则经济效益越好。因此,要求通过科学合理的施工方案、先进可行的技术措施和周密细致的技术管理,来节省投资,提高经济效益。项目动态管理追求企业的整体效益,以提高企业整体技术水平为最高目标,技术管理的经济性是以整个施工企业为对象的。企业技术管理的综合经济效益,运用投入产出的观点,计算技术投资与其经济效益效果间的比率来衡量。据此,可用技术进步年效益率来考核施工企业的技术进步工作,其表达式为:

技术进步年效益率 = 技术进步取得的年直接经济效益 / 年施工产值 × 100%

企业的施工产值一般是逐年增加的,这就促使企业通过加强技术管理、推进技术进步、提高经济效益来保证技术进步年效益率的稳步增长。

## 第二节　施工准备

路面施工准备工作是保证路面施工顺利进行的前提条件。按照施工合同管理规定,路面施工准备工作经监理工程师审核达到合同规定的要求后方可正式开工。

路面施工准备工作的主要内容包括组织准备、物质准备、技术准备、施工现场准备等。

## 一、组织准备

路面工程开工前的组织准备工作主要内容是建立路面施工组织机构、建立路面施工班组、编制路面施工管理规划、确定路面施工目标等。

### （一）建立施工组织机构

施工组织机构是指为完成施工任务，负责现场指挥与管理工作的项目经理部。

施工企业取得施工任务后，首先应组建好工程项目经理部，确定工程项目领导班子与工程项目经理，项目部在项目经理领导下开展工作。为了充分发挥项目经理部在项目管理中的主体作用，必须对项目经理部的机构设置加以重视，做到设计好、组建好、运转好，以发挥其应有的功能。

工程项目经理部一般由生产系统与职能部门组成。生产系统是直接从事生产的组织机构（如施工队、施工班组），要由有实际生产经验及组织管理才能的干部领导，通常由管理生产工作的项目副经理负责。职能部门是直接保证生产系统完成施工任务所需进行的一系列管理工作的办事机构，它按工程施工计划及项目经理部领导的意图和指示进行工作，必须有明确的责任、权限和分工，同时要有密切的协作。根据工程规模的实际需要，可以设置计划、生产、材料、统计、安全、质检等办事机构，负责办理各项业务的具体工作。

大型项目经理部可以设置职能部、处，中型项目经理部可以设置职能科、室，小型项目经理部只需设置职能人员。在遵守企业规章制度的前提下，根据项目管理的需要，制定施工过程中必要的组织与技术管理规章制度。

### （二）建立路面施工班组

施工班组是直接参与施工的基层生产组织，一般不设专职脱产管理人员，而是根据需要由班组人员分工兼任记工、领料、保管、质量检查、安全检查等工作。班组的人数及工作性质，应根据工程需要及管理需要在施工组织设计中进行研究和确定。

施工班组的建立有两种形式：一种是按工艺专业化原则建立，如木工班、钢筋班、混凝土班、浇筑班等；另一种是按施工专业化原则建立，如路面基层班、路面面层班等。施工班（组）的合理组织和劳动力的合理安排是保证施工连续性、紧凑性、协调性和经济性的前提。

### （三）编制路面施工管理规划

路面施工管理规划是对项目施工管理的组织、内容、方法、步骤、重点工作进行预测和决策的具体安排路面施工管理的纲领性文件。

路面施工管理规划的主要内容有以下方面：进行工程项目分解，形成施工对象分解体系，以便确定阶段性控制目标，从局部到整体地进行施工活动和进行施工管理；建立路面施工管理工作体系，绘制路面施工管理工作体系图和路面施工管理工作信息流程图；编制施工管理规划，确定管理要点，形成文件，以利于执行。

### （四）确定路面施工目标

路面施工目标有阶段性目标和最终目标。路面施工目标有质量目标、安全目标、工期目标、成本目标等。在劳动组织准备阶段确定路面施工目标，是为了保证工程项目在施工阶段能够进行全过程的控制。

根据确定的路面施工目标，结合路面工程施工进度计划、工期计划安排以及劳动力的调配情况，合理地组织安排施工环节和施工过程，严格劳动纪律，严把工程质量关，实施奖惩制度，最大限度地创造最佳效益。

## 二、物质准备

路面施工要消耗大量的人力、材料和机具，正式开工前应进行所需材料的购买、采集、加工、调运和储备等工作，同时要检修或购置及安装一些路面施工机械、机具，做好施工人员的生活、后勤保障准备工作。材料和施工机械、机具的准备工作是路面施工组织计划的重要组成部分。另外，还有施工用水、用电的准备及安全防护用品的准备。

### （一）施工机械、机具的准备

应按照施工合同规定，配备足够的施工机械、设备及器具，并保证均处于良好的技术状态及满足施工的需要，并有相匹配的维修措施。

机械、机具的添置，根据路面实施性施工组织计划，一次或分批配齐足够的施工机械和相关的工具。

有些不常使用的机械设备可以采用租赁方式，施工单位只要向租赁者按合同规定定期交付一定的租赁费便可取得设备的使用权，从而减少或无须购买那些不常使用的设备。在租赁设备调查中，首先要了解出租设备的型号、功能、数量等能否满足施工的要求，同时还要将租赁与自购做经济比较，以便择优选用。如选择租赁设备，要签订租赁合同。机械设备的放置，应考虑到施工的要求。

### （二）施工用水、用电准备

施工用水主要有工程施工生产用水、生活用水与特殊用水。在沿线河流上取水时，要取样化验，检查水质是否符合工程或生活上使用的要求。路线附近可利用的水源要与就近掘井取水做经济比较确定。在有自来水设施的地区施工，饮用水使用自来水，工程及其他用水如无合适天然水源可利用时，也可使用自来水，但要与供水单位订立供水协议。

施工和生活用电最好利用当地电源，要了解供电单位能否满足工地用电的要求，并与供电单位订立供电及安装输电线路和设施的协议。当供电单位经常定期停电、供电量满足不了施工需要或根本就没有可利用的电源时，应自备电源。

## （三）安全防护准备

应严格执行《公路工程施工安全技术规范》（JTG F90—2015）的规定要求，加强安全生产管理，落实安全生产责任，增强作业人员的安全意识，准备好各种安全防护设施和劳动防护用品，正确使用安全防护用品。安全防护措施应是施工组织设计的重要组成部分。同时，这些措施必须有效、落实、可靠。

## 三、技术准备

路面施工前的技术准备工作包括熟悉和核对设计文件、补充资料调查、实施性施工组织设计和施工预算编制、路面施工放样、原材料试验与混合料配合比设计、路面施工技术交底等。

对于高速、一级公路或采用新技术、新工艺及新材料的其他等级公路的路面施工，除做好上述准备工作外，还应在路面大规模施工前铺筑试验路段，为路面正式施工提供技术指导。

### （一）熟悉和核对设计文件

设计文件是工程施工最重要的依据之一，施工前要组织技术人员领会设计文件的意图，熟悉设计文件中的各项技术指标，认真分析技术经济的合理性和施工的可行性。对设计文件中有疑问、错误或设计不妥之处，应及时与建设单位（业主）、设计单位和监理工程师联系，共同进行调查分析，选择合理的解决方案。

对路面工程设计文件和路面设计图纸进行现场核对的主要内容如下：

1. 各项路面施工计划的布置和安排是否符合路面施工技术规范的要求；
2. 路面工程设计图纸、技术资料是否齐全，有无错误和相互矛盾之处；
3. 路面工程设计文件所依据的水文、气象、地质、岩土等资料是否准确、可靠、齐全；
4. 掌握整个工程设计内容和技术条件，弄清设计规模、各分项工程的结构特点和形式；
5. 路线中线、主要控制点、转角点、水准点、三角点、基线等是否准确无误；
6. 路面施工方法、料场分布、运输工具、道路条件等是否符合工程现场实际情况。

现场核对时，如发现设计有错误或不合理之处，应提出修改意见报上级机关审批，待核准批复后进行现场测量、修改设计、补充图纸等工作。

### （二）补充资料调查

现场补充资料的调查，是为优化和修改设计、编制实施性施工组织计划、因地制宜地布置施工场地等收集资料。调查的内容主要有工程所在地的地形、地质、水文、气候等自然条件；路面自采加工材料料场分布情况、储量、供应量与运距等情况；路面地方性生产材料供应情况；施工期间可供利用的房屋数量；当地劳动力资源、工业生产加工能力、运输条件和运输工具，施工场地的水源、水质、电源、通信，以及生活物资供应状况、当地民俗风情、生活习惯等。

### （三）实施性施工组织设计和施工预算编制

编制路面实施性施工组织设计和施工预算，是路面施工前非常重要的技术准备工作。施工单位应根据设计文件中的施工组织计划和建设单位（业主）在承包合同中的具体要求，结合本工程项目路面的特点、施工具体条件、路面工程量、施工难易程度以及路面施工设备、人员、材料供应情况和路面工期要求，编制具体、可行的实施性组织设计，并报监理工程师和业主批准。

### （四）路面施工放样

路面施工放样是在路基施工完成后，放出各结构层施工的中线和边线，并把每层施工的松铺挂线（或摊铺机引导绳挂线）高度和压实厚度相应的挂线高程位置放样出来。用摊铺机摊铺混合料时，对于底基层、基层、下面层，要设置摊铺机基准线，以使铺层满足纵断高程、厚度、横坡、平整度的要求。

### （五）原材料试验

对于拟选择的自采加工材料料场、地方性生产材料供应料场和外购材料，按照有关规定选取具有代表性的试样，进行原材料各项技术性能指标试验，在此基础上进行路面混合料配合比设计试验，确定混合料的施工配合比。

原材料试验和混合料配合比设计结束后，应及时向监理工程师提交报告，经监理工程师审核批准后方可采购和使用。

## 第三节　路面垫层施工

### 一、垫层

垫层是设置于底基层与土基之间的结构层，起排水、隔水、防冻、防污等作用，以加强土基和改善基层的工作条件，通常设于路基处于潮湿和过湿及有冰冻翻浆的路段。铺设在地下水位较高地区能起隔水作用的垫层称隔离层；铺设在冰冻较深地区能起防冻作用的垫层称防冻层。垫层还能扩散由基层传下来的应力，以减小土基的应力和变形，且能阻止路基土挤入基层中，从而保证基层的结构性能。

### 二、填隙碎石

填隙碎石是指用单一尺寸的粗碎石做主骨料，用填隙料填满碎石间的孔隙，以增加密实度和稳定性，形成嵌锁结构，可作为各级道路的底基层和次干路或支路的基层。

## （一）材料要求

1. 用作基层时，碎石的最大粒径不应超过 53 mm；用作底基层时，不应超过 63 mm。

2. 粗碎石可用具有一定强度的各种岩石或漂石轧制，但漂石的粒径应为粗碎石最大粒径的 3 倍以上；也可以用稳定的矿渣轧制，但其干密度和质量应比较均匀，且干密度不小于 960kg/m³，材料中的扁平、长条和软弱颗粒的含量不应超过 15%。

3. 粗碎石的压碎值应符合下述规定：用作基层时不大于 26%，用作底基层时不大于 30%，细集料应干燥。

4. 应采用振动轮每米宽质量不小于 1.8 t 的振动压路机进行碾压。填隙料应填满粗碎石层内部的全部孔隙。碾压后，表面粗碎石间的孔隙应填满，但不得使填隙料覆盖粗集料而自成一层，表面应看得见粗碎石。碾压后基层的固体体积率应不低于 85%，底基层的固体体积率应不低于 83%。

## （二）施工程序及技术要点

1. 准备下承层。不论填隙碎石下是底基层、垫层或土基，都要求平整坚实、无松散或软弱点，压实度要符合要求。

2. 施工放样。在下承层上恢复中线。直线段每 15~20 m 设一桩，平曲线段每 10~15m 设一桩，并在两侧路肩外设指示桩。同时要进行水平测量，在两侧指示桩上标出基层边缘的设计高程。

3. 备料。根据各路段基层或底基层的宽度、厚度及松铺系数计算各段需要的粗碎石数量；根据运料车辆的车厢体积，计算每车料的堆放距离。

4. 运输和摊铺粗碎石。运输时，应控制每车装料的数量基本相等，在同一料场供料的路段内，由远到近将粗碎石按计算的距离卸于下承层上，应特别注意卸料距离的控制，防止出现有的路段料不够或料过多的现象。用平地机或其他合适的机具将粗碎石均匀地摊铺在预定的宽度上，表面应力求平整，并有规定的路拱，同时摊铺路肩用料。然后，检查松铺材料层的厚度是否符合要求，必要时，应进行减料或补料。

5. 撒铺填隙料和碾压

（1）干法施工要点

①初压。用 8t 两轮压路机碾压 3~4 遍，使粗碎石稳定就位。在直线和不设超高的平曲线段上，碾压从两侧路肩开始，逐渐错轮向路中心进行；在设超高的平曲线段上碾压从内侧路肩开始，逐渐错轮向外侧路肩进行。错轮时，每次重叠 1/3 轮宽。在第一遍碾压后，应再次找平。初压终了时，表面应平整，并具有路拱和纵坡。

②撒铺填隙料。采用石屑撒布机或类似的设备将干填隙料均匀地撒铺在已压稳的粗碎石层上，松铺厚度为 2.5~3.0 cm。必要时，用人工或机械扫匀。

③碾压。用振动压路机慢速碾压，将全部填隙料振入粗碎石间的孔隙中。如无振动压路机，可采用重型振动板。碾压方法与初压相同，但路面两侧应多压 2~3 遍。

④再次撒布填隙料。松铺厚度为 2.0~2.5 cm。

⑤再次碾压。此时,应重点找补局部填隙料的不足处,将多余的填隙料予以扫除。

⑥整修。再次碾压后,如表面仍有未填满的孔隙,则应再补撒填隙料并用振动压路机继续碾压,直至全部孔隙被填满为止。

⑦分层铺筑。当需分层铺筑时,应将已压成的填隙碎石外露 5~10 mm,然后再在其上摊铺第二层粗碎石,并按前述各项要求进行施工。

⑧终压。粗碎石表面孔隙全部填满后,用 12~15 t 三轮压路机再压 1~2 遍。碾压前,宜在表面先洒少量水,其量为 3kg/m² 以上,在碾压过程中,不应有任何蠕动现象。

（2）湿法施工要点

①粗碎石层表面孔隙填满后,应立即用洒水车洒水,直至饱和,但应注意避免多余水浸泡下承层。

②用 12~15 t 三轮压路机跟在洒水车后进行碾压。在碾压过程中,将湿填隙料不断扫入所出现的孔隙中。需要时,应添加新料。洒水和碾压应一直进行到填隙料和水形成粉沙浆为止。粉沙浆应填塞全部孔隙,并在压路机轮前形成纹状微波。

③干燥。碾压完成的路段应让水分蒸发一段时间。结构层变干后,表面多余的细料或细料覆盖层均应扫除干净。

④当需分层铺筑时,应待结构层变干后,将已压成的填隙碎石层表面的填隙料扫去一些,使表面粗碎石外露 5~10 mm,然后在其上摊铺第二层粗碎石。再按上述要求施工。

应特别指出,填隙碎石基层未洒透层沥青或未铺封层时禁止开放交通。填隙碎石基层质量的好坏,取决于两个关键点:第一,从上到下粗碎石间的孔隙一定要填满,即应达到规定的密实度,压实良好的填隙碎石密实度通常为固体体积率的 85%~90%;第二,表面粗碎石间的孔隙既要填满填隙料,填隙料又不能覆盖粗碎石而自成一层,表面应看得见粗碎石,其棱角可外露 5~10mm,这对薄沥青面层而言非常重要,它可保证薄沥青面层与基层黏结良好,避免薄沥青面层在基层顶面发生推移破坏。

## 第四节　路面基层施工

### 一、半刚性基层材料

在路面结构中,将直接位于路面面层之下的主要承重层称为基层,铺筑在基层下的次要承重层称为底基层,但一般常将二者统称为基层。基层承受由面层传递而来的行车荷载应力作用,抵御环境因素的影响,是路面整体强度的主要组成部分,因此要求路面基层既应具有足够的强度,又应具有良好的水温稳定性和耐久性。根据材料组成及使用性能的不同，可将基层分为有结合料稳定类（包括有机结合料类和无机结合料类）和无结合料的粒料类。有机结合料稳定类基层（如沥青碎石及沥青贯入式等）的施工在第五章中阐述，本章主要介绍无机结合料稳定类基层和无结合料的粒料类基层施工。

### （一）半刚性基层分类

半刚性基层是用无机结合料与集料或土组成的混合料铺筑的、具有一定厚度的路面结构层。这类基层称为半刚性基层，具有整体性好、强度高、刚度大、水稳定性好、经济效益佳等特点，是二级以上公路的主要基层类型。按结合料种类和强度形成机理的不同，半刚性基层分为水泥稳定类、石灰稳定类及工业废渣稳定类三种。

1. 水泥稳定类基层

水泥稳定类基层是在粉碎的或原来松散的集料或土中掺入适量的水泥和水，经拌和后得到的混合料通过压实及养生，当其抗压强度达到要求时所得到的结构层。可用水泥稳定的材料包括级配碎石、沙砾、未筛分碎石、沙砾土、碎石土、石屑、土等，经加工后性能稳定的钢渣、矿渣等也可用水泥来稳定。水泥稳定类基层具有较高的强度及刚度，适用于各种交通类别的公路路面基层和底基层，但水泥稳定细粒土（水泥土）的细料含量多、强度低、容易开裂，不应用作薄沥青混凝土面层的基层，只能用作底基层。在高速公路和一级公路的水泥混凝土路面板下也不应用水泥稳定细粒土做基层。

2. 石灰稳定类基层

石灰稳定类基层是在粉碎的或原来松散的集料或土中掺入适量的石灰和水，经拌和、压实及养生，当其抗压强度符合规定时得到的路面结构层。可用石灰稳定的材料有细粒土、天然沙砾土、天然碎石土、级配沙砾、级配碎石和矿渣等。同时用石灰和水泥稳定某种集料或土时，称为石灰水泥综合稳定类基层。石灰稳定类适用于各级公路路面底基层，也可用作二级公路的基层。与水泥稳定细粒土一样，石灰稳定细粒土（石灰土）不能用作薄沥青混凝土面层的基层，在冰冻地区的潮湿路段及其他地区的过湿路段也不宜采用石灰土做基层或底基层。

3. 工业废渣稳定类基层

用一定数量的石灰与粉煤灰、水泥与粉煤灰或石灰与煤渣等混合料与其他集料或土配合，加入适量的水，经拌和、压实及养生后得到的混合料，当其抗压强度符合规定时即得到工业废渣稳定类基层。石灰粉煤灰稳定类包括石灰粉煤灰土、石灰粉煤灰沙砾、石灰粉煤灰碎石、石灰粉煤灰矿渣等。水泥粉煤灰稳定类包括水泥粉煤灰稳定沙砾、碎石及沙等。石灰煤渣类包括石灰煤渣、石灰煤渣碎石等。用工业废渣做路面基层，可大量利用各种工业废渣，减少占地，变废为宝，具有良好的经济效益和社会效益。工业废渣稳定类混合料适用于各级公路的基层，但石灰粉煤灰稳定细粒土（二灰土）与水泥稳定细粒土一样不能用作薄沥青混凝土面层的基层，而只能用作底基层。在高速公路和一级公路的水泥混凝土路面板下，也不应采用石灰粉煤灰稳定细粒土做基层。

## (二)材料质量要求

路面基层施工的目的,就是要保证路面在交付使用后不致因基层施工质量不符合要求而提早破坏。科学研究和工程实践证明,要铺筑满足质量要求的路面基层,必须使用质量符合要求的原材料,采用性能优良的施工机械和合理的施工工艺,在施工过程中实行科学的施工组织管理。使用质量符合要求的原材料及合理、正确的混合料组成设计是铺筑高质量路面基层的重要物质保证。因此,施工前应对组成半刚性基层的所有原材料进行质量检验,通过试验选择符合要求的原材料,然后进行配合比设计,在证明混合料强度和稳定性均符合要求后才能用于铺筑基层。

1. 原材料试验项目

进行混合料配合比设计前,抽取有代表性的原材料样品进行试验,以试验结果作为判定是否选用该种材料的主要技术依据。主要试验项目如下:含水量测定,确定土及沙砾、碎石等集料的原始含水量;颗粒筛析,用筛分法分析沙砾、碎石等集料的颗粒组成情况,检验所用材料的级配是否符合要求,为集料配合比设计提供依据;液限和塑限试验,计算土的塑性指数并判定该种土是否适用;相对密度、吸水率试验,测定沙砾、碎石等粒料的相对密度与吸水率,评定其质量,计算固体体积率;压碎值试验,评定碎石、沙砾的抗压碎能力是否符合要求;有机质和硫酸盐含量试验,对土有怀疑时做该项试验,判断土是否适宜用石灰和水泥稳定;石灰有效氧化钙和氧化镁含量测定,确定石灰有效成分含量,评定石灰的质量,以便确定结合料剂量;水泥标号和终凝时间测定,确定水泥质量是否满足设计强度和施工时间要求;烧失量测定,确定粉煤灰、煤渣等是否适用;粉煤灰化学成分及细度,评定粉煤灰的质量。

2. 原材料质量要求

(1)集料和土

对集料和土的一般要求是能被粉碎、满足一定级配要求、便于碾压成型,并应满足以下指标要求:

①液限和塑性指数。结合料为水泥时,土的均匀系数(集料通过率为60%的筛孔与通过率为10%的筛孔尺寸的比值)应大于5,细粒土的液限不应超过40%,塑性指数不应超过17。对于中粒土和粗粒土,如土中小于0.6m的颗粒含量小于30%,塑性指数可稍大。在实际工程中通常选用均匀系数大于10、塑性指数小于12的土。塑性指数大于17的土宜用石灰稳定或水泥与石灰综合稳定;结合料为石灰工业废渣时,宜采用塑性指数为12~20的黏性土(压黏土),有机质含量超过10%的土不宜选用。二灰稳定的中粒土和粗粒土不宜含有塑性指数的土;结合粒为石灰时,应采用塑性指数为15~20的黏性土及含有一定数量黏性土的中粒土和粗粒土(对于无塑性指数的级配沙粒、级配碎石和未筛分碎石,应添加15%左右的黏土)。塑性指数偏大的黏性土应加强粉碎,粉碎后土块的最大粒径不应大于15mm。

②颗粒组成。用水泥稳定土做二级和二级以下公路的底基层时,土的单个颗粒最大粒

径不应超过53mm（方孔筛，以下同），土的颗粒组成应符合表3-2所列1号级配范围要求。做高速公路和一级公路的底基层时，土的单个颗粒最大粒径不应超过37.5mm，土的颗粒组成应符合表3-2所列3号级配范围要求。用水泥稳定土做二级和二级以下公路的基层时，土的单个颗粒最大粒径不应超过37.5mm，土的颗粒组成应符合表3-2所列2号级配范围要求。对于二级公路，宜按接近级配范围的下限组配混合粒或采用表3-2中的4号级配。做高速公路和一级公路的基层时，土的单个颗粒最大粒径不应超过31.5mm，土的颗粒组成应符合表3-2所列5号级配范围要求，用石灰粉煤灰稳定土做二级和二级以下公路的底基层时，土的单个颗粒最大粒径不应超过53mm，做高速公路和一级公路的底基层时，土的单个颗粒最大粒径不应超过37.5mm。做二级和二级以下公路的基层时，土的单个颗粒最大粒径不应超过37.5mm，做高速公路和一级公路的基层时，土的单个颗粒最大粒径不应超过31.5mm，其中，用石灰粉煤灰稳定的级配沙粒和级配碎石的颗粒组成符合级配范围要求。

表3-2 水泥稳定类基层土的颗粒组成范围

| 公路等级 | 二级及二级以下公路 | | 高速公路及一级公路 | | |
|---|---|---|---|---|---|
| 级配编号 | 1 | 2 | 3 | 4 | 5 |
| 53.000 | 100 | | | | |
| 37.500 | | 90~100 | 100 | 100 | |
| 31.500 | | | | 90~100 | 100 |
| 26.500 | | 66~100 | | | 90~100 |
| 19.000 | | 54~100 | | 67~90 | 72~89 |
| 9.500 | | 39~100 | | 45~68 | 47~67 |
| 4.750 | 50~100 | 28~84 | 50~100 | 29~50 | 29~49 |
| 2.360 | | 20~70 | | 18~38 | 17~35 |
| 1.180 | | 14~57 | | | |
| 0.600 | 17~100 | 8~47 | 17~100 | 8~22 | 8~22 |
| 0.075 | 0~50 | 0~30 | 0~30 | 0~7 | 0~7 |
| 0.020 | 0~30 | | | | |
| 液限（%） | | | | | <28 |
| 塑性指数 | | | | | <9 |

注：集料中0.5mm以下细粒土有塑性指数时，小于0.075mm的颗粒含量不应超过5%；细粒土无塑性指数时，小于0.075mm的颗粒含量不应超过7%。

③压碎值。用于半刚性基层的碎石、砾石应具有足够的抗压碎能力。高速公路和一级公路的半刚性基层集料压碎值不应大于30%，用于其他公路的集料压碎值不应大于35%（底基层可放宽到40%）。

④硫酸盐及腐殖质。用水泥做结合料时，土中硫酸盐的含量不应超过0.25%，有机质含量不应超过2%；超过上述规定时，不应单纯用水泥稳定，可先用石灰与土混合均匀，闷料一昼夜后再用水泥稳定。用工业废渣稳定土时，土中硫酸盐的含量不应超过0.8%，有机质含量不应超过10%。

（2）无机结合料

常用的无机结合料为水泥、石灰、粉煤灰及煤渣等。

①水泥。硅酸盐水泥、普通硅酸盐水泥、矿渣硅酸盐水泥和火山灰质硅酸盐水泥均可用于稳定集料和土。为了有充裕的时间组织施工，不应使用快硬水泥、早强水泥或受潮变质的水泥，应选用终凝时间较长（6h以上）的水泥。

②石灰。石灰质量应符合三级以上消石灰或生石灰的质量要求。准备使用的石灰应尽量缩短存放时间，以免有效成分损失过多，若存放时间过长则应采取措施妥善保管。

③粉煤灰。粉煤灰的主要成分是 $SiO_2$、$Al_2O_3$ 和 $Fe_2O_3$，三者总含量应超过70%，烧失量不应超过20%；若烧失量过大，则混合料强度将明显降低，甚至难以成形。粉煤灰比表面积宜大于 $2500cm^2/g$，粒径变化范围为 0.001~0.3mm。干湿粉煤灰均可使用，但湿粉煤灰含水量不宜超过35%；干粉煤灰露天堆放时应洒水湿润，防止随风飞扬造成污染。使用时结团的灰块应打碎或过筛，并清除有害杂质。

④煤渣。煤渣是煤燃烧后的残留物，主要成分是 $SiO_2$ 和 $Al_2O_3$，松干密度为 $700~1000kg/m^2$，最大粒径不应大于30mm，颗粒组成以有一定级配为佳。

（3）水。一般人、畜饮用水均可使用。

### （三）混合料组成设计

1. 设计目的

半刚性基层的混合料必须具有足够的强度、良好的水温稳定性和耐久性，为便于施工，还应具有适宜的施工和易性。为达到这一目的，应在经济适用的原则下进行混合料配合比设计，即以设计文件和施工技术规范规定的混合料强度为设计标准，通过试验选择最适宜稳定的集料或土，确定结合料剂量和混合料最佳含水量。设计得到的参数和试验结果是检查和控制施工质量的重要依据。

2. 混合料试验

混合料的物理力学指标必须经过相关试验来测定，以试验结果作为评定混合料质量的主要依据。试验项目如下：

（1）重型击实试验

该试验用击实仪进行，目的是确定混合料的最佳含水量和最大干密度。试验结果一方面用于控制强度试验和耐久性试验的混合料含水量和干密度，另一方面作为检验混合料压实度是否达到要求的标准。

（2）承载比试验

承载比试验用路面材料强度测试仪进行，目的是测试工地预期干密度下混合料的承载比（CBR值），通过试验结果评定混合料的承载能力是否满足路面基层或底基层的要求。

（3）抗压强度试验

抗压强度是评定混合料质量的重要技术标准，用路面材料强度测试仪测试。进行半刚性基层混合料组成设计时，通过测试混合料的无侧限抗压强度，选定最适宜用结合料稳定的集料或土，确定结合料剂量，为工地提供施工质量评定标准。

除上述试验外，路面结构设计时还需要测试半刚性基层材料的劈裂强度等。

3.混合料组成设计的步骤

半刚性基层混合料的配合比设计过程如下：首先通过前述有关试验，检验拟采用的结合料、集料和土的各项技术指标，初步确定适宜的原材料。其次是确定混合料中各种原材料所占比例，制成混合料后通过击实试验测定最大干密度和最佳含水量，并在此基础上进行承载比试验和抗压强度试验，根据规定的强度标准及其他要求，选择适宜的原材料及其混合料组成方案。混合料组成设计的具体步骤如下：

（1）制备混合料

试验前先制备一种集料或土、不同结合料剂量的混合料。所谓结合料剂量是结合料质量占全部集料或土干质量的百分比。剂量过低时，混合料将难以形成半刚性材料，其强度将难以抵抗行车荷载产生的应力；剂量过高时，混合料会由于刚度过大容易出现开裂现象，同时也不经济。当采用水泥和石灰综合稳定集料或土时，若水泥用量占结合料总质量的30%以上，按水泥稳定土设计，否则按石灰稳定土设计。通常，施工实际采用的水泥剂量和石灰剂量应比设计剂量高0.5%~1.0%。

（2）击实试验

通过击实试验确定各种混合料的最佳含水量和最大干密度。试验时每一种土样至少做3个不同结合料剂量的混合料进行试验，即结合料最小剂量、中间剂量和最大剂量。其他剂量混合料的最佳含水量和最大干密度用内插法求得。

（3）强度试验

首先制备抗压试验试件，混合料取最佳含水量，干密度由工地预定达到的压实度与最大干密度确定。用于做平行试验的试件最少数量的规定；如果试验结果的偏差系数大于表中规定值，应分析原因并重新试验，不能降低偏差系数时，应追加试验数量，以获得客观、准确的试验结果。试件成型后在规定的温度（非冰冻地区为25℃，冰冻地区为20℃）下养生6d、浸水1d后进行无侧限抗压强度试验，计算试验结果的平均值和均方差。

## 二、半刚性基层施工

半刚性基层的混合料可在拌和厂（场）集中拌和，也可沿路拌和，故施工方法有厂拌法和路拌法之分。高速公路和一级公路的半刚性基层对强度、平整度等技术性能有很高的要求，应采用施工质量好、进度快的厂拌法施工；其他公路的半刚性基层可用路拌法施工。

### （一）铺筑试验路

高速公路和一级公路或使用新技术、新材料及新工艺的半刚性基层，在大面积施工前，应先铺筑一定长度的试验路。通过试验路的铺筑，施工单位可优化施工工艺，找出施工过程中存在的主要问题，取得实现成功施工的经验，为大面积基层的铺筑确定合适的施工方法，同时还可检验拌和、运输、碾压、养生等施工设备的可靠性。根据试验路铺筑的具体情况，制订合理可行的施工组织计划，检验铺筑的半刚性基层质量是否符合设计和规范要求，并提出质量控制措施。此外，设计和建设单位也可对试验路的实际使用效果进行分析，对所设计的路面结构形式、混合料组成设计、基层的路用性能等一系列指标进行再次论证，从而优选出经济、适用的路面结构方案，并确定最终采用的基层类型及混合料配合比。

### （二）厂拌法施工

厂拌法施工是中心拌和厂（场）用强制式拌和机、双转轴桨叶式拌和机等拌和设备将原材料拌和成混合料，然后运至施工现场进行摊铺、碾压、养生等工序作业的施工方法。无拌和设备时，也可以用路拌机械或人工在现场分批集中拌和，之后，再进行其他工序的作业。

厂拌法施工前，应先调试用于拌和、摊铺、碾压等工序的设备，使之处于良好的工作状态。

拌和前应进行适当的试拌，使大量拌和的混合料组成符合设计要求。厂拌法施工的工艺流程中与施工质量有关的重要工序是混合料拌和、摊铺及碾压。

1. 下承层准备与施工放样

半刚性基层施工前应对下承层（底基层或土基）按施工质量验收标准进行检查验收，验收合格后方可进行基层施工。下承层应平整、密实，无松散和"弹簧"等不良现象，并符合设计高程、横断面宽度等几何尺寸要求。注意采取措施搞好基层施工的临时排水工作。施工放样主要是恢复路中线，在直线段每隔20m、曲线段每隔10~15m设一中桩，并在两侧路肩边缘设置指示桩，在指示桩上明显标记出基层的边缘设计高程及松铺厚度的位置。

2. 备料

半刚性基层的原材料应符合质量要求。料场中的各种原材料应分别堆放，不得混杂。运到料场的水泥应防雨防潮，准备使用的石灰应提前洒水，使石灰充分消解。石灰和粉煤灰过干会随风飞扬造成污染、过湿又会成团而不便于施工，因此，应适时洒水或设遮雨棚，使之含有适宜的水分。在潮湿多雨地区施工时，应采取有效措施使细粒土、结合料免受雨淋。

3. 拌和与摊铺

拌和时应按混合料配合比要求准确配料，使集料级配、结合料剂量等符合设计要求，并根据原材料实际含水量及时调整加入拌和机内的水量。水泥稳定类和工业废渣稳定类混合料的含水量可比最佳含水量大1%~2%，而石灰稳定类混合料的含水量可比最佳含水量小1%~2%，这样可以获得较好的压实效果。

拌和好的水泥稳定土混合料和水泥石灰稳定土混合料应尽快运到施工现场摊铺并碾压成型，以免因时间过长而使混合料强度损失过大。工业废渣稳定类混合料在24h内进行摊铺碾压即可。运输混合料的距离较长时，应用篷布等覆盖混合料以免水分损失过大。

高速公路和一级公路的半刚性基层应用沥青混合料摊铺机、水泥混凝土摊铺机或专用稳定土摊铺机摊铺，这样可以保证基层的强度及平整度、路拱横坡、高程等几何外形质量指标符合设计和施工规范要求。摊铺过程中应设专人跟随摊铺机行进,以便随时消除粗、细集料严重离析的部位。应严格控制基层的厚度和高程,禁止用薄层贴补的办法找平,确保基层的整体承载能力。拌和机与摊铺机的生产能力应相互协调,避免出现机械停工待料和生产能力不足的问题。

4. 碾压

碾压是使半刚性基层获得强度和稳定性的关键工序。摊铺整平的混合料应立即用12t以上的振动压路机、三轮压路机或轮胎压路机碾压。混合料压实厚度与压路机吨位的关系宜符合要求。必须分层碾压时,最小分层厚度不应小于10cm。碾压时应遵循先轻后重的次序安排各型压路机,以先慢后快的方法逐步碾压密实。在直线段由两侧向路中心碾压,在平曲线范围内由弯道内侧逐步向外侧碾压。碾压过程中若局部出现"弹簧"、松散、起皮等不良现象时,应将这些部位的混合料翻松,重新拌和均匀再碾压密实。半刚性基层的压实质量应符合表相关压实度要求。

水泥稳定类混合料从开始加水拌和到碾压完毕的时间称为延迟时间。混合料从开始拌和到碾压完毕的所有作业必须在延迟时间内完成,以免混合料的强度达不到设计要求。厂拌法施工的延迟时间为2~3h。

5. 养生与交通管制

半刚性基层碾压完毕,应进行保湿养生,养生期不少于7d。水泥稳定类混合料在碾压完成后立即开始养生,石灰或工业废渣稳定类混合料可在碾压完成后3d内开始养生;养生期内应使基层表面保持湿润或潮湿,一般可洒水或用湿沙、湿麻布、湿草帘、低黏质土覆盖,基层表面还可采用沥青乳液做下封层进行养生。水泥稳定类混合料需分层铺筑时,下层碾压完毕,待养生1d后即可铺筑上层;石灰或工业废渣稳定类混合料需分层铺筑时,下层碾压完即可进行铺筑,下层无须经过7d养生。养生期间应尽量封闭交通,必须开放交通时,应限制重型车辆通行并控制行车速度,以减少行车对基层的扰动。

### (三)路拌法施工

路拌法施工是将集料或土、结合料按一定顺序均匀平铺在施工作业面上,用路拌机械拌和均匀并使混合料含水量接近最佳含水量,随后进行碾压等工序的作业。路拌法施工的流程如下:下承层准备→施工测量备料→摊铺→拌和→整形→碾压→养生。其中,下承层准备、施工测量、碾压及养生的施工方法和要求与厂拌法施工相同。

路拌法施工时,备料在准备完毕的下承层上进行。首先根据铺筑层的宽度、厚度及预定达到的干密度计算各施工段所需干集料的数量。其次是根据混合料的配合比、原材料含水量及运输车辆的吨位计算各种原材料每车的堆放距离;对于水泥、石灰等结合料,当以袋(或小翻斗车)为计量单位时,应计算每计量单位结合料的堆放距离。这样分层堆放的原材料经摊平、拌和后得到的混合料更容易符合规定的配合比要求。

通常先堆放集料或土,用自动平地机等适合的机械或人工按铺筑试验路确定的松铺系数摊铺均匀,然后按上述计算结果堆放结合料并摊平,摊铺应使混合料层厚度均匀。摊铺完毕,用稳定土拌和机、农用旋耕机或多铧犁进行拌和,拌和深度应达到稳定层底部,略扰动下承层,使基层与下承层结合良好。在拌和过程中,应设专人跟随拌和机行进,以便随时调整拌和深度并检查拌和质量。混合料应充分拌和均匀,严禁在拌和层底留"素土"或夹层,否则会严重影响稳定层的强度和稳定性。拌和时应适时检查混合料的含水量,若含水量不符合设计要求,应通过自然蒸发或补充洒水使之处于最佳值,并再次拌和均匀。

混合料拌和均匀后,立即用平地机初平、整型。在直线段,平地机由两侧向路中心刮平;在曲线段,平地机由内侧向外侧刮平。初平后,用拖拉机、平地机或轮胎式压路机快速碾压1~2遍,使可能的不平整部位暴露出来,再用平地机整型,如此反复1~2遍。整型过程中要及时消除集料离析现象,特别是粗集料集中的部位。低洼处应用齿耙将距表面5cm深度范围内的混合料耙松,再用新拌和的混合料找平。初步整型后,应检查混合料松铺厚度,并进行必要的补料和减料。碾压作业与厂拌法施工相同。碾压结束前,用平地机再最终找平一次,使基层纵向顺适,路拱、超高、高程等符合设计要求。特别要将高出部分刮除并扫出路外,以保证上层路面结构的有效厚度。

### (四)施工应注意的问题

#### 1. 施工季节

半刚性基层宜在春末或夏季组织施工,施工期间的最低气温应在5℃以上;在冰冻地区,应保证在结冻前有一定成型时间,即在第一次重冰冻(-3℃~-5℃)到来之前的半个月到一个月(水泥稳定类)或一个月到一个半月(石灰、工业废渣稳定类)完成。若不能达到上述要求,则碾压成型的半刚性基层应采取覆盖措施以防冻融破坏。多雨地区应避免在雨季施工石灰土结构层。雨季施工水泥稳定土或石灰稳定中、粗粒土时,应特别注意气候变化,采取措施避免结合料或混合料遭雨淋。降雨时应停止施工,及时排除地表水,使运到路上的材料不过分潮湿。已经摊铺的混合料应尽快碾压密实。

#### 2. 接缝及"掉头"处的处理

无论用厂拌法还是路拌法施工,均应尽量减少横向接缝和纵向接缝,必须设置接缝时应妥善处理。对于水泥稳定类基层,同一天施工的两个作业段衔接处应搭接拌和,即前一段拌和后留下5~8m长的混合料不碾压,待后一段施工时,在前一段未碾的混合料中加入水泥,并拌和均匀。每一工作日的最后一段水泥稳定类基层完工后,应将末端设置成垂直端面,以保证接缝处有良好的传荷能力。对于石灰稳定类和工业废渣稳定类基层,同一天施工的两作业段衔接处可按前述方法处理,但不再添加结合料。施工过程中出现的纵向接缝应设置成垂直接缝,接缝区的混合料应充分碾压密实。

拌和机等施工机械不应在已碾压成型的稳定类基层上"掉头"、制动或突然起动。必须进行这些操作时,应采取有效的措施保护基层。

### 3. 水泥稳定类混合料基层施工作业段长度的确定

确定水泥稳定类混合料基层的施工作业段长度应考虑水泥的终凝时间、延迟时间、工程质量要求、施工机械效率及气候条件等因素。延迟时间宜控制在 3~4h 内，不得超过水泥的终凝时间。在保证混合料强度符合要求的前提下，尽可能增长施工作业段长度。为此，水泥稳定类基层应采用流水作业法组织施工，使各工序紧密衔接，尽可能缩短延迟时间以增加施工流水段长度。一般条件下，每作业段长度以 200m 为宜。

## 三、粒料类基层施工

粒料类基层是由有一定级配的矿质集料经拌和、摊铺、碾压后，当强度符合规定时得到的基层。按强度形成原理的不同，矿质集料分为嵌挤型和密实型两种类型。嵌挤型粒料包括泥结碎石、泥灰结碎石、填隙碎石等，这种基层的强度靠颗粒之间的摩擦和嵌挤锁结作用形成。密实型粒料具有连续级配，故也称级配型基层，材料包括级配碎（砾）石、符合级配要求的天然沙砾等。本节主要介绍级配碎石、级配砾石和填隙碎石基层的施工技术。

### （一）粒料类基层及其材料质量要求

#### 1. 级配碎石基层

级配碎石基层由粗、细碎石和石屑各占一定比例、级配符合要求的碎石混合料铺筑而成。级配碎石基层适用于各级公路的基层和底基层，还可用作较薄沥青面层与半刚性基层之间的中间层，起减轻和消除半刚性基层开裂对沥青面层影响的作用，避免出现反射裂缝。符合级配要求的碎石可用几组颗粒组成不同的碎石或未筛分碎石与石屑掺配而成，用于基层时，碎石的最大粒径及颗粒组成等应符合相关要求，级配曲线应连续圆滑。

级配碎石基层的强度主要由碎石颗粒间的密实、填充作用形成，对碎石颗粒的强度要求很高。碎石的压碎值应符合以下要求：高速公路和一级公路基层，不大于 26%；高速公路和一级公路底基层、二级公路基层，不大于 30%；二级公路底基层及二级以下公路基层，不大于 35%；二级以下公路底基层，不大于 40%。石屑和其他细集料可以用碎石场的筛余细料、专门轧制的细碎石集料、天然沙砾等。若级配碎石中所含细料的塑性指数偏大，则塑性指数与 0.5mm 以下细料含量的乘积应符合以下要求：年降雨量小于 600mm 的中干和干旱地区，地下水对土基无影响时，该乘积不大于 120；在潮湿多雨地区，该乘积不大于 100。

#### 2. 级配砾石基层

级配砾石基层是用粗、细砾石和沙按一定比例配制的混合料铺筑的、具有规定强度的路面结构层，适用于二级及二级以下公路的基层及各级公路底基层。级配砾石基层的颗粒组成应符合规定的级配要求，级配不符合要求的可用其他粒料掺配，达到规定的级配后同样可作为级配砾石基层，塑性指数在 6（潮湿多雨地区）或 9（其他地区）以下的天然沙砾可直接用作基层。细料含量较多的砾石，可先筛除部分细料后再使用。塑性指数偏大的可掺加少量石灰或无塑性沙土。

级配砾石颗粒的级配曲线应连续圆滑。当塑性指数偏大时，塑性指数与5mm以下细土含量的乘积应符合与级配碎石相同的规定。级配砾石的压碎值应符合下列要求：高速公路及一级公路底基层或二级公路基层，不大于30%；二级公路底基层或二级以下公路基层，不大于35%；二级以下公路底基层，不大于40%。

3. 填隙碎石基层

填隙碎石基层是用单一尺寸的粗碎石做主骨料，用石屑做填隙料铺筑而成的结构层。填隙碎石适用于各级公路的底基层和二级以下公路的基层，颗粒组成等技术指标应符合要求。填隙碎石基层以粗碎石做嵌锁骨架，石屑填充于粗碎石间的空隙中，使密实度增加，从而提高强度和稳定性。当缺乏石屑时，可用细沙砾或粗沙替代。粗碎石应用坚硬的各类岩石或漂石轧制而成，压碎值应符合下列规定：用作基层，不大于26%；用作底基层，不大于30%。若抗压碎能力不能满足上述要求，则填隙碎石基层的整体强度将难以得到保证。

## （二）施工方法

1. 级配碎（砾）石基层施工

级配碎（砾）石基层大都采用路拌法施工，施工次序如下：准备下承层→施工放样→运输和摊铺主集料→运输和摊铺掺配集料→洒水拌和→整型→碾压→做封层。采用集中厂拌法施工，施工次序如下：准备下承层→施工放样→混合料拌和与摊铺→整型→碾压→做封层。下承层准备与施工放样按半刚性基层施工的方法和要求进行；运输和摊铺集料是确保级配碎（砾）石基层施工质量的关键工序之一，通过准确配料、均匀摊铺可使碎（砾）石混合料具有规定的级配，从而达到规定的强度等技术要求。

施工时根据拟定的混合料配合比、基层宽度与厚度及预定达到的干密度等计算确定各规格集料的用量，以先粗后细的顺序将集料分层平铺在下承层上，然后用人工或平地机进行摊平；级配碎（砾）石混合料可用稳定土拌和机、自动平地机、多铧犁与缺口圆盘耙相配合拌和，拌和应均匀，避免出现集料离析现象，确保级配碎（砾）石基层具有良好的整体强度。应边拌和边洒水，使混合料达到最佳含水量。混合料拌和均匀即可按松铺厚度摊平，级配碎石的松铺系数为1.4~1.5、级配砾石的松铺系数为1.25~1.35。表面整理成规定的路拱横坡，随后用拖拉机、平地机或轮胎压路机在初平的混合料上快速碾压1~2遍，使潜在的不平整部位暴露出来，再用平地机整平。

混合料整形完毕，含水量等于或略大于最佳含水量时，用12t以上三轮压路机或振动压路机碾压。在直线段，由路肩开始向路中心碾压；在平曲线段，由弯道内侧向外侧碾压，碾压轮重叠1/2轮宽，后轮超过施工段接缝。后轮压完路面全宽即为一遍，一般应碾压6~8遍，直到符合规定的密实度，表面无轮迹为止。压路机碾压头两遍的速度为1.5~1.7km/h，然后为2.0~2.5km/h。路面外侧应多压2~3遍。对于含细土的级配碎（砾）石，应进行滚浆碾压，一直到碎（砾）石基层中无多余细土泛到表面为止，泛到表面的泥浆应清除干净。

用级配碎石做基层时,压实度不应小于98%;做底基层时,压实度不应小于96%。用级配砾石做基层时,压实度不应小于98%、CBR值不应小于60%;做底基层时,压实度不应小于96%,中等交通条件下CBR值不应小于60%,轻交通条件下CBR值不应小于40%。

级配碎石用作薄沥青面层与半刚性基层间的中间层时,主要起防治反射裂缝的作用,碎石混合料应采用强制式拌和机、卧式双转轴桨叶式拌和机或普通水泥混凝土拌和机等集中拌和,用沥青混凝土摊铺机、水泥混凝土摊铺机或稳定土摊铺机摊铺,这样可使其具有良好的强度和稳定性,表面平整,质量明显高于路拌法施工的基层。

2. 填隙碎石基层施工

填隙碎石基层施工的顺序如下:准备下承层→施工放样→运输和摊铺粗骨料→稳压→撒布石屑→振动压实→第二次撒布石屑→振动压实→局部补撒石屑并扫匀→振动压实,填满空隙→洒水饱和(湿法)或洒少量水(干法)→碾压。其中,运输和摊铺粗骨料及振动压实是确保施工质量的关键。

填隙碎石施工时,细集料应干燥;采用振动压路机充分碾压,尽量使粗碎石骨料的空隙被细集料填充密实,而填隙料又不覆盖粗碎石表面自成一层,粗碎石应"露子"。填隙碎石的压实度用固体体积率来表示,用作基层时,不应小于83%;用作底基层时,不应小于85%。填隙碎石基层碾压完毕,铺封层前禁止开放交通。

# 第五节  沥青路面施工

## 一、沥青路面基本特性及分类

### (一)基本特性

沥青路面是通过各种方式将沥青材料与矿料均匀混合,经铺筑后形成路面面层并与其他各类基层和垫层共同组成路面结构的统称。由于使用沥青做结合料,矿料间的黏结力获得很大增强,提高了混合料的强度和稳定性,使路面的使用性能和耐久性都得到提高。与水泥混凝土路面相比,沥青路面具有表面平整、无接缝、行车舒适、耐磨、振动小、噪声低、施工期短、养护维修简便、适宜分期修建等优点,因而获得非常广泛的应用。沥青路面属于柔性结构,面层抗拉强度较低,其整体强度和稳定性在很大程度上取决于土基和基层的特性,因而要求基层和土基必须具有足够的强度和良好的稳定性。由于沥青是一种典型的感温性材料,在夏季高温时沥青路面会出现软化现象,导致在行车荷载作用下出现车辙、推挤等变形和破坏;在冬季低温时,沥青路面的抗变形能力会降低,有时会出现低温开裂现象。

因此,必须选用质量符合要求的原材料并进行合理的混合料组成设计、采用先进的施工设备和工艺组织施工,以此获得质量满足设计和施工技术规范要求的沥青路面。

20世纪50年代以来，沥青路面已成为世界各国公路的主要面层类型。近20年来，我国在公路和城市道路上修筑了大量的沥青路面。目前我国高速公路大都采用沥青路面。随着国民经济和现代化道路交通发展的需要，沥青路面将会得到更大的发展。

## （二）沥青路面的分类

根据施工工艺的不同，沥青路面可分为层铺法施工的沥青路面、路拌法施工的沥青路面和厂拌法施工的沥青路面三种。

1. 层铺法施工的沥青路面与封层

层铺法施工是将沥青分层撒布、矿料分层撒铺，然后碾压形成沥青面层的施工方法。其主要优点是工艺和设备简便、功效较高、施工进度快、造价较低；缺点是结构强度低、使用寿命短、路面成型期较长，需要经过炎热季节经行车碾压之后路面才能最终成型。根据铺装时所采用的具体工艺、结构层厚度、适用条件的不同，又分为沥青表面处置、沥青贯入式和碎石封层等类型。

沥青表面处置路面是指用沥青和矿料按层铺法铺筑而成的、厚度一般为1.5~3.0cm的沥青路面。表面处置可做成单层或多层，优点是摩擦系数大、表面构造深度深、有利于车辆行驶安全。此外，它还具有良好的抗温度开裂性能。沥青表面处置适用于三级、四级公路的面层、旧沥青面层上加铺罩面或抗滑层、磨耗层等。

沥青贯入式路面是靠矿料颗粒间的锁结作用及沥青的黏结作用获得所需的强度和稳定性，采用层铺法施工，厚度通常为4~8cm（用作基层时，厚度可达10cm），也称为沥青贯入碎石。当沥青贯入式路面的上部加铺拌和的沥青混合料时，称为上拌下贯，此时，拌和层的厚度宜为3~4cm，其他厚度为7~10cm。沥青贯入式路面适用于做二级及二级以下公路的沥青面层。若沥青贯入碎石设在沥青混凝土面层与半刚性基层或粒料基层之间时成为联结层，也可做路面基层使用。

碎石封层同样采用层铺法施工，施工工艺和工序与沥青表面处置相同，但要求结合料有较大的黏结强度和稳定性，一般情况下要求使用改性沥青，使用粒径严格单一的石料，对石料的洁净度和针片状含量要求高，施工时用机械撒布沥青和撒铺石料，对施工机械的要求比较高。这种路面成型后具有较大的构造深度，有利于行车安全。

根据碎石撒铺工艺的不同，碎石封层分为异步碎石封层和同步碎石封层两种。异步碎石封层工艺是先由沥青撒布车撒布沥青，而后由碎石撒铺机撒铺骨料，两个工序在同一点间隔10min左右，最后用压路机碾压成型。同步碎石封层施工则是撒布沥青和撒铺集料由一台设备同时完成，两个工序在同一点间隔几秒钟，最后用压路机碾压成型。除了简化工序的优点外，同步碎石封层最大的优点是能够在沥青保持高温时撒布石料，从而有效地保证两者之间的黏结。

2. 路拌法施工的沥青路面

路拌法是指在路上用人工或机械将矿料和沥青材料就地拌和、摊铺、碾压密实后形成沥青结构层的施工方法。路拌法施工时，通过就地拌和，沥青材料在矿料中的分布比层铺法均匀，可以缩短路面的成型期。但因所用矿料为冷料，需使用黏稠度较低的沥青材料，故混合料的强度较低。比较典型的路拌法施工沥青路面为乳化沥青碎石混合料路面，这种沥青路面适用于做三、四级公路的沥青面层、二级公路养护罩面及各级公路的调平层。

3. 厂拌法施工的沥青路面

厂拌法施工的沥青路面是用不同粒径的碎石、天然沙（或机制沙）、矿粉和沥青按一定比例在拌和机中热拌所得的拌和物（称为热拌沥青混合料，HMA），然后在规定温度范围内运到工地并用摊铺机摊铺，再碾压成型的沥青路面。这种混合料的矿料具有严格的级配，当这种混和料被压实达到规定的强度和孔隙率后，就称作沥青混凝土。沥青混凝土具有很高的强度和密实度，常温下还具有一定的塑性。它的强度和密实度是各种沥青矿料混合料中最高的。沥青混凝土透水性小、水稳性好，有较强的抵抗自然因素影响和行车荷载作用的能力，使用寿命长、耐久性好。

根据热拌沥青混合料强度构成原理、矿料级配组成、路用性能等因素的不同，厂拌法施工的沥青路面可进行如下分类：

（1）按混合料强度构成原理不同可分为级配密实型和嵌挤锁结型。

级配密实型沥青混合料的矿料级配按最大密实原则设计，其强度和稳定性主要取决于混合料中沥青与矿料的黏聚力，矿质颗粒之间的摩阻力处于次要地位。设计空隙率较小的密实式沥青混凝土混合料（以 AC 表示）和密实式沥青稳定碎石混合料（以 ATB 表示）就属于这一类型。此类混合料沥青用量通常较大，强度受温度影响明显，但抗渗水性、耐久性较好。

嵌挤锁结型沥青混合料采用颗粒尺寸较大且级配较为均匀的矿料，细集料和填料较少，形成开级配沥青混合料。如半开级配沥青碎石混合料（以 AM 表示）、大孔隙开级配排水式沥青碎石混合料（以 OGFC 表示，设计空隙率可达到 18% 以上）就属于这一类型。这种沥青混合料路面的强度和稳定性主要依靠骨料颗粒之间相互嵌挤、锁结作用所产生的内摩阻力，沥青与矿料的黏聚力相对较小，有稳定碎石基层的作用。嵌挤锁结型沥青混合料路面比级配密实型沥青混合料路面的高温稳定性要好，但空隙率大、易渗水，因而耐久性相对较差。

（2）按材料组成及结构分为连续级配沥青混合料、间断级配沥青混合料。

连续级配沥青混合料的矿料具有连续、光滑的级配曲线。若矿料级配组成中缺少一个或几个粒径档次（或用量很少），则成为间断级配沥青混合料。

（3）按矿料级配组成和空隙率分为密级配、半开级配、开级配混合料。

矿料具有连续级配、设计空隙率为 3%~6% 时称为密级配沥青混合料。若矿料由适当比例的粗集料、细集料及少量填料（或不加填料）组成，标准马歇尔击实成型试件的空隙率为 6%~12%，即为半开级配沥青碎石混合料。若沥青混合料采用颗粒尺寸较大且较为均一的矿料、细集料和填料较少，设计空隙率达到 18% 甚至更大，即为开级配沥青混合料，如大孔隙开级配排水式沥青碎石混合料。

（4）按公称最大粒径分为特粗式（公称最大粒径大于 31.5mm）、粗粒式（公称最大粒径等于或大于 26.5mm）、中粒式（公称最大粒径为 16mm 或 19mm）、细粒式（公称最大粒径为 9.5mm 或 13.2mm）、沙粒式（公称最大粒径小于 9.5mm）。

（5）沥青玛蹄脂碎石混合料。

由沥青结合料与少量的纤维稳定剂、细集料及较多的填料组成的沥青玛蹄脂填充于具有间断级配的粗集料骨架的空隙中组成沥青混合料整体，即为沥青玛蹄脂碎石混合料（SMA）。它具有抗滑、耐磨、密实耐久、抗疲劳、抗高温车辙、抗低温开裂等优点，同时能有效减轻行车噪声污染，是一种优质的沥青路面类型，适用于高速公路、一级公路表层，其厚度在 3.5~4cm。

### （三）沥青路面的选择与应用

各种沥青类路面的选择使用，一方面要根据任务要求（道路的等级、交通量、使用年限、修建费用等）和工程特点（施工季节、施工期限、结构组合状况等），另一方面还应考虑材料的供应情况、施工机具、劳力和施工技术条件等因素。

沥青混凝土是适合现代交通的一种优质高级面层材料。铺筑在坚硬基层上的优质沥青混凝土面层可使用 20~25 年，国外的重要交通道路和高速公路主要采用这种面层形式。我国《公路沥青路面施工技术规范》（JTG F40—2004）规定：高速公路、一级公路的表面层、中面层、下面层应采用沥青混凝土，二级公路的表面层宜用沥青混凝土。工程实践中可参照相关规定和以下原则选定。

密级配沥青混凝土混合料（AC）适用于各级公路沥青面层的任何层次；沥青玛蹄脂碎石混合料（SMA）适用于铺筑新建公路的表面层、中面层或旧路面加铺磨耗层；设计空隙率 6%~12% 的半开级配的沥青碎石混合料（AM）仅适用于三级及三级以下公路、乡村公路，且沥青混合料拌和设备缺乏添加矿粉装置和人工炒拌的情况；设计空隙率 3%~6% 的粗粒式及特粗式密级配沥青稳定碎石混合料（ATB）适用于基层；设计空隙率大于 18% 的粗粒式及特粗排水式沥青稳定碎石混合料（ATPB）适用于基层；设计空隙率大于 18% 的细粒排水式沥青稳定碎石混合料（OGFC）适用于高速行车、多雨潮湿、不易被尘土污染、非冰冻地区铺筑排水式沥青路面磨耗层。开级配排水式沥青混合料基层（ATPB）的下卧层应具有排水和抗冲刷能力，工程上必须通过试验，取得成功的经验，并经过论证后使用。特粗式沥青混合料适用于基层，粗粒式沥青混合料适用于下面层或基层，中粒式沥青混合料适用于中面层和表面层，细粒式沥青混合料适用于表面层和薄层罩面。沙粒式沥青混合料适用于非机动车道或行人道路。对高速公路及一级公路，除沥青稳定碎石基层外，通常选用公称最大粒径为 13.2~26.5mm 的沥青混合料。

对沥青层较厚的高速公路、一级公路，在选择级配类型、确定矿料级配和最佳沥青用量时，应首先保证各层的组合不致发生早期破坏，并在此基础上优先或侧重考虑各层的服务功能后做出抉择，主要包括：

1. 表面层应具有良好的表面功能、密水、耐久、抗车辙、抗裂，潮湿区和湿润区的路面上面层应符合潮湿条件下的抗滑要求，抗滑性能不符合要求时，宜铺筑抗滑磨耗层。在寒冷地区，表面层应考虑低温抗裂性能的要求。

2. 三层式面层的中面层或双层式面层的下面层应重点满足混合料的高温抗车辙性能。下面层应在满足高温抗车辙性能的基础上，重点考虑抗疲劳性能及抗裂性能的要求。

3. 除排水式沥青混合料外，每一层都应该考虑密水性，当上层属渗水性结构层时，层间或下层应采取防渗水或排水措施。高速公路的紧急停车带（硬路肩）沥青面层宜采用与车行道相同的结构，但表面层宜采用密级配沥青混凝土混合料铺筑。

沥青面层集料的最大粒径宜从上至下逐渐增大，并应与设计厚度相匹配。除人行道路外，沥青层的压实厚度不宜小于集料最大粒径的2倍。对于高速公路和一级公路，密级配沥青混合料的层厚不宜小于公称最大粒径的3倍，SMA等嵌挤型混合料的层厚不宜小于公称最大粒径的2.5倍，以减少离析，便于施工和压实。

沥青类路面一般不宜铺筑在纵坡大于6%的路段上。在纵坡大于3%的路段，考虑到抗滑的要求，宜采用粗粒式的沥青碎石或粗粒式的沥青混凝土做面层。

## 二、沥青路面对原材料的技术要求

### （一）沥青

沥青路面所用的沥青材料有石油沥青、煤沥青、液体石油沥青和沥青乳液等。

石油沥青在道路建筑中使用最广，可以用在不同地区和不同等级道路上铺筑各种沥青面层和基层。石油沥青的性质与石油的性质和获得沥青的方法有关。高树脂、少石蜡的石油是道路沥青的最好原料。煤沥青主要是由炼焦或制造煤气得到的高温焦油加工而得，主要成分是芳香族碳氢化合物及其氧、氮和硫的衍生物的混合料。煤沥青与石油沥青相比较，温度稳定性低、易老化，但其与矿料颗粒表面的黏附性较好，因煤沥青会造成轻微的空气污染，一般不宜做沥青面层，仅作为透层沥青使用。沥青乳液也称乳化沥青，是沥青经机械作用分裂为细微颗粒，分散于含有表面活性物质（乳化剂—稳定剂）的水中，形成均匀而稳定的分散系。根据其中表面活性物质的特性及形成乳胶体的性质，乳化沥青可分为乳液和乳膏两大类。选用乳化沥青时，对于酸性石料、潮湿的石料，以及低温季节施工时宜选用阳离子乳化沥青；对于碱性石料或与掺入水泥、石灰、粉煤灰共同使用时，宜选用阴离子乳化沥青。

沥青路面采用的沥青标号，宜按照公路等级、气候条件、交通条件、路面类型、在路面结构中的层位及受力特点、施工方法等，结合当地使用经验，经技术论证后确定。各沥青等级的适用范围应符合规定。

高速公路、一级公路、夏季气温高、高温持续时间长、重载交通、山区及丘陵区上坡路段、服务区、停车场等行车速度较慢的路段，特别是汽车荷载剪应力大的层次，宜采用稠度大、60℃黏度大的沥青，也可提高高温气候分区的温度水平选用沥青等级；对于冬季寒冷地区、交通量较小的公路、旅游区公路宜选用稠度小、低温黏度大的沥青；对温度日温差、年温差大的地区宜选用针入度指数大的沥青。当高温要求与低温要求发生矛盾时应优先考虑满足高温性能要求。当缺乏所需标号的沥青时，可使用不同标号沥青进行掺配，但质量应符合规定的道路石油沥青技术要求。

对热拌热铺的沥青路面，由于沥青材料和矿料需加热拌和，并在热态下铺压，故可采用稠度较高的沥青材料。反之则应采用稠度较低的沥青。对其他类型沥青路面，若沥青材料过稠，则难以贯入碎石中，过稀则又易流入路面底部，因此这类路面宜采用中等稠度的沥青材料。当气温寒冷、施工气温较低、矿料粒径偏细时，宜采用稠度较低的沥青材料。但炎热季节施工时，由于沥青材料的温度散失较慢，则可用稠度较高的沥青材料。路拌法施工的沥青路面，一般仅采用稠度较低的沥青材料。

随着公路交通量的增大和对路面性能要求的提高，在原有工业生产所获基质沥青性能不能满足要求的情况下，可采用改性沥青。改性沥青可单独或复合采用高分子聚合物、天然沥青及其他改性材料制作。各类聚合物改性沥青的质量应符合要求。

### （二）粗集料

沥青路面可用轧制碎（砾）石、筛选砾石、矿渣等作为粗集料。粗集料在沥青混合料中起形成矿质骨架的作用，对混合料的强度等一系列路用性能影响很大。碎石应均匀、清洁、坚硬、无风化，小于0.05mm的颗粒含量应小于2%，吸水率低于2%~3%。颗粒形状接近立方体并有多棱角，细长或扁平颗粒含量应小于15%，杂质含量不能超标，压碎值应不大于30%。轧制砾石系由天然砾石轧制并经筛选而得，要求大于5mm颗粒中40%（按重量计）以上至少有一个破碎面。用于沥青贯入式面层时，主层矿料中要有40%（按重量计）以上颗粒至少有两个破碎面。

筛选砾石由天然砾石筛选而得。由于天然砾石是各种岩石经自然风化而成的不同尺寸的粒料，强度极不均匀，而且多是圆滑形状。因此，筛选砾石仅适用于交通量较小的路面面层下层、基层的沥青混合料中使用，不宜用于防滑面层。在交通量大的沥青路面面层，若使用砾石拌制沥青混合料，则在砾石中至少应掺有50%（按重量计）粒径大于5mm的碎石或经轧制的砾石。沥青贯入式路面用砾石时，主层矿料中亦应掺有40%以上的碎石或轧制砾石。

粗集料与沥青材料黏附性大小，对沥青混合料的强度和耐久性有极大影响，应优先选用与石油沥青材料有良好黏附性的碱性碎（砾）石。集料与沥青材料的黏附性用水煮法测定时，一般公路不小于3级，高等级公路应不小于4级。

用于高速公路、一级公路沥青路面表面层及各类抗滑表层的粗集料要符合规定的石料磨光值要求，应选用坚硬、耐磨、抗冲击好的碎石，不得使用筛选砾石、矿渣及软质集料。为了保证石料与沥青之间有较好的黏结性能，经检验属于酸性岩石的石料，用于高速公路、一级公路和城市快速路、主干道时宜使用针入度较小的沥青,必要时可在沥青中掺加抗剥离剂,或用干燥的磨细消石灰或生石灰粉、水泥作为矿粉的一部分,其用量宜为矿料总量的1%~2%;将粗集料用石灰浆处理后也可以有效地提高石料与沥青之间的黏结力。

### (三)细集料

细集料与粗集料共同形成混合料矿质骨架。沥青面层的细集料可采用天然沙、机制沙及石屑等,质量应符合规定的技术要求。热拌密级配沥青混合料中,天然沙的用量通常不超过集料总量的20%,SMA及OGFC混合料不宜使用天然沙。机制沙系从轧制岩石中筛选而得,其最大粒径一般小于5mm,无论天然沙还是机制沙,均要求坚硬、清洁、干燥、无风化、不含杂质,并且应有适当的级配。热拌沥青混合料宜采用优质的天然沙或机制沙,在缺乏沙资源的地区也可以用石屑。但由于一般情况下石屑的含泥量高,强度不高,因此,高速公路、一级公路沥青混凝土面层及抗滑表层的石屑用量不宜超过天然沙及机制沙的用量。河沙、海沙的颗粒缺乏棱角,表面光滑,使用时虽能增加和易性,满足提高密实度的要求,但内摩阻角较小,为了提高混合料的内摩阻角,可掺加部分人工沙。

细集料应与粗集料一样,要求与沥青形成良好的黏结力。与沥青的黏结性能很差的天然沙以及用花岗岩、石英岩等酸性石料破碎的机制沙或石屑不宜用于高速公路、一级公路的沥青面层,必须使用时,应有抗剥落措施。

### (四)矿粉与纤维稳定剂

混合料中矿粉与沥青形成沥青胶浆填充于矿质骨架空隙中,在密级配沥青混合料中,矿粉表面积占全部矿料表面积的90%以上,矿粉的使用使矿料比表面积大大增加,使沥青以结构沥青形式存在,减少自由沥青数量,有利于提高沥青黏结力,获得较高的强度。宜采用石灰岩或岩浆岩中的强基性、憎水性岩石经磨细得到的矿粉,原石料中的泥土杂质应除尽;也可采用水泥、石灰、粉煤灰做矿粉,但其用量不宜超过矿料总量的2%。其中粉煤灰用量不得超过填料总量的50%,且烧失量不超过12%,与矿粉混合后的塑性指数不小于4%,高速公路、一级公路的沥青面层不宜采用粉煤灰做填料。

矿粉中所含小于0.075mm的颗粒应不少于30%,但过细颗粒的含量也不宜过多,否则会降低混合料施工和易性和水稳性。对矿粉的要求是干燥、洁净,其质量应符合技术要求。

在SMA混合料中,纤维稳定剂与矿粉、沥青共同形成沥青玛蹄脂,填充于粒径较为单一的集料空隙中,是沥青玛蹄脂碎石混合料的重要组成部分。纤维稳定剂在SMA混合料中的主要作用如下:

1. 加筋作用

纤维在混合料中以三维状分散相存在,如钢纤维混凝土、土工格栅等加筋材料所起的作用。

2. 分散作用

混合料中加入纤维后,可使沥青与矿粉形成的胶团适当分散,形成均匀的材料体系。如果没有纤维,由于沥青和矿粉用量较大,所形成的胶团不能均匀地分散到集料之间,混合料铺筑在路面上会形成明显的"油斑",成为沥青路面施工的另一种离析现象。

3. 吸附与吸收沥青的作用

在 SMA 混合料中加入纤维稳定剂在于充分吸附（表面）及吸收（内部）沥青,从而使沥青用量增加,沥青膜变厚,有利于提高混合料的耐久性。

4. 稳定作用

纤维可使沥青膜处于比较稳定的状态,尤其在夏季高温季节,沥青受热膨胀时,纤维内部的空隙具有缓冲作用,不致使其成为自由沥青,有利于改善混合料高温中的稳定性。

5. 增黏作用

纤维将增加沥青与矿料的黏附性。

## 三、沥青混合料组成设计

### （一）密级配沥青混合料组成设计

沥青混合料组成设计内容包括确定沥青混合料材料品种及混合料类型、矿料最优级配、最佳沥青用量。在工程实践中,高速公路和一级公路的热拌沥青混合料配合比设计分试验室目标配合比设计、施工阶段的生产配合比设计及生产配合比验证三个阶段进行。我国《公路沥青路面施工技术规范》(JTG F40—2004) 规定,热拌沥青混合料配合比设计采用马歇尔试验方法。

1. 试验室目标配合比设计

（1）设计任务

根据公路性质、交通量、路用性能要求、筑路材料、当地气候条件、施工技术水平等选择原材料,确定混合料类型、矿料级配类型和最佳沥青用量。具体设计时用工程实际使用的材料计算各种材料的用量比例后配合成符合规范所要求的矿料级配,进行马歇尔试验,确定最佳沥青用量。以此矿料级配及沥青用量作为目标配合比,供拌和机确定各冷料仓的供料比例、进料速度及试拌使用。

（2）设计流程

①确定混合料类型。混合料类型由矿料公称最大粒径确定。矿料最大粒径对沥青混合料路用性能影响很大。当结构层厚度（h）与矿料最大粒径（D）的比值较小时,沥青混合料的高温稳定性提高,车辙等损害减小,但抗疲劳能力降低；当 h/D 增大时,矿料细集料含量多,沥青用量大,沥青混合料的抗疲劳特性提高,但高温稳定性下降。通常取 h/D ≥ 2,此时沥青混合料施工和易性、可压实性较好,容易达到规定的密实度和平整度。确定矿料最大粒径后,根据混合料所在层位、气候环境、材料来源、施工条件等确定沥青混合料类型。

②原材料选择。根据原材料技术性能等各种因素对沥青混合料路用性能的影响情况,结合当地材料供应等条件,按技术、经济合理的原则,通过相关试验选择质量符合要求的原材料品种。

③确定工程设计级配范围。根据公路等级、工程性质、气候条件、交通条件、材料供应条件等因素确定混合料工程设计级配范围。根据材料实际情况进行工程设计级配范围调整，并遵循以下原则：

A. 首先按规定确定采用粗型（C 型）或细型（F 型）的混合料。夏季气温较高、高温持续时间长、重载交通多的路段，宜采用粗型密级配沥青混合料（AC-C 型），并取较高的设计空隙率。冬季气温较低或重载交通较少的路段，宜选用细型密级配沥青混合料（AC-F 型），并取较低的设计空隙率。

B. 为确保高温抗车辙能力，同时兼顾低温抗裂性能的要求，配合比设计时宜适当减少公称最大粒径附近的粗集料用量，减少 0.6mm 以下部分细粉的用量，使中档粒径集料较多，形成 S 形级配曲线，并取中等或偏高的设计空隙率。

C. 确定工程设计级配范围应考虑混合料所在路面层位的功能要求，经组合设计的沥青路面应能满足耐久、稳定、密水、抗滑等要求。

D. 根据公路等级和施工设备的控制水平确定的级配范围应比规范级配范围窄，其中 4.75mm 和 2.36mm 通过率的上下限差应小于 12%。

E. 沥青混合料的配合比设计应充分考虑施工性能，使沥青混合料容易摊铺和压实，避免造成严重的离析现象。

④矿料配合比设计。在实际工程中，常常需要用两种或两种以上具有不同级配的原材料掺配后才能得到符合既定级配要求的矿质集料，即对矿料进行配合比设计。

高速公路和一级公路沥青路面矿料配合比可借助电子表格用试配法进行，其他等级公路沥青路面也可参照进行。矿料级配曲线按《公路沥青与沥青混合料试验规程》T0725 的方法绘制：以原点与通集料最大粒径 100% 的点的连线作为沥青混合料的最大密度线。对高速公路和一级公路，宜在工程设计级配范围内计算 1~3 组粗细不同的配合比，绘制设计级配曲线，分别位于工程设计级配范围的上方、中值和下方。设计合成级配不得有太多的锯齿状交错，且在 0.3~0.6 范围内不出现"驼峰"。反复调整不能得到满意结果时，应更换材料设计。

⑤马歇尔试验。以预估的沥青用量（根据以往工程经验结合工程实际情况确定）为中值，按一定间隔（密级配沥青混合料可为 0.5%，沥青碎石混合料可为 0.3%）取 5 个或 5 个以上不同的沥青用量分别制成马歇尔试件。每组试件的数量按试验规程要求确定，对粒径较大的沥青混合料应增加试件数量。测定马歇尔击实试件的毛体积相对密度、吸水率。计算沥青混合料试件的空隙率、矿料间隙率、有效沥青的饱和度等体积指标，进行体积组成分析。进行马歇尔试验，测定马歇尔稳定度和流值。

⑥确定最佳沥青用量。以沥青用量（油石比）为横坐标，以马歇尔试验的各项指标为纵坐标，将试验结果绘入图中，连成圆滑的曲线。确定均符合规范规定的沥青混合料技术指标的沥青用量范围 $OAC_{un} \sim OAC_{ax}$。试验时选择的沥青用量范围应涵盖设计空隙率的全部范围，并尽可能涵盖沥青饱和度的要求范围，并使密度和稳定度出现峰值。若达不到上

述要求应扩大沥青用量范围。

⑦最佳沥青用量的调整。在上述试验和计算结果的基础上,根据实践经验、公路等级、气候条件、交通情况来调整最佳沥青用量。

A.调查当地各项条件接近的工程其沥青用量及使用效果,论证适宜的最佳沥青用量。检查计算确定的最佳沥青用量是否接近,若相差甚远应查明原因,必要时重新调整级配,再进行配合比设计。

B.对炎热地区公路以及高速公路、一级公路的重载交通路段,山区公路的长陡坡度路段,预计可能产生较大车辙时,宜在空隙率符合要求的范围内将计算的最佳沥青用量减小0.1%~0.5%作为设计沥青用量。此时,除孔隙率外的其他指标可能会超出马歇尔配合比设计技术标准,在配合比设计报告或设计文件中必须说明,并要求必须采用重型轮胎压路机和振动压路机组合等方式加强碾压,以使施工后路面的空隙率达到未调整前的最佳沥青用量时的水平,且渗水系数符合要求。若试验路段达不到上述要求,应调整减小沥青用量的幅度。

C.对寒区公路、旅游区公路、交通量较小的公路,最佳沥青用量可以在前述计算OAC的基础上增加0.1%~0.3%,以适当降低空隙率,但不降低压实标准。

⑧配合比设计检验。用于高速公路、一级公路的密级配沥青混合料,需在上述配合比设计的基础上进行各种使用性能的检验,不符合要求的沥青混合料,必须更换材料或重新进行配合比设计。其他等级公路的沥青混合料也可参照进行。检验项目包括高温稳定性检验、水稳定性检验、低温抗裂性能检验、渗水系数检验。以上各性能指标的试验测定均应在规定条件下进行并满足相关技术要求。

公称最大粒径等于或小于19mm的混合料,按规定方法进行车辙试验和低温弯曲试验。

⑨配合比设计报告。沥青混合料配合比设计报告内容包括工程设计级配范围选择说明、材料品种选择与原材料质量试验结果、矿料级配、最佳沥青用量,以及各项体积指标、配合比设计检验结果等,矿料级配曲线应按照规定的方法绘制。

2.生产配合比设计阶段

对间歇式拌和机,必须对二次筛分后进入各热料仓的材料取样进行筛分,以确定各热料仓的材料比例,供拌和机控制室使用。同时反复调整冷料仓进料比例以达到供料均衡,并取目标配合比设计的最佳沥青用量、最佳沥青用量±0.3%的三种沥青用量进行马歇尔试验,最终确定生产配合比的最佳沥青用量。

3.生产配合比验证阶段

拌和机采用生产配合比进行试拌,铺筑试验路段,并用所拌和沥青混合料及路上钻取的芯样进行马歇尔试验检验,由此确定生产用的标准配合比,并作为生产中控制的依据和质量检验的标准。标准配合比的矿料级配至少应包括0.075mm、2.36mm、4.75mm三档,三档的筛孔通过率接近要求级配范围的中值。经验证确定的标准配合比在施工过程中不能随意变更。生产过程中,当进场材料发生变化,沥青混合料的矿料级配、马歇尔试验技术指标不符合要求时,应及时调整配合比,使沥青混合料质量符合要求并保持相对稳定,必要时重新进行配合比设计。

## (二)SMA 混合料组成设计

SMA 是一种由沥青、纤维稳定剂、矿粉及少量的细集料组成的沥青玛蹄脂填充于间断级配的粗集料骨架空隙中所形成的沥青混合料。其基本组成材料是形成骨架的粗碎石和沥青玛蹄脂结合料。SMA 混合料是一种全新的沥青混合料类型，其组成不同于密级配沥青混合料的悬浮密实型结构，也不同于半开级配沥青碎石的骨架空隙结构，而是一种骨架嵌挤密实结构，具有"三多一少"的特点，即粗集料多、矿粉多、沥青结合料多，细集料少。由于与普通沥青混合料在组成设计上存在较大差异，SMA 的配合比设计不完全依靠马歇尔试验方法，而是以体积指标确定。

SMA 混合料组成设计仍然按目标配合比设计、施工配合比设计、施工配合比验证三个阶段完成。

1. 原材料的选择、取样

（1）沥青结合料

SMA 混合料中沥青结合料的质量必须满足沥青玛蹄脂的需要，要求有较高的黏度，符合一定的技术要求，保证混合料具有足够的高温稳定性和低温韧性。

（2）矿料

SMA 之所以有较好的高温稳定性，主要得益于含量甚高的粗集料之间的嵌挤作用，而集料嵌挤作用的好坏则取决于集料石质的坚韧性、集料颗粒形状和棱角多少，粗集料是否具有这些方面良好的性质，是 SMA 成败的关键。因此，粗集料必须具有良好的抗滑性能、低压碎值、坚韧性好，同时颗粒接近立方体、表面粗糙、棱角丰富，扁平颗粒含量少。由于 SMA 混合料通常选用改性沥青，质地坚硬的花岗岩、石英岩、沙岩均可使用。

SMA 混合料中细集料用量通常少于 10%，可选用坚硬岩石反复破碎后得到的机制沙，由于机制沙具有丰富的棱角和嵌挤性能，有利于提高混合料的高温稳定性。

SMA 混合料中矿粉与沥青用量之比可达到 1.8~2.0，大于密级配沥青混合料。通常选用磨细的石灰石粉。

（3）纤维稳定剂

生产 SMA 混合料必须采用纤维稳定剂。可以使用的纤维包括矿物纤维、木质素纤维、聚合物有机纤维等。

SMA 混合料所用结合料、矿料及纤维稳定剂应通过相关试验进行质量检测，各项性能参数应符合前述相关技术标准要求。

2. 矿料级配确定

（1）设计初试级配

SMA 路面的工程设计级配范围应符合矿料级配范围。公称最大粒径等于或小于 9.5mm 的 SMA 混合料以 2.36mm 作为粗集料骨架的分界筛孔，公称最大粒径等于或小于 13.2mm

的 SMA 混合料以 4.45mm 作为粗集料骨架的分界筛孔。在工程设计级配范围内，调整各种矿料比例，设计 3 组粗细不同的初试级配，3 组级配的粗集料骨架分界筛孔的通过率处于级配范围的中值、中值 ±3% 附近，矿粉数量均为 10% 左右。

（2）选择沥青用量，测定 VMA、VCADRC

计算初试级配矿料的合成毛体积相对密度、合成表观密度和有效密度。筛出合成级配中颗粒小于粗集料骨架分界筛孔的集料，用捣实法测定粗集料骨架的松方毛体积相对密度，计算粗集料骨架混合料的平均毛体积相对密度，并计算各组初试级配在捣实状态下的粗集料松装间隙率 VCADRC。

预估 SMA 混合料适宜的沥青用量作为马歇尔试验的初试沥青用量，并以此沥青用量和选定的矿料级配制作马歇尔试件，测定试件的毛体积相对密度。马歇尔标准击实次数为双面 50 次，一组马歇尔试验试件数量为 4~6 个。

（3）变化沥青用量，测定空隙率，确定最佳沥青用量

计算在不同沥青用量下 SMA 混合料的最大理论相对密度。

计算马歇尔试件中的粗集料骨架间隙率。试件其他体积指标空隙率 VV、集料间隙率 VMA、沥青饱和度 VFA 的计算与密级配沥青混合料有关计算相同。

3. 确定设计沥青用量

根据所选择的矿料设计级配和初试沥青用量试验的空隙率结果，以 0.2%~0.4% 为间隔，调整 3 个不同的沥青用量，制作马歇尔试件、计算空隙率等指标。进行马歇尔稳定度试验，检验稳定度、流值是否符合规定的技术标准。根据期望的设计空隙率确定沥青用量为最佳沥青用量 OAC。

4. 目标配合比设计检验

在上述设计基础上，根据确定的设计矿料级配、最佳沥青用量，按规定方法进行车辙试验、低温弯曲试验、浸水马歇尔试验、渗水试验，检验 SMA 混合料的高温稳定性、低温抗裂性能、密水性能、水稳定性。此外，为检验 SMA 混合料中有无多余的自由沥青或沥青玛蹄脂，需进行谢伦堡沥青析漏试验。SMA 混合料路面的构造深度大、粗集料外露、空隙中经常有水，在交通荷载反复作用下，由于集料与沥青的黏结力不足而容易引起集料脱落、掉粒、飞散，进而形成坑槽，为了防止出现这种破坏，在 SMA 混合料配合比设计时，需进行肯塔堡飞散试验的混合料损失或浸水飞散试验。以上两个试验可控制 SMA 混合料沥青用量不能过多，也不能过少。试验结果可作为确定最佳沥青用量的依据之一。

SMA 混合料配合比设计报告内容与密级配沥青混合料配合比设计报告相同。

## 四、层铺法、路拌法施工沥青路面

### （一）沥青表面处置

沥青表面处置是用沥青裹覆矿料，铺筑厚度小于 3cm 的一种薄层路面面层。其主要

作用是防水、抗磨耗、防滑和改善碎（砾）石路面的使用品质，改善行车条件。在计算路面厚度时，不作为单独受力结构层。沥青表面处置层在施工完毕后，需经过一段时间的行车碾压，特别是一定高温下的行车碾压，使其矿料取得最稳定的嵌紧位置，并同沥青黏结牢固，这一过程就称为"成型"阶段。因此，沥青表面处置宜选择在干燥和较热的季节施工，并在雨季前及日最高温度低于15℃到来之前半个月结束，使表面处置层通过开放交通后靠行车压实，成型稳定。

沥青表面处置层是按嵌挤原则构成强度的，为了保证矿料间有良好的嵌挤作用，同一层的矿料颗粒尺寸应力求均匀，其最大粒径应与表面处置单层厚度相当。当采用乳化沥青时，为了减少乳液流失，可在主层集料中掺加20%以上的较小粒径的集料。沥青表面处置层施工后，应在路侧另备5~10mm碎石或3~5mm石屑、粗沙或小砾石 $2\sim3m^3/1000m^2$ 作为初期养护用料，在施工时与最后一遍料一起撒布。

沥青表面处置可采用道路石油沥青或乳化沥青。当采用道路石油沥青时，沥青用量按表要求选定，沥青标号按相关规定选用。当采用乳化沥青时，乳液用量应按其中的沥青含量折算。

此外，对矿料的其他质量要求，如足够的强度和耐磨性能、与沥青良好的黏结力、干燥清洁无杂质等，也适用于其他类型的沥青路面。

沥青表面处置可采用拌和法或层铺法施工。拌和法施工可采用热拌热铺或冷拌冷铺法，层铺法宜采用沥青撒布车及集料撒布机联合作业，并确保各工序紧密衔接。每个作用段长度应根据压路机数量、沥青撒布设备及集料撒布机能力等确定，当天施工的路段必须在当天完成。单层及三层沥青表面处置的施工程序与双层式相同，仅需相应地减少或增加一次撒布沥青、撒铺矿料和碾压工序。层铺法沥青表面处的施工工艺如下：

1. 清理下承层

在表面处置层施工前，应将路面下承层清扫干净，使下承层的矿料大部分外露，并保持干燥。对有坑槽、不平整的路段应先修补和整平，若下承层整体强度不足，则应先予补强。级配沙砾、级配碎石下承层及水泥、石灰、粉煤灰等无机结合料稳定土或粒料的半刚性基层上需浇撒透层沥青，并且应尽早铺筑沥青面层。但当乳化沥青做透层时，撒布后应待其充分渗透、水分蒸发后方可铺筑沥青面层，此段时间应在24h以上。

2. 撒布沥青

下承层清扫或透层沥青充分渗透后，即可按要求的速度浇洒沥青。若采用汽车撒布机撒布沥青，应根据单位面积的沥青用量选定撒布机排挡和油泵挡位；若采用手摇撒布机撒布沥青，应根据施工气温和风向调节喷头离地面的高度和移动的速度，以保证沥青撒布均匀，并应按撒布面积来控制单位沥青用量。沥青的浇洒温度根据施工气温及沥青标号选择，石油沥青的撒布温度为130℃~170℃、煤沥青为80℃~120℃。乳化沥青在常温下撒布，当气温偏低、破乳及成型过慢时，可将乳液加温后撒布，但乳液温度不得超过60℃。

沥青撒布要均匀。当发现有空白、缺边时，应立即用人工补洒，有沥青积聚时应予刮除。沥青浇洒的长度应与集料撒布机能力相配合，应避免沥青浇洒后等待较长时间才撒铺集料。为保证前后两车喷洒的接茬搭接良好，可用铁板或建筑纸等横铺在本段起撒点前及终点后，长度为1~1.5m。如需分数幅浇洒，纵向搭接宽度为10~15cm。浇撒第二、三层沥青时，搭接缝应错开。

3. 铺撒矿料

撒布沥青后应趁热迅速铺撒矿料，按规定用量一次撒足。撒料后应及时扫匀，达到全面覆盖一层、厚度一致、集料不重叠也不露出沥青的要求。当局部有缺料时，应采用人工方法适当找补，局部集料过多时，应将多余集料扫出。若使用乳化沥青，集料撒布必须在乳液破乳之前完成，若沥青为分幅浇洒，在两幅的搭接处，第一幅浇洒沥青应暂留10~15cm宽度不撒石料，待第二幅浇洒沥青后一起撒布集料。

4. 碾压

铺撒矿料后即用60~80kN双轮压路机或轮胎压路机及时碾压。碾压应从一侧路缘压向路中心。碾压时，每次轮迹重叠约30cm，碾压3~4遍。压路机行驶速度开始为2km/h，以后可适当提高。

5. 双层式或三层式沥青表面处置施工

重复2、3、4步工艺。

6. 初期养护

当发现表面处置层有泛油时，应在泛油处补撒与最后一层石料规格相同的嵌缝料并扫匀，过多的浮动集料应扫出路面，并不得搓动已经黏着就位的集料。如有其他破坏现象，也应及时修补。

除乳化沥青表面处置应待破乳后水分蒸发并基本成型后方可通车外，沥青表面处置层在碾压结束后即可开放交通。在通车初期应设专人指挥交通或设置障碍物控制行车，使路面全部宽度均匀压实。在路面完全成型前应限制行车速度不超过20km/h，严禁畜力车及铁轮车行驶。

## （二）沥青贯入式

沥青贯入式路面具有较高的强度和稳定性，其强度构成主要依靠矿料的嵌挤作用和沥青材料的黏结力，适用于二级及二级以下的公路，城市道路的次干道及支路，也可作为沥青混凝土路面的联结层。由于沥青贯入式路面是一种多孔隙结构，为了防止水的下渗，增强路面的水稳定性，路面的最上层应撒布封层料或加铺拌和层。乳化沥青贯入式路面铺筑在半刚性基层上时，应铺筑下封层。沥青贯入层作为联结层时，可不撒表面封层料。

沥青贯入式路面应选择在干燥和较热的季节施工，并在雨季前及日最高温度低于15℃到来之前半个月结束，使贯入式结构层通过开放交通碾压成型。

沥青贯入层厚度一般为4~8cm，但乳化沥青贯入式路面的厚度不应超过5cm。当贯入层上面加铺拌和的沥青混合料面层时，总厚度宜为6~10cm，其中拌和层的厚度宜为

2~4cm。

沥青贯入式路面所用的集料应选择有棱角、嵌挤性好的坚硬石料，结合料可采用石油沥青、煤沥青或乳化沥青。材料的其他要求与沥青表面处置层要求基本相同。

沥青贯入式面层的施工工序如下：

1. 整修和清扫基层。

2. 浇洒透层或黏层沥青。

3. 铺撒主层矿料。颗粒大小要均匀，并检查松铺厚度。严禁车辆在铺好的集料层上通行。

4. 碾压。主层集料撒铺后应采用6~8t的钢筒式压路机进行初压。碾压速度宜为2km/h，碾压应自路边缘逐渐移向路中心，每次轮迹重叠约30cm，接着应从另一侧以同样方法压至路中心，称为碾压一遍。检验路拱和纵向坡度，若不符合要求，应调整找平再压，至集料无显著推移为止。然后用10~12t压路机进行碾压，每次轮迹重叠1/2左右，压4~6遍，直至主层集料嵌挤稳定，无显著轮迹为止。

5. 浇洒第一层沥青。沥青的浇洒温度应根据沥青标号及气温情况选择。若采用乳化沥青，为防止乳液下漏过多，可在主层集料碾压稳定后，先撒铺一部分上一层嵌缝料，再浇洒主层沥青。

6. 铺撒第一次嵌缝料。主层沥青浇洒后，应立即均匀撒布第一层嵌缝料，并立即扫匀，不足处应找补。

7. 碾压。嵌缝料扫匀后应立即用8~12t钢筒式压路机进行碾压，轮迹重叠1/2左右，压4~6遍直至稳定。碾压时随压随扫，使嵌缝料均匀嵌入。

8. 浇洒第二层沥青，撒布嵌缝料，然后碾压。

9. 铺撒封层料。施工要求与撒布嵌缝料相同。重复该过程，采用6~8t压路机碾压2~4遍，然后开放交通。

10. 初期养护。沥青贯入式路面开放交通后的交通控制、初期养护等与沥青表面处置相同。沥青贯入式表面不撒布封层料而加铺沥青混合料拌和层时，应紧跟贯入层施工，使上下成为一个整体。贯入部分采用乳化沥青时，应待其破乳、水分蒸发且成型稳定后方可铺筑拌和层。若拌和层与贯入部分不能连续施工，又要在短期内通行施工车辆时，贯入层部分的第二遍嵌缝料应增加用量 2~3m²/1000m²。在摊铺拌和层沥青混合料前，应清除贯入层表面的杂物、尘土及浮动石料，再补充碾压一遍，并浇撒黏层沥青。

## （三）乳化沥青碎石混合料路面

乳化沥青碎石混合料适用于三级及三级以下公路的沥青面层、二级公路的养护罩面以及各级公路沥青路面的联结层或整平层。一般情况下，乳化沥青碎石混合料路面的沥青面层采用双层式：下层采用粗粒式沥青碎石混合料，上层采用中粒式或细粒式沥青碎石混合料。单层式只适合在少雨干燥地区或半刚性基层上使用。在多雨潮湿地区必须做上封层或下封层。乳化沥青碎石混石料的矿料级配应满足规范要求，并根据已有道路的成功经验试拌确定配合比。其乳液用量应根据当地实践经验及交通量、气候、石料情况、沥青标号、施工机械等条件确定，也可按热拌沥青碎石混合料的沥青用量折算。实际的沥青用量宜较同规格热拌沥青混合料的沥青用量减少15%~20%。乳化沥青碎石混合料应采用拌和机拌和，在条件限制时也可在现场用人工拌制。适宜拌和时间根据施工现场使用的集料级配情况、乳液裂解速度、拌和机械性能、施工时的气候等具体条件通过试拌确定，机械拌和不宜超过30s（自矿料中加进乳液的时间算起），人工拌和不超过60s。

已拌好的混合料应立即运至现场进行摊铺。拌和与摊铺过程中已破乳的混合料，应予废弃。拌制的混合料应用沥青摊铺机摊铺。若采用人工摊铺，应防止混合料离析。松铺系数可通过试验确定。

乳化沥青碎石混合料的碾压应符合下列要求：

混合料摊铺后，应采用6t左右的轻型压路机初压，碾压1~2遍，使混合料初步稳定，再用轮胎压路机或轻型钢筒式压路机碾压1~2遍。初压时应匀速进退，不得在碾压路段上紧急制动或快速起动。

当乳化沥青开始破乳，混合料由褐色转变成黑色时，用12~15t轮胎压路机或10~12t钢筒压路机复压2~3遍后，立即停止，晾晒一段时间待水分蒸发后，再补充复压至密实为止。压实过程中如有推移现象应立即停止碾压，待稳定后再碾压。如当天不能完全压实，应在较高气温状态下补充碾压。

压实成型后的路面应做好早期养护，并封闭交通2~6h。开放交通初期，应设专人指挥，车速不得超过20km/h，并不得制动或掉头；严禁畜力车和铁轮车通过。

乳化沥青碎石混合料施工的所有工序，包括路面成型及铺筑上封层等，均必须在冻前完成。上封层应在压实成型、路面水分蒸发后加铺。

### （四）透层、黏层与封层

1. 透层

透层是为了使路面沥青层与非沥青材料层结合良好而在非沥青材料层上浇洒乳化沥青、煤沥青或液体石油沥青后形成的透入基层表面的薄沥青层。在级配碎（砾）石及半刚性基层上铺筑沥青混合料面层时必须浇洒透层沥青。透层沥青宜采用慢裂撒布型乳化沥青，也可使用中、慢裂液体石油沥青或煤沥青。表面致密、平整的半刚性基层上宜采用较稀的透层沥青，粒料类基层宜采用较稠的透层沥青。

透层沥青应紧接在基层施工结束、表面稍干后浇洒。当基层完工后的时间较长时，应对表面进行清扫，若表面过于干燥时，应在基层表面适当洒水并待稍干后浇洒透层沥青。高速公路和一级公路的透层沥青宜采用沥青撒布车喷洒，其他等级公路可采用手工沥青撒布机喷洒。

浇洒透层沥青应符合以下要求：浇洒的透层沥青应渗入基层一定深度，但又不致流淌而在表面形成油膜；气温低于10℃及大风、降雨时不得浇洒透层沥青；浇洒后，禁止车辆、行人通过；未渗入基层的多余透层沥青应刮除，有遗漏的部位应补洒。

在半刚性基层上浇洒透层沥青后，应立即以 2~3m³/1000m² 的用量将石屑或粗沙撒布在基层上，然后用 6~8t 钢筒压路机稳压一遍。当需要通行车辆时，应控制车速。透层沥青撒布后应尽早铺筑沥青面层；用乳化沥青做透层时，应待其充分渗透、水分蒸发后方可铺筑沥青面层，此段时间不宜少于 24h。

2. 黏层

黏层是为加强沥青层之间、沥青层与水泥混凝土面板之间的黏结而撒布的薄沥青层。将热拌沥青混合料铺筑在被污染的沥青层表面、旧沥青路面及水泥混凝土路面上时应浇洒黏层，与新铺沥青路面接触的路缘石、雨水井、检查井等设施的侧面应浇洒黏层沥青。黏层宜采用快裂撒布型乳化沥青，也可采用快、中凝液体石油沥青或煤沥青。根据被黏结层的结构层类型，通过试洒确定黏层沥青用量，并符合规定的技术要求。黏层沥青宜采用撒布车喷洒并符合以下要求：撒布应均匀，浇洒过量时应予刮除；气温低于 10℃ 或路面潮湿时不得浇洒；浇洒后严禁除沥青混合料运输车以外的其他车辆通行；黏层沥青浇洒后应紧接着铺筑沥青层，但乳化沥青应待其破乳、水分蒸发后再铺沥青层。路面附属结构侧面可用人工涂刷。

3. 封层

所谓封层即为封闭表面空隙、防止水分浸入面层或基层而铺筑的沥青混合料薄层。铺筑在面层表面的称为上封层，铺筑在面层下面的称为下封层。在下列情况下，应在沥青面层上铺筑上封层：沥青面层空隙较大、渗水严重、有裂缝或已修补的旧沥青路面，需要铺抗滑磨耗层或保护层的旧沥青路面。在下列情况下应在沥青面层下铺筑下封层：位于多雨地区且沥青面层空隙较大、渗水严重的路面，基层铺筑后不能及时铺沥青面层而又需开放交通的路面。

可采用拌和法或层铺法施工的单层式沥青表面处置层做封层，二级及二级以下公路的沥青路面可采用乳化沥青稀浆做封层。层铺法铺筑沥青表面处置上封层的材料用量和要求可根据要求确定，沥青用量取表中规定范围的中低限。

乳化沥青稀浆封层是用适当级配的石屑或沙与填料（水泥、石灰、粉煤灰、石粉等）、乳化沥青、外加剂和水按一定比例拌和成流态的乳化沥青稀浆，然后用稀浆封层摊铺机均匀地摊铺在需设置封层的结构层上，厚度为 3~6mm。通常采用慢裂或中裂拌和型乳化沥青，矿料的类型及级配根据处置目的、公路等级、铺筑层厚度、集料尺寸及摊铺用量按要求确定。乳化沥青稀浆混合料用拌和机拌和，拌和时严格控制集料、填料、水、乳液配合比，加水量根据施工和易性要求由稠度试验确定，要求的稠度为 2cm~3cm。混合料的湿轮磨耗试验磨耗损失不大于 800g/m²，轮荷压沙试验的沙吸收量不大于 600g/m²。

# 第六节　水泥混凝土路面施工

水泥混凝土路面是由混凝土面板与基层组成的路面结构，具有刚度大、强度高、稳定性好、使用寿命长等特点，适用于各级公路特别是高速公路及一级公路。水泥混凝土面板必须具有足够的抗折强度，良好的抗磨耗、抗滑、抗冻性能及尽可能低的线膨胀系数和弹性模量，使混凝土路面能承受荷载应力和温度应力的综合疲劳作用，为行驶的汽车提供快速、舒适、安全的服务。施工时混凝土拌和物应具有良好的和易性。能否达到这些性能要求与混凝土的原材料品质及混合料组成有密切关系，因此，混凝土路面施工时应选用质量符合要求的原材料，混合料组成应满足强度及施工和易性要求，同时尽可能采用先进的施工工艺和方法。

## 一、材料要求及拌和物配合比设计

### （一）材料质量要求

组成水泥混凝土路面的原材料包括水泥、粉煤灰、粗集料（碎石）、细集料（沙）、水、外加剂、接缝材料及局部使用的钢筋等。

1. 水泥和粉煤灰

水泥是混凝土的胶结材料，混凝土的性能在很大程度上取决于水泥的质量。施工时采用的水泥质量应符合我国现行国家标准《道路硅酸盐水泥》（GB13693—2005）规定的技术要求。通常应选用强度高、干缩性小、抗磨耗性能及耐久性能好的水泥，施工时根据公路等级、工期要求、浇筑方法、路用性能要求、经济性等因素选用合适的水泥。特重、重交通路面宜选用旋窑道路硅酸盐水泥，也可采用旋窑硅酸盐水泥或普通硅酸盐水泥；中、轻交通的路面可采用矿渣硅酸盐水泥；低温条件下施工或有提早开放交通要求的路面，可采用 R 型水泥。除此之外，宜选用普通型水泥。

此外，采用机械化铺筑时，宜选用散装水泥。散装水泥的夏季出厂温度：南方不宜高于 65℃，北方不宜高于 55℃。混凝土搅拌时的水泥温度：南方不宜高于 60℃；北方不宜高于 50℃，且不宜低于 10℃。

当采用贫混凝土和碾压混凝土做基层时，可使用各种硅酸盐水泥。不掺入粉煤灰时，宜使用强度等级 32.5 以下的水泥。掺用粉煤灰时只能使用道路水泥、硅酸盐水泥、普通水泥。水泥的抗压强度、抗折强度、安定性和凝结时间必须检验合格。粉煤灰宜采用散装灰，进货应有等级检验报告并应确切了解所用水泥中已经掺入的掺合料种类和数量。粉煤灰质量应符合规定的技术要求。路面和桥面混凝土中可使用硅灰或磨细矿渣，使用前应进行试配试验，确保路面和桥面混凝土弯拉强度、工作性、抗磨性、抗冻性的技术指标合格。

根据路用性能要求,每批购进的水泥应附有化学成分、物理及力学指标合格的检验证明,并符合相关技术要求。进入施工现场以备待用的水泥应有产品合格证及化验单。若对水泥质量有怀疑、水泥出厂日期超过3个月或水泥受潮时,必须做复查试验,并根据试验结果确定是否使用该批水泥。不同标号、厂牌、品种、出厂日期的水泥,严禁混合使用。

2. 粗集料

为了保证水泥混凝土具有足够的强度、良好的抗磨耗、抗滑及耐久性能,应选用质地坚硬、洁净、具有良好级配的粗集料,包括碎石、碎卵石及卵石。水泥混凝土粗集料的最大粒径不应超过37.5mm,并符合规定的技术要求。

粗集料的颗粒组成可采用连续级配,也可采用断级配,但不得使用不分级的统料,应按最大公称粒径不同采用2~4个粒级的集料进行掺配。卵石最大公称粒径不超过19mm;碎卵石最大公称粒径不超过26.5mm;碎石最大公称粒径不超过31.5mm;钢纤维混凝土与碾压混凝土集料最大公称粒径不宜大于19.0mm,且级配符合要求。集料为连续级配的混凝土具有密度大、工作性好、不易产生离析等优点。集料为间断级配的混凝土在相同的强度下水泥用量将减少,但施工时易产生离析现象,必须采用强力振捣。

3. 细集料

水泥混凝土中粒径在0.15~5mm范围的集料为细集料。细集料应尽可能采用天然沙、机制沙或混合沙。细集料应质地坚硬、耐久、洁净,高速公路及一级公路、二级公路以及有抗盐(冻)要求的三、四级公路混凝土路面适用的沙应不低于II级,无抗盐(冻)要求的三、四级公路混凝土路面、碾压混凝土基层可使用III级沙。特重、重交通混凝土路面宜使用河沙,沙的硅质含量不低于25%。细集料的级配应与粗集料级配同时考虑并符合规定级配,使混凝土的集料符合级配要求。优质的混凝土应使用密度高、比表面积小的细集料,这样既能保证混凝土拌和物有适宜的工作性,硬化后有足够的强度和耐久性,同时又能达到节约水泥的目的。为了提高水泥混凝土的耐磨性能,粒径小于0.08mm的颗粒不应超过3%,细度模数宜在2.5以上。

4. 水

用于清洗集料、拌和混凝土及养护用的水,不应含有影响混凝土质量的油、酸、碱、盐类及有机物等。饮用水一般均可使用,非饮用水经化验后满足下列要求的也可以使用:硫酸盐含量小于2.7mg/cm³,含盐量不超过5mg/cm³,pH值大于4。

5. 外加剂

为了改善水泥混凝土的技术性能,可在混凝土拌和过程中加入适宜的外加剂。常用的外加剂有流变剂、调凝剂及引气剂三大类。加入流变剂可改善混凝土拌和物的流变性能,常用的流变剂有塑化剂、减水剂及流化剂等。其中最常用的是减水剂,如木质素系减水剂(简称M剂)、萘系减水剂(NF、MF等)、水溶性树脂类减水剂(SM)等。在混凝土拌和物中加入适量的减水剂后,在保持其工作性不变的情况下可显著降低水灰比;在水灰比不变的条件下,可大大提高混凝土拌和物的工作性,从而提高混凝土的强度及抗冻、抗磨等性能。

加入调凝剂可调节水泥的凝结时间。若需要缩短水泥的凝结时间，可在拌和混凝土时加入适量的促凝剂，如水玻璃、碳酸钠、氯化钙、氟化钠等；若需要延缓水泥的凝结时间，可加入适量的缓凝剂，如羟基羧酸盐类（酒石酸等）、无机化合物类（$NO_3$、$PO_4$）等；为了提高混凝土的早期强度，可加入适量的早强剂，常用的早强剂有氯化钙等；在低温季节施工时为了使混凝土迅速凝结、硬化，可加入适量的速凝剂；为了提高混凝土抗冻、抗渗、抗蚀的性能，可在混凝土拌和物中加入引气剂。

6. 接缝材料

接缝材料用于填塞混凝土路面板的各类接缝，按使用部位的不同，分为接缝板和填缝料两类。接缝板可采用杉木板、纤维板、泡沫橡胶板、泡沫树脂板等做成。接缝板应能适应混凝土路面板的膨胀与收缩，施工时不变形，耐久性良好，质量符合规定的技术要求。

填缝料分为加热施工型和常温施工型两种。加热施工型包括沥青橡胶类、聚氯乙烯胶泥类、沥青玛蹄脂类等。常温施工型包括聚反氨脂焦油类、氯丁橡胶类、乳化沥青橡胶类等。填缝料应与混凝土路面板缝壁黏附力强，回弹性好，能适应混凝土路面的胀缩，不溶于水，高温不溢出，低温不脆裂，耐久性好。填缝料的质量应符合规定的技术要求。

7. 钢筋

素混凝土路面的各类接缝需要设置用钢筋制成的拉杆、传力杆，在板边、板端及角隅需要设置边缘钢筋和角隅钢筋，钢筋混凝土路面和连续配筋混凝土路面要使用大量的钢筋。用于混凝土路面的钢筋应符合设计规定的品种和规格要求，钢筋应顺直，无裂缝、断伤、刻痕及表面锈蚀和油污等。

## （二）配合比设计

水泥混凝土路面板的厚度和平面尺寸是以抗折强度为标准进行设计的。因此，所设计的水泥混凝土必须具有足够的抗折强度，同时还应具有良好的耐久性、耐磨性和经济性，混凝土拌和物有良好的和易性。混凝土配合比设计的主要任务包括原材料选择和配合比设计两部分内容。前者是根据路面设计和施工要求，选择技术性能符合要求的原材料。配合比设计是根据路面对混凝土提出的一系列路用性能上的要求，确定混凝土各组成材料的最佳用量。混凝土配合比设计的主要工作是确定混凝土的水灰比、沙率及用水量等组成参数。根据混凝土的组成情况可采用四组分法或五组分法。

确定混凝土配合比的计算可采用经验公式法或正交试验法。对于规模较大的混凝土路面工程，应采用正交试验法进行配合比设计，这样可用较少的试验次数优选出满足要求的配合比。

1. 水泥混凝土配合比的设计过程

（1）根据以往的设计参数或设计经验，初拟设计配合比，然后试拌，通过试验考察混凝土拌和物的工作性。如果测得的工作性低于设计要求，可保持水灰比不变，增加水泥浆用量；如果测得的工作性超过设计要求，可减少水泥浆用量，或者保持沙率不变，增加沙石用量。每次调整时只加入少量材料，重复试验（时间不超过 20min），直到符合要求为止。

（2）进行强度和耐久性试验，并做必要的调整，得到设计配合比。在混凝土拌和物符合工作性要求的配合比基础上，适当增减水泥用量，配制三组混凝土梁式试件，测定实际密度，养护到规定龄期后测定抗折强度。当实测强度未达到设计要求时，可提高水泥标号、减小水灰比或改善集料级配。

（3）根据水泥混凝土拌和物的现场实际浇筑条件、集料情况（级配、含水量等）、摊铺机具和气候条件等，对配合比进行适当调整，得到施工配合比。

2. 经验公式法设计混凝土配合比

（1）确定混凝土配制强度。
（2）确定混凝土工作性。
（3）确定混凝土耐久性。
（4）计算水灰（胶）比。
（5）计算用水量 W。
（6）计算单位水泥用量。
（7）采用绝对体积法计算集料用量 s 和 G。

3. 正交试验法设计混凝土配合比

正交试验法又称正交设计法，是解决多因素试验问题的数学方法之一，是材料设计的有效方法之一。此方法应用数学中的搭配均衡、整齐可比的正交性原理，以最少的试验次数指明多个影响因素对某一指标的影响规律和各因素的主次关系。对于规模较大的混凝土路面工程，用正交试验法进行混凝土配合比设计，达到用较少的试验次数优选出满足要求的水泥用量、用水量和沙的用量，这样可提高设计效率和效益。例如，用经验公式法考察三因素、三水平的全面试验需要进行 27 次，而用正交试验法只需要 9 次即可，大大减少了试验数量。

正交试验法确定水泥混凝土配合比的过程大致如下：

（1）试验设计

用正交试验法设计水泥混凝土的配合比时，应先进行试验设计，即确定考核指标、影响因素及水平。配合比设计的目的是获得强度和施工和易性等指标符合要求的水泥混凝土，因此，正交试验的考核指标应选用坍落度、7d 抗压强度和 28d 抗折强度。影响这些指标的因素主要为水泥用量 C、用水量 W 和沙用量 S 等，这些因素的影响水平根据设计和施工技术规范及设计经验来确定。

根据因素及其水平的多少，选用适当的正交表。三因素、三水平的正交试验可选用 L9(3^4) 的正交表。

（2）试验及数据处理

按正交表列出的因素组合方式进行相应考核指标的试验，每一种因素组合方式都有对应的试验结果。根据考核指标的试验结果和各影响因素的水平数据，通过相关分析建立考核指标与影响因素之间的数学关系，从而找到各因素对考核指标的影响规律。通过正交试验获得考核指标与各影响因素之间的对应关系后，即可用于混凝土配合比设计。设计时将混凝土坍落度、7d抗压强度（R7）及28d抗折强度（F28）这些有明确数值要求的指标代入所建立的关系式，即可得到设计所需的配合比。

## 二、滑模式摊铺机施工

混凝土路面的施工方法包括滑模式摊铺机施工、轨模式摊铺机施工、碾压混凝土施工、三辊轴机组施工和小型机具人工施工。对于高速公路及一级公路混凝土路面，宜采用施工进度快、工程质量高的机械化施工方法。

### （一）滑模式摊铺机施工的特点

随着公路运输交通量的迅猛发展，对高等级公路路面的内在质量、表面的行驶功能和耐久性等技术要求越来越高。现代高等级公路建设必须依靠大型成套铺装设备和高新技术措施才能使路面基本功能得以实现。滑模摊铺机施工是当今混凝土路面施工的最新技术之一，具有连续铺筑、一次成型、高质高效地完成混凝土路面铺筑的优点。摊铺机铺筑时不需要轨模，摊铺机支承在四个液压缸上，两侧设置有随机移动的固定滑模，摊铺厚度通过摊铺机上下移动来调整。滑模式摊铺机一次通过即可完成摊铺、振捣、整平等多道工序。施工中的各种动作均由电子液压系统控制，精度较高，与传统的水泥混凝土路面施工方法相比较具有非常明显的优势，主要为：

1. 内在质量高

滑模式摊铺机施工的混凝土路面具有较高的密实度，混凝土具有高而稳定的弯拉强度。滑模式摊铺机铺筑时采用高频率密集排列的振捣棒振捣及强大的挤压力成型，使相同配合比的混凝土弯拉强度比传统工艺施工高10%~15%，混凝土具有较高的断裂韧性，抵抗超载、断板的能力得到增强。另外，滑模摊铺工艺需要配制计算机自动控制的大型搅拌楼，可提高混凝土的配制准确性和稳定性，混凝土拌和物均质性好、色泽均一，也提高了混凝土路面的内在质量。

2. 表面功能好

混凝土弯拉强度的提高意味着其抗渗、抗冻、抗磨等耐久性也相应得到提高，有利于路面表面抗滑构造深度长期保持，使行车更安全、可靠。

3. 路面动态平整度好

滑模摊铺机铺筑时沿基准线平稳运行，路面直顺度便于调整，可保证路面具有良好的动态平整度，提高了水泥混凝土路面的行车舒适性。

4. 混凝土拌和物质量稳定

混凝土路面采用滑模摊铺机施工时要求拌和物质量高度稳定、原材料计量精度高、水灰比和水泥用量变化小、总用水量基本无变化、确保路面不出现麻面或倒边等问题，再加上摊铺机完全一致的振捣和挤压，可确保路面质量的均质稳定，不会出现水泥浆或水分在表面积聚的现象，可有效延长路面使用年限。

5. 适应范围广

滑模式摊铺机施工可适应多种类型混凝土路面的施工，包括用预制钢筋支架和DBI两种方式铺筑的全缩缝代传力杆的混凝土路面、钢纤维混凝土路面、聚丙烯纤维混凝土路面、耐碱玻璃纤维混凝土路面、钢筋混凝土路面、连续配筋混凝土路面、双钢混凝土特大桥桥面等，对小半径、大坡度等具有特殊几何尺寸的公路也具有良好的适应性。

6. 生产效率高、施工进度快

常用的混凝土摊铺机每天平均可完成8.5m宽、260mm厚的高速公路路面600~1000m。其间劳动力需要量小。大大加快了混凝土路面的施工进度，有利于缩短混凝土路面的建设周期。

7. 便于提高科技和管理水平

由于滑模式摊铺机施工的机械化程度高，需要上下游设备密切协调配合，施工中的人为干扰因素少，其中材料、机械、组织管理的科技含量高，有利于提高施工队伍管理水平和培养高素质的道路建设人员。

8. 路面使用寿命大幅度延长

根据工程实践验证，在相同的交通量条件和工作条件下，采用滑模式摊铺机施工的混凝土路面比传统工艺施工的路面使用寿命延长6年左右。

（二）施工准备

采用滑模式摊铺机施工混凝土路面前的准备工作包括技术准备和物质准备等方面。施工前应做好相应的准备工作，避免施工过程中出现不必要的停顿。

1. 技术准备

施工前，建设单位应组织设计、监理、设计及施工单位进行技术交底。了解设计单位设计意图，明确施工技术要求。

施工单位应根据设计文件、合同文件、现场施工条件及本单位的设备、人员等情况确定混凝土路面施工流程，上报合理的施工组织设计文件，精心编制施工组织计划。开工前施工单位还应对工程参与人员进行岗位培训，明确各自的职责要求及相互关系。

施工放样是采用滑模式摊铺机铺筑混凝土路面的重要准备工作。首先根据设计图纸恢复道路中心线和混凝土路面边线，在中心线上每隔20m设一中心桩，同时布设曲线主点桩及纵坡变坡点、路面板胀缝位置等施工控制点，并在路边设置相应的边桩，重要的中心桩要进行拴桩。每隔100m左右应设置一个临时水准点，以便复核路面高程。由于混凝土路面一旦浇筑成功就很难拆除，因此测量放样必须经常复核，在浇捣过程中也要进行复核，做到勤测、勤核、勤纠偏，确保混凝土路面的平面位置和高程符合设计要求。

混凝土路面施工前，应对混凝土路面板下的基层进行强度、密实度及几何尺寸等方面的质量检测和相应的整修。基层质量检查项目及其标准应符合基层施工技术规范要求和混凝土路面设计规范要求。对于采用滑模式摊铺机施工的路面，基层宽度应留有供摊铺机行走的宽度，通常为50~80cm。

#### 2. 搅拌站建设与材料准备

混凝土路面施工前的物质准备工作包括材料准备及质量检验、混合料配合比试验与调整、机械设备准备等。混凝土路面施工前必须做好各种机械的检修工作，以便施工时能顺利运行。

为缩短运输距离，搅拌站宜设置在铺筑路段的中间位置。搅拌站应能满足原材料储运、混凝土拌和物运输、钢筋加工、供水、动力等工作要求，力求紧凑，减少占地面积。搅拌站应保障水源充足、可靠，满足搅拌、清洗、养生用水的供应。场内水泥、粉煤灰、沙石材料储运应满足以下要求：

（1）水泥、粉煤灰储存与供应。每台搅拌机应至少配备两个水泥储仓，粉煤灰应至少配备一个储仓。备用的袋装水泥和粉煤灰应放置在地势较高的位置，严禁受潮或雨淋。

（2）沙石材料储运。施工前，宜储备10~15d的沙石料。沙石料场应建在排水通畅的位置，地坪应做硬化处理，不同沙石材料应分仓堆放，严禁混杂。在低温、雨天、大风天气及日照强烈条件下应设置遮盖棚。

（3）搅拌站内原材料运输与混凝土拌和物运输应减少互相干扰。搅拌楼应设厚度不小于200mm的硬铺装层，并设置排污管道、积水坑或搅拌楼产生的废水回收处理设备。

根据混凝土路面施工进度计划，施工前应分批备好所需的各种材料，并在使用前进行核对、调整，各种材料应符合规定的质量要求。新出厂的水泥应至少存放一周后方可使用。路面在浇筑前必须对混凝土拌和物的工作性进行检验并做必要的调整。

#### 3. 运输设备配置

采用滑模式摊铺机施工时，主要工序是混凝土的拌和与摊铺成型，因此，应把混凝土摊铺机作为第一主导机械，拌和机作为第二主导机械。选择的主导机械应能满足施工质量和工程进度要求。拌和机与摊铺机应互相匹配，拌和质量、拌和能力、技术可靠性及工作效率等应能满足要求。在保证主导机械发挥最大效率的前提下，选用的配套机械要尽可能少。

通常情况下，运输设备的运输能力应略大于搅拌能力，由于滑模施工工程量较大，运输距离相对较长，应尽可能采用搅拌运输车，无此条件时可使用自卸汽车，基本能满足施工要求。由于自卸车倒料一倾而下，增加了摊铺机的负荷，会引起摊铺机履带打滑，导致路面高程和平整度合格率降低，因此，实际施工过程中，为了加快施工进度和提高路面质量，可在滑模摊铺机之前增加一台螺旋布料机，既克服了上述缺点，又可实现二次搅拌，解决运输途中的混凝土水分流失和离析现象。

#### 4. 防滑处理与养生设备的配置

滑模施工作为一种高效的机械化施工工艺，其施工进度快，作业面宽，一般日工作量

1000m左右，作业面宽8m以上，防滑处理与养生相应要求用高效的设备完成，采用拉毛养生机可连续完成拉毛或拉槽和养生剂的喷洒工作。

5. 通信设备的配置

滑模摊铺系统是快速的现代生产系统，现场要求配置有快速反应能力的无线电联络通信和生产指挥调度系统。

### （三）施工过程

为提高混凝土路面质量、加快施工进度，必须制定合理的滑模摊铺的工艺流程。

1. 测量放样，悬挂基准绳

滑模式摊铺机的摊铺高度和厚度可实现自动控制。摊铺机一侧有导向传感器，另一侧有高程传感器。导向传感器接触导向绳，导向绳的位置沿路面的前进方向安装。高程传感器接触高程导向绳，导向绳的空间位置根据路线高程的相对位置来安装。基准绳设置有单向坡双线式、单向坡单线式和双向坡双线式。测量时沿线应每200m增设一水准点，并在控制测量精度、平差后使用。摊铺机摊铺的方向和高程准确与否，取决于导向线的准确程度，因此导向绳经准确定位后固定在打入基层的钢钎上。一般架设传感器的导向绳的长度在1000m左右即可满足日间的工作量，导向绳距待摊铺的混凝土路面1~1.5m为宜，高度为路面延伸至导向线实测高程加20cm，导向钢钎间距为5~10m，在路线曲线段还应进行加密。基准绳的设置精度应满足要求，摊铺前应复测，以满足施工精度。

2. 摊铺机调整和就位

摊铺机进入摊铺现场安装后，停在起始位置，使左右侧模板前后基本上和导向线平行且前后等距，起动发动机与自动方向调整系统，慢慢向工作方向行驶，按预设模板与导向线的距离，调整前后转向传感器，使前后模板与导向线完全平行。完成方向调整之后，在路面纵横方向各找两个点并打桩成矩形，用细线将纵向桩连接，线的位置与路面设计高程相等，然后将机器移至四根桩内，而前端有一定进料仰角，调整后退至起始位置。滑模摊铺机首次摊铺时应对其摊铺位置、几何参数和机架水平度进行调整和校核，确认无误后方可开始摊铺。

其他机构的调整包括：

（1）振捣棒布置。振捣棒下缘位置应在最低点以下，棒间横向间距不宜大于450mm，均匀排列。两侧最边缘振捣棒与摊铺边缘不宜大于250mm。

（2）挤压板调整。挤压底板前倾角设置为3°左右，提浆夯板位置宜在挤压底板前缘以下5~10mm之间。

3. 混凝土搅拌

搅拌前应先检查搅拌设备的各机构是否运转正常，并根据实验室提供的配料单将各材料数据输入搅拌设备微机里，在接到前方通知后进行搅和。搅拌楼配料计量偏差应满足规定，不满足时应分析原因、排除故障，确保拌和计量精度。拌和时应根据拌和物黏聚性、均质性及强度稳定性试拌确定最佳拌和时间。通常全部原材料放齐的最短纯拌和时间不少于40s，最长总搅拌时间不应超过240s，具体视搅拌机性能确定。外加剂应以稀释溶液加入，并扣除相应用水量。所生产的拌和物应色泽一致，有生料、干料、离析或外加剂成团的非均质混和物严禁用于路面铺筑。一台搅拌楼每盘出料之间的坍落度最大允许偏差为±10mm，并适合现场摊铺。

4. 混凝土拌和物运输与机前布料

把搅拌好的混凝土拌和物运到摊铺现场，在运输过程中要保证不漏浆、不变干、不离析，卸料时尽量不要堆积太高。卸料高度不应超过1.5m。远距离运输或运输桥面、钢筋混凝土路面混凝土拌和物时宜采用混凝土运输车。

机前布料应尽量使混凝土在全宽方向厚度均匀，中间可高一点，布料高度一般比成型后的路面高出6~10cm为宜。

5. 摊铺机摊铺

启动自动找平和自动转向传感器，向前行驶，当布料器接触到混凝土，根据料的情况进行二次布料，调整计量门位置使料充分进入振动料仓，振动棒完全接触混凝土后启动振动棒，抹平板和左右侧模板把振实的混凝土挤压后，经过传力杆和连接筋的安装、搓平梁的搓平、超级抹平器抹平，形成混凝土路面。在开始摊铺的5m内，应在摊铺进行中对摊铺出的路面高程、边缘厚度、中线、横坡度等参数进行复核测量，所摊铺路面精确度应满足要求。

滑模式摊铺机应缓慢、匀速、连续作业。严禁料多追赶，然后随意停机等待、间歇摊铺。摊铺速度应根据拌和物稠度、供料多少和设备性能控制在0.5~3.0m/min之间，一般控制为1.0m/min，拌和物稠度发生变化时应相应改变摊铺速度。正常摊铺时的振捣频率在600~1000r/min之间调整，应防止过振、欠振或漏振。摊铺过程中应经常检查振捣棒的工作情况和位置，路面出现拉裂或麻面时应立即停机检查或更换振捣棒，机后出现沙浆带时必须调整振捣棒的位置。

每天摊铺工作结束时，将两侧尾模板逐渐内收1~2cm，以利于第二天摊铺。

6. 对路面进行修整加工

为保证质量，对摊铺机摊铺过的路面，应人工检查并及时对有缺陷的部分进行修整抹平，同时还应及时检测路面的平整度和高程。一定时间后，由拉毛养生机对路面进行防滑和养生处理。

7. 摊铺机的第二天摊铺

启动自动找平及自动转向传感器，外放尾模板，并将找平机构上调0.5cm左右，按导向线后退，直至计量门与前一天施工的路面齐平，之后执行上述工序，在刚刚开始摊铺段逐渐下调找平机构至原来位置。内收尾模板后进入正常摊铺作业，工作缝应由专人负责处理。

8. 滑模式摊铺机施工常见问题处理

（1）溜肩、塌边

解决溜肩和塌边现象，一种方法是采取加长侧向滑模板长度，提高边角混凝土的自稳性；另一种是在滑模后、路面成型即用边板支护。此外，还可改善、调整混凝土施工配合比，提高混凝土拌和物在振捣后骨料间的嵌合稳定性；提高混凝土的拌和精度，最大限度地减小混凝土坍落度的波动；滑模施工宜用阴槽模板，提高边角的自稳性，加强边角部分的振捣，但不能过振；在要求较高的场合，使用跨模施工工艺。

（2）欠振、气泡未排尽

摊铺机的工作速度一般控制在1m/min左右，因此要求混凝土拌和物在较短时间内振动密实，施工过程中可能会出现欠振和气泡未排尽的现象，影响混凝土路面的耐久性。解决欠振和气泡排不尽的问题：一是调整混凝土配合比的配制指标，引入振动黏度系数；二是调整振动棒的排列方式。

（3）混凝土板面沟槽现象

在挤平梁的后端，有时会出现混凝土表面大量欠料或产生沟槽现象。这主要是由于：一是混凝土拌和物太干，坍落度过小，造成振动出浆困难，表面振动不密实；二是振动仓内料位太低，造成振动仓内补料不足；三是振动棒位置偏移。

（4）抹平后表面呈波浪状

经过超级抹平器的作用，有时表面形成波浪状，严重影响了表面平整度。应调整抹平板的挤压力，同时要根据板块的宽度调整抹平板的工作速度。

## 三、轨模式摊铺机施工

轨模式摊铺机施工是由支撑在平底型轨道上的摊铺机将混凝土拌和物摊铺在基层上。摊铺机的轨道与模板是连在一起的，安装时同步进行。轨模式摊铺机施工混凝土路面包括施工准备、拌和与运输混凝土、摊铺与振捣、表面整修及养护等工作。其中施工准备的内容和要求与滑模式摊铺机施工工艺基本相同。

### （一）混合料拌和与运输

确保混凝土拌和质量的关键是选用质量符合规定的原材料、拌和机技术性能满足要求、拌和时配合比计量准确。采用轨模式摊铺机施工时，拌和设备应附有可自动准确计量的供料系统；无此条件时，可采用集料箱配合地磅的方法进行计量。各种组成材料的计量精度应不超过下列范围：水和水泥 ±1%，粗细集料 ±3%，外加剂 ±2%。拌和过程中加入外加剂时，外加剂应单独计量。用强制式搅拌机拌和坍落度为 1~5cm 的混凝土拌和物，最佳拌和时间应控制为：立轴式强制拌和机为 90~180s；双卧轴强制式拌和机为 60~90s，最短拌和时间不低于低限，最长拌和时间不超过高限的 3 倍。

通常采用自卸汽车运输混凝土拌和物，拌和物坍落度大于 5cm 时应采用搅拌车运输。从开始拌和到浇筑的时间应满足下列要求：用自卸汽车运输时，不得超过 1h；用搅拌车运输时，不得超过 1.5h。若运输时间超过上述时间限制或在夏季浇筑时，拌和过程中应加入适量的缓凝剂。运输时间过长，混凝土拌和物的水分蒸发和离析现象会增加，因此应尽量缩短混凝土拌和物的运输时间,并采取措施防止水分损失和混合料离析。拌和物运到摊铺现场后倾卸于摊铺机的卸料机内,摊铺机卸料机械有侧向和纵向两种。侧向卸料机在路面摊铺范围外操作,自卸汽车不进入路面铺摊范围卸料,设有供卸料机和汽车行驶的通道;纵向卸料机在摊铺范围内操作,自卸汽车后退供料,施工时不能像侧向卸料机那样在基层上预先安设传力杆。

### (二)混合料摊铺与振捣

**1. 轨模安装**

轨模式摊铺机的整套机械在轨模上前后移动,并以轨模为基准控制路面的高程。摊铺机的轨道与模板同时进行安装,轨道固定在模板上,然后统一调整定位,形成的轨模既是路面边模又是摊铺机的行走轨道。轨道和模板的质量应符合规定的技术要求。模板应能承受机组的重量,横向要有足够的刚度。轨模数量应根据施工进度配备并能满足周转要求,连续施工时至少需配备三个全工作量的轨模。

轨模安装时必须精确控制高程,做到轨模平直、接头平顺,否则将影响路面的外观质量和摊铺机的行驶性能。轨模的安装质量和精度应符合要求。

**2. 摊铺**

轨模式摊铺机有刮板式、箱式及螺旋式三种类型,摊铺时将卸在基层上或摊铺箱内的混凝土拌和物按摊铺厚度均匀地充满轨模。刮板式摊铺机本身能在轨道上前后自由移动,刮板旋转时将卸在基层上的混凝土拌和物向任意方向摊铺。这种摊铺机质量轻、容易操作、易于掌握、使用较普遍,但摊铺能力较小。箱式摊铺机摊铺时,先将混凝土拌和物通过卸料机一次卸在钢制料箱内,摊铺机向前行驶时料箱内的混合料摊铺于基层上,通过料箱横向移动按摊铺厚度准确、均匀地刮平拌和物。螺旋式摊铺机由可以正向和反向旋转的螺旋布料器将拌和物摊平,螺旋布料器的刮板能准确调整高度。螺旋式摊铺机的摊铺质量优于前述两种摊铺机,摊铺能力较大。

摊铺过程中应严格控制混凝土拌和物的摊铺厚度,确保混凝土路面的厚度和高程符合设计要求。一般应通过试铺来确定拌和物的摊铺厚度。

**3. 振捣与整平**

摊铺机摊铺时,振捣机跟在摊铺机后面对拌和物做进一步的整平和捣实。振捣机的构造中,在振捣梁前方设置一道长度与铺筑宽度相同的复平梁,用于纠正摊铺机初平的缺陷并使摊铺的拌和物在全宽范围内达到正确的高度,复平梁的工作质量对振捣密实度和路面平整度影响很大。复平梁后面是一道弧面振动梁,以表面平板式振动将振动力传到全宽范围。拌和物的坍落度通常不大于2.5cm,骨料最大粒径控制在40mm以下。当混凝土拌和物的坍落度小于2cm时,应采用插入式振捣器对路面板的边部进行振捣,以达到应有的密实度和均匀性。振捣机械的工作行走速度一般控制在0.8m/min,但随拌和物坍落度的增减可适当变化,混凝土拌和物坍落度较小时可适当放慢速度。

## （三）表面整修

振捣密实的混凝土表面应进行整平、精光、纹理制作等工序的作业，使竣工后的混凝土路面具有良好的路用性能。

1. 表面整平

振捣密实的混凝土表面用能纵向移动或斜向移动的表面整修机整平。纵向表面整修机工作时，整平梁在混凝土表面纵向往返移动，通过机身的移动将混凝土表面整平。斜向表面整修机通过一对与机械行走轴线成10°左右角的整平梁做相对运动来完成整平作业，其中一根整平梁为振动梁。机械整平的速度决定于混凝土的易整修性和机械特性。机械行走的轨模顶面应保持平顺，以便整修机械能顺畅通行。整平时应使整平机械前保持高度为10~15cm的壅料，并使壅料向较高的一侧移动，以保证路面板的平整，防止出现麻面及空洞等缺陷。

2. 精光及纹理制作

精光是对混凝土路面进行最后的精平，使混凝土表面更加致密、平整、美观，此工序是提高混凝土路面外观质量的关键工序之一。混凝土路面整修机配置有完善的精光机械，只要在施工过程中加强质量检查和校核，便可保证精光质量。

在混凝土表面制作纹理，是提高路面抗滑性能的有效措施之一。制作纹理时用纹理制作机在路面上拉毛、压槽或刻纹，纹理深度控制在12mm范围内；在不影响平整度的前提下提高混凝土路面的构造深度，可提高表面的抗滑性能。纹理应与路面前进方向垂直，相邻板的纹理应相互沟通以利于排水。纹理制作从混凝土表面无波纹水迹开始，过早或过晚均会影响纹理质量。

## （四）养护

混凝土表面整修完毕，应立即进行湿治养护，使混凝土在开放交通时具有规定的强度，尤其在气温较高时，必须保持已浇筑的混凝土表面湿润，以免混凝土表面干裂。在养护初期，可用活动三角形罩棚遮盖混凝土，以减少水分蒸发，避免阳光照晒，防止风吹、雨淋等。混凝土泌水消失后，可在表面均匀喷洒薄膜养护剂。喷洒时在纵横方向各喷一次，养护剂用量应足够，一般为0.33kg/m²左右。在高温、干燥、大风时，喷洒后应及时用草帘、麻袋、塑料薄膜、湿沙等遮盖混凝土表面并适时均匀洒水。养护时间由试验确定，以混凝土达到28d强度的80%以上为准。使用普通硅酸盐水泥时约为14d，使用早强型水泥约为7d，使用中热硅酸盐水泥约为21d。在养护期间禁止车辆通行以保护混凝土路面。

## （五）接缝施工

混凝土路面在温度变化时会产生较大的温度变形，使混凝土板产生胀缩和翘曲等，为消除和减小温度变形受到约束后产生的温度应力，避免混凝土路面出现不规则开裂，必须在混凝土路面的纵横方向上设置胀缝和缩缝。同时，在混凝土路面施工过程中由于各种原因造成路面施工中断会形成施工缝。接缝施工质量的好坏将直接影响混凝土路面的使用性能及养护维修工作量的大小，因此各类接缝的施工应做到位置准确、构造及质量符合设计及规范要求。

1. 胀缝施工

胀缝应与混凝土路面中心线垂直，缝壁垂直于板面，宽度均匀一致，缝中不得有黏浆或坚硬杂物，相邻板的胀缝应设在同一横断面上。胀缝传力杆的准确定位是胀缝施工成败的关键，传力杆固定端可设在缝的一侧或交错布置。施工过程中固定传力杆位置的支架应准确、可靠地固定在基层上，使固定后的传力杆平行于板面和路中线，误差不大于5mm。铺筑混凝土拌和物时严禁造成传力杆移位，否则，将导致混凝土路面接缝区的破坏。在传力杆滑动端安装长度为10cm的套筒，套筒内底与传力杆的间隙为1~1.5cm，空隙内用沥青麻絮填塞，滑动端涂沥青。

机械化施工混凝土路面时，胀缝可在连续铺筑混凝土拌和物的过程中完成，也可在施工终了时完成。施工时用方木、钢挡板及钢钎固定胀缝板，钢钎间距1m。在摊铺机前方，先在路面胀缝的传力杆范围内铺筑混凝土拌和物，用两个插入式振捣器在胀缝两侧0.5~1.0m的范围内对称均匀地捣实。摊铺机摊铺至胀缝两侧各0.5m范围内时，将振动梁提起，拔去钢钎，拆除方木和挡板。留下的空隙用混凝土拌和物填充并用插入式振捣器捣实，人工进行粗面，并通过摊铺机的振动修平梁进行最终修平。待接缝板以上的混凝土硬化后用锯缝机按接缝板的位置和宽度锯两条缝，凿除接缝板之上的混凝土和临时插入物，然后用填缝料填满。这种施工方法可确保接缝施工质量，胀缝的外观也较好。

施工终了时设置胀缝的方法：先浇筑传力杆以下的混凝土拌和物，用插入式振捣器振捣密实，并注意校正传力杆的位置，然后再摊铺传力杆以上的混凝土拌和物。摊铺机摊铺胀缝另一侧的混凝土时，先拆除端头钢挡板及钢钎，然后按要求铺筑混凝土拌和物。填缝时必须将接缝板以上的临时插入物清除。胀缝两侧相邻板的高差应符合如下要求：高速公路及一级公路应不大于3mm，其他等级公路不大于5mm。

2. 横向缩缝施工

混凝土面板的横向缩缝一般采用锯缝的办法形成。混凝土结硬后应适时锯缝，合适的锯缝时间应控制在混凝土已达到足够的强度，而收缩变形受到约束时产生的拉应力仍未将混凝土面板拉断的时间范围内。经验表明，锯缝时间以施工温度与施工后时间的乘积为200~300个温度小时或混凝土抗压强度为5~10MPa较为合适，也可按规定或通过试锯确定适宜的锯缝时间。缝的深度一般为板厚的1/4~1/3。

3. 纵缝施工

纵缝施工应符合设计规定的构造，保持顺直、美观。纵缝为平缝带拉杆时，应根据设计要求，预先在模板上制作拉杆置放孔，模板内侧涂刷隔离剂，拉杆采用螺纹钢筋制作。缝槽顶面采用锯缝机切割，深度为3~4cm，并用填缝料灌缝。不切割顶面缝槽时，应及时清除面板上的黏浆。假缝型纵缝的施工应预先用门型支架将拉杆固定在基层上或用拉杆置放机在施工时置入。假缝顶面的缝槽采用锯缝机切割，深6cm，使混凝土在收缩时能从切缝处规则开裂。

### 4. 施工缝设置

施工中断形成的横向施工缝应尽可能设置在胀缝或缩缝处,多车道路面的施工缝应避免设在同一横断面上。施工缝设在缩缝处应增设一半锚固、另一半涂刷沥青的传力杆,传力杆必须垂直于缝壁、平行于板面。

### 5. 接缝填封

混凝土养护期满即可填封接缝,填封时接缝必须清洁、干燥。填缝料应与缝壁黏附紧密、不渗水,灌注高度一般比板面低2mm左右。当使用加热施工型填缝料时,应加热到规定的温度并搅匀,采用灌缝机或灌缝枪灌缝;气温较低时应用喷灯加热缝壁,使填缝料与缝壁结合良好。

## 四、三辊轴机组与小型配套机具施工

### (一)机具的选型与配套

水泥混凝土路面采用机械化施工具有生产效率高、施工质量容易得到保证等优点,是我国水泥混凝土路面施工的发展方向。现阶段由于受机械设备、投资等因素的影响,只是在少数比较重要的公路上得到应用,小型配套机具施工仍然是一般公路普遍采用的施工方法。小型配套机具施工需要使用拌和机、运输车辆、振捣器、振动梁、抹面机具及锯缝机等按工序联合作业,这些机具应性能稳定可靠、操作简便、易于维修并能满足施工要求。三辊轴机组施工是在小型机具施工方法的基础上,通过对部分工艺机械进行适当整合,以提高小型机具施工的质量和速度。

机具的配套情况应根据混凝土路面的工程质量、施工进度要求及施工条件等确定,各种机具应能发挥最大效能。应选用拌和质量较好的强制式或锥形反转出料的混凝土拌和机,不重要的小型工程可使用跌落式拌和机。运输拌和物的车辆一般选用中小型机动翻斗车,运距较长时宜选用混凝土搅拌运输车。振捣拌和物的振动板功率应不小于2.2kW,插入式振捣器功率应不小于1.1kW,振动梁必须有足够的刚度,长度与一次摊铺振捣的宽度相适应;振动梁上应安装功率不小于1kW的振动器两台,当一次铺筑宽度小于3.5m时,可只设一台。提浆辊应有足够的刚度,表面光滑平整,长度与振动梁相近。通常用叶片式或磨盘式抹面机抹面,也可用3m刮尺与手工工具配合抹面。采用拉毛器、压(切)槽器和滚筒压纹器等进行纹理制作。采用三辊轴机组施工时,摊铺机后应配置一台安插振捣棒组的排式振捣机,防滑沟槽应采用硬刻机制作。

小型配套机具施工混凝土路面的一般工序为:施工准备→模板安装→传力杆安设→混凝土拌和物拌和与运输拌和→物摊铺与振捣→接缝施工→表面整修→养护与填缝。其中,施工准备、传力杆安设、混凝土拌和物拌和与运输、接缝施工、表面整修、养护及填缝与轨模式摊铺机施工的方法基本相同。三辊轴机组施工的工艺流程与小型机具施工基本相同,只是其中的某些工序用简易机组来完成。

## （二）模板安装与拆除

### 1. 模板制作

采用三辊轴机组或小型配套机具施工时，通常应采用具有足够刚度的钢模板，以满足路面施工的要求。用于设置纵缝和施工缝的模板，应根据设计要求预留传力杆或拉杆的置放孔。模板高度应与面板的设计厚度一致，误差为2mm。模板之间的接头处应设有牢固的拼接装置，装拆方便。模板的数量应能满足施工周转要求。

### 2. 模板安装

安装模板前应对基层进行检测，基层的各项技术指标应符合基层施工规范的质量要求。模板的平面位置与高程应符合设计要求，平面位置偏差不大于5mm，纵向高程偏差不大于3mm。模板应安装稳固，能承受摊铺、振捣、整平时的冲击和振动作用。模板间的连接应紧密平顺，不得有错缝、错位和不平顺现象。模板接头处及基层与模板之间应填塞紧密以防止漏浆，模板内侧应涂隔离剂。模板安装就位后，要横向拉线，检查混凝土板中部的厚度，测量值小于设计厚度时，应将高出的基层削平以保证混凝土路面板的厚度。

### 3. 模板拆除

拆除模板的时间要根据气温和混凝土强度的增长情况确定。当使用道路水泥或普通硅酸盐水泥时，拆除模板的时间可按要求确定。拆除模板时不得损坏混凝土板边、板角及传力杆和拉杆周围的混凝土。模板拆除后应立即清除黏附的沙浆，冲洗干净，有变形或局部损坏时应及时校正和修理，以备下次使用。

## （三）混合料拌和与运输

### 1. 要求

混凝土拌和设备的型号和数量应根据工程量大小、工程进度、运输工具、拌和质量要求等因素确定，必要时应有备用的拌和机和发电设备，以保证混凝土路面施工能连续进行。拌和场内的粗、细集料必须分别堆放，不得混杂，进入拌和机的集料必须准确过磅，使用散装水泥时必须过磅，袋装水泥应抽查质量是否合格，必须严格控制加水量，根据集料的实际含水量和天气情况确定合适的施工配合比。投入拌和机的原材料数量应根据混凝土施工配合比和拌和机容量确定，原材料每盘称量的允许误差应不超过下列规定：水泥 ±2%，水 ±1%，集料 ±3%，外加剂 ±2%。

### 2. 拌和

拌和前，应先在拌和机内用适量的拌和物或沙浆试拌并排除，然后按规定的施工配合比进行拌和。向拌和机投料的顺序宜有利于拌和均匀，通常为碎（砾）石→水泥→沙。材料进入拌和机后应边拌和边加水，投入外加剂的顺序应根据使用规定确定。应在尽可能短的时间内将混凝土拌和均匀，每盘拌和时间根据拌和机的性能、对混凝土拌和物的稠度要求按规定通过试拌确定，拌和时间不得超过最短拌和时间的3倍。

应每天对混凝土拌和物的稠度进行检查，每班不少于两次，如与规定值不符，应查明原因并及时纠正。每台拌和机拌和200m混凝土拌和物，应制作两组抗折强度试验的试件，必要时可增制抗压强度试件。

3. 运输

装运拌和物的储料斗或车厢内壁应平整、光洁、不漏浆，使用前后应冲洗干净。在运输途中混合料明显离析时，摊铺时应重新拌匀。

（四）拌和物摊铺、振捣与表面整修

1. 摊铺

混凝土拌和物摊铺前，应对模板和基层等进行全面检查，以保证混凝土面板的几何尺寸等符合设计要求。当混凝土面板的厚度大于25cm时，宜分两层摊铺，下层摊铺总厚度的3/5。摊铺时，料铲应反扣，严禁抛掷和搂耙，防止拌和物离析。

三辊轴机组施工应按作业单元分段摊铺和整平作业，单元长度一般为20~30m，振捣与整平作业之间的时间间隔不宜超过15min。三辊轴机组前的混合料宜高于模板顶面5~20mm并根据情况及时补料或铲除。

2. 振捣

插入式振捣器与平板式振捣器配合使用时，应先用插入式振捣器振捣。插入式振捣器的移动距离不宜大于作用半径的1.5倍，至模板边缘的距离应不大于其作用半径的0.5倍。振捣时应避免碰撞模板、钢筋、传力杆和拉杆。平板振捣器纵横振捣时应重叠10~20cm。振捣器在每一位置的停留时间应足够长，平板振捣器不宜少于15s，插入式振捣器不宜少于20s，以便将混凝土拌和物振捣密实。当拌和物停止下沉，不再冒气泡并泛出水泥浆时，混凝土即被振捣密实，但不应过振。振捣时应辅以人工找平，并随时检查模板。如模板发生位移、变形或松动，应及时纠正。振捣作业应在混凝土拌和物初凝前完成。混凝土分两次摊铺的，振捣上层拌和物时，插入式振捣器应插入下层拌和物5cm以上，以便上下两层形成整体，上层拌和物的振捣必须在下层拌和物初凝前完成。

3. 整平与提浆

振捣后应立即用振动梁在模板上平移拖振，往返2~3遍，使混凝土泛浆整平，赶出水泡。在拖振过程中，凹陷处应用相同配合比的混凝土拌和物找补，严禁用纯沙浆填补。经振动梁整平后，用提浆滚往返滚浆，并保持规定的路拱。按设计要求的平整度，用3m直尺或刮尺刮平。

4. 表面整修

混凝土整平提浆后，应对板边和接缝进行处理，清除留在表面的黏浆，出现掉边、缺角时应及时进行修补。表面整修宜分两次进行，首先抹面找平，到混凝土表面无泌水时再做第二次抹面。表面整修时严禁在混凝土表面洒水或撒水泥。可用叶片式或圆盘式抹面机抹面，抹面后混凝土应平整、密实。整修若遇烈日曝晒或干旱大风时，宜设遮阴棚。抹面后沿横坡方向制作纹理，纹理构造深度根据面层抗滑要求确定，一般槽深为23mm、槽宽为45mm、间距20mm。混凝土路面板的构造深度（TD）应符合设计要求。制作纹理时，不得影响表面平整度。

### （五）真空脱水工艺

真空脱水是在经粗平后的混凝土拌和物上覆盖吸垫，通过真空吸水泵将混凝土中的水分抽吸出，这样可缩短整面、锯缝的工艺间隔时间，加快工程进度。真空脱水工艺适用于厚度不大于25cm的混凝土路面施工。采用真空脱水工艺施工时，混凝土拌和物的坍落度可比不采用该工艺时大，高温季节宜为3~5cm，低温季节宜为2~3cm；混凝土拌和物的最大用水量可增加8~12kg/m³。其他工序如模板装拆、钢筋布置、混凝土拌和、运输与铺筑、接缝施工及养护等工序保持不变。

采用真空脱水工艺施工混凝土路面时，除应具备前述小型机具外，还需配置真空泵、真空吸垫及抹面机具等。真空泵应真空度稳定，有自动脱水计量装置，配备有效抽速不低于15L/s的主机。吸垫应选用真空度均匀、密封性能好、脱水效率高、操作简便、铺放容易、清洗方便的品种，每台真空泵需要配备的吸垫不少于两块。抹面机具可用叶片式或浮动圆盘式提浆抹光机。

混凝土表面振捣粗平后，即可进行真空脱水。脱水前，应先检查真空泵的空载真空度值应不小于0.08MPa，吸管与吸垫连接后再开机检查。铺放吸垫时应以卷放为宜，避免皱折，周边与已脱水的混凝土重叠5~10cm。吸垫就位后，连接吸管并开机。在开机抽吸过程中，吸垫四周密封边应用小刷沿周边轻轻扫刷，以利于密封。吸垫封严后开始脱水，真空度逐渐升高，最大真空度不宜超过0.085MPa。如果在规定的时间内真空度达不到要求，应及时检查，采取措施解决。达到脱水时间或脱水量要求后，先将吸垫四周掀起12cm，继续抽吸15s，以便吸尽表面和吸管中的余水。真空脱水时不准在吸垫上走动，检漏补修时，应穿软底鞋。吸垫在存放和搬迁时，应避免拖拉或与有尖角的物体接触，以免吸垫出现漏洞。每班工作完毕，应将吸垫、吸管、真空泵箱内的积聚物清除并冲洗干净。真空吸水后，用功率较小的平板振捣器复振一次，再用振动梁或提浆滚复拉一次，使混凝土表面密实平整。经过真空脱水的混凝土面板锯缝时间比规定的时间提早3~5h，这样可大大缩短工序之间的间歇时间，对加快工程进度效果明显。

# 第四章 桥梁技术施工

## 第一节 扩大基础施工

扩大基础施工的内容包括基础定位放样、基坑开挖、基坑排水、基底处理以及砌筑（浇筑）基础结构物等。

### 一、基础定位放样

在基坑开挖前，先进行基础的定位放样工作，以便将设计图上的基础位置准确地设置到桥址上。放样工作系根据桥梁中心线与墩台的纵横轴线，推出基础边线的定位点，再放线画出基坑的开挖范围。基坑各定位点的高程及开挖过程中的高程检查，一般用水准测量的方法进行。

### 二、基坑开挖

基坑开挖的主要工作有挖掘、出土、支护、排水、防水、清底以及回填等。施工时，应根据地质条件、水文条件、基坑开挖深度、开挖所采用的方法和机具等，采用不同的开挖工艺。

基坑在开挖前通常需完成下列准备工作：施工场地的清理，地表水的排除，临时道路的修筑，供电与供水管线的敷设，临时设施的搭建，基坑的放线等。

场地清理包括拆除房屋、古墓，拆迁或改建通信设备、电力设备、上下水道以及其他建筑物、迁移树木等工作。

场地内低洼地区的积水必须排除，同时应注意雨水的排除，使场地保持干燥，以便基坑开挖。地表水的排除一般采用排水沟、截水沟、挡水土坝等措施。应尽量利用自然地形来设置排水沟，使水直接排至基坑外，或流向低洼处，再用水泵抽走。主排水沟最好设置在施工区域的边缘或道路的两旁，其横断面和纵向坡度应根据最大流量确定。一般排水沟的横断面不小于 $0.5m \times 0.5m$，纵向坡度一般不小于3%。平坦地区如出水困难，其纵向坡度不应小于2%，沼泽地区可降至1%。

在基坑开挖过程中，要注意排水沟保持畅通，必要时应设置涵洞。

## （一）土方边坡及其稳定

### 1. 土方边坡

为了防止塌方，保证施工安全，在开挖深度超过一定限度时，均应在其边沿做成一定坡度的边坡。

根据各层土质以及土体所受的压力，土方边坡可做成直线形、折线形和台阶形。合理地选择基坑边坡是减少土方量的有效措施。

### 2. 边坡的稳定

基坑边坡的稳定，主要是由于土体内土颗粒之间存在摩擦阻力和内聚力，使土体具有一定的抗滑力来保持稳定。当土体的下滑力大于抗滑力时，边坡就会失去稳定而发生滑动，这种滑动一般是在一定范围内整体沿某一滑动面向下和向外移动。一旦土体失去平衡，土体就会塌方，不仅会造成人身安全事故，延误工期，有时还会危及邻近建筑物的安全。

基坑边坡的失稳往往是在外界不利因素影响下触发和加剧的。这些外界不利因素往往会导致土体剪应力的增加或抗剪强度的降低。

引起土体剪应力增加的因素主要有：

坡顶上堆积物、行车等荷载；雨水或地表水渗入土中使土中的含水量增加而造成土的自重增加；地下水的渗流产生一定的动水压力；土体的竖向裂缝中的积水产生侧向静水压力；边坡过陡，土体本身稳定性不够。

引起土体抗剪强度降低的因素主要有：

土质本身较差或因气候影响使土质松软；体内含水量增加使土体内聚力降低，产生润滑作用；饱和的细沙、粉沙因受振动而液化等。

## （二）基坑开挖的方式

基坑开挖的方式与基础的埋置深度、地质土的性质、施工周期的长短有关，可分为直立壁开挖、放坡开挖、支护开挖。按其基坑所处的环境可分为陆地基坑开挖和水中基础的基坑开挖两种。

### 1. 陆地基坑开挖

基坑大小应满足基础施工要求，对有渗水土质基坑坑底开挖尺寸，需按基坑排水设计（包括排水沟、集水井、排水管网等）和基础模板设计而定，一般基底尺寸应比设计平面尺寸各边增宽 0.5～1.0 m。基坑可采用垂直开挖、放坡开挖、支撑加固或其他加固的开挖方法，具体应根据地质条件、基坑深度、施工期限与经验，以及有无地表水或地下水等现场因素来确定。

（1）坑壁不加支撑的基坑

对于在干涸无水河滩、河沟中，或有水经改河或筑堤能排除地表水的河沟，和地下水位低于基底，或渗透量少，不影响坑壁稳定，以及基础埋置不深（一般在 5 m 以内），施工期较短，挖基坑时不影响临近建筑安全的施工场所，可考虑选用坑壁不加支撑的基坑。

不加支护的基坑开挖时，坑壁依靠土体本身的抗剪强度，或采取适量放坡的方式来解决边坡的稳定问题。

基坑开挖时，坑壁的形式有直坡式、斜坡式和踏步式等，如图 4-1 所示。

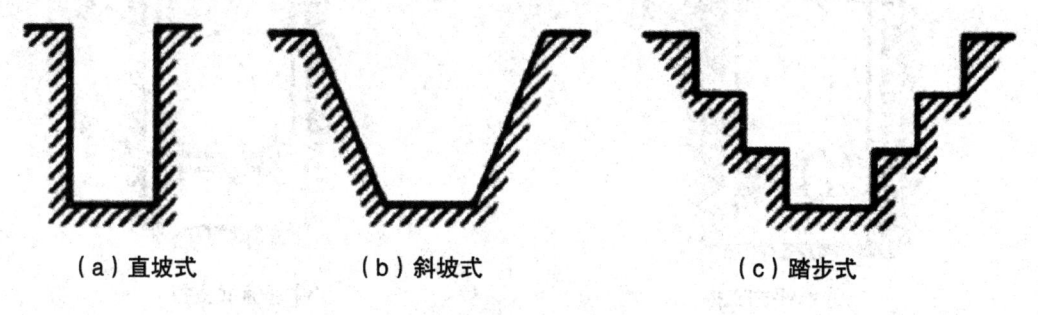

（a）直坡式　　　　（b）斜坡式　　　　　　（c）踏步式

图 4-1 基坑形式

直坡坑壁基坑：当基础土质均匀、地下水位低于基坑、基坑顶边缘无荷载、土体处于半干硬或硬塑状态时，可采用坑壁不加支护而垂直开挖的方法。如果坑壁垂直开挖超过挖深限值时，可采取踏步式坑壁开挖法或考虑放坡开挖以及做成直立壁加支撑。

斜坡坑壁基坑：在天然土层上挖基坑，若深度在 5m 以内，施工期较短，基底处于地下水位以下，且土的湿度正常、构造均匀时，可采用放坡开挖。如果基坑开挖通过不同的土层时，可按土层分层选定边坡坡度，并留出至少 0.5m 宽的台阶。若土的湿度过大，可能引起坑壁坍塌时，坑壁坡度应采用天然坡度。

（2）坑壁有支撑的基坑

当基坑壁坡不易稳定并有地下水渗入，或放坡开挖场地受到限制，或基坑较深、放坡开挖工程数量较大，不符合技术要求时，可视具体情况，采用以下加固坑壁的措施：挡板支撑、钢木结合支撑、混凝土护壁及锚杆支护等。常用的坑壁支撑形式有：直衬板式坑壁支撑、横衬板式坑壁支撑、框架式支撑及其他形式的支撑（如锚桩式、锚杆式、锚锭板式、斜撑式等）。

常用的支撑方法有：

①横撑式支撑

分为水平式支撑和垂直式支撑，如图 4-2 所示。

（a）水平式支撑　　　　　　　　　（b）垂直式支撑

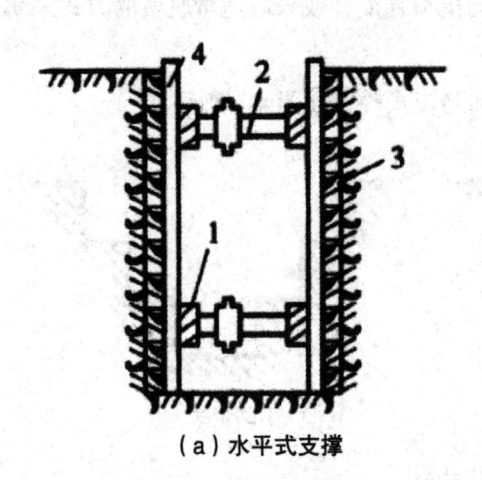

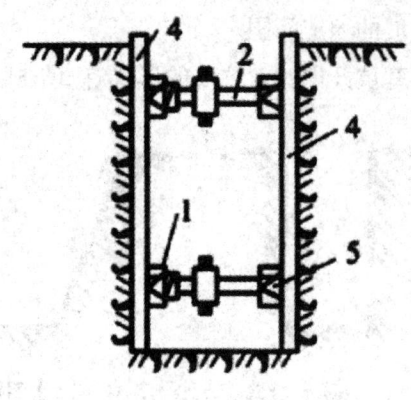

1—木楔；2—横撑；3—水平挡土板；4—垂直挡土板；5—横楞木

图4-2　横撑式支撑

水平式支撑，断续或连续的挡土板水平放置。断续式水平挡土板支撑，适于能保持直立壁的干土或天然湿度的黏土，深度在3m以内的基坑。连续式水平挡土板支撑，适于较潮湿的或散粒的土，深度在5m以内的基坑。

垂直式支撑，断续或连续的挡土板垂直放置，适于土质较松散或土的湿度很高、地下水较少、深度不限的基坑。

②锚拉支撑

锚拉支撑是水平挡土板支在柱桩的内侧，柱桩一端打入土中，另一端用拉杆与锚桩拉紧，锚桩必须设在土的破坏范围以外，在挡土板内侧回填土。它适用于开挖面积较大、深度不大的基坑或使用机械挖土的基坑。

③短柱横隔支撑

短柱横隔支撑是打入短木桩，部分打入土中，部分露出地面，钉上水平挡土板，在背面填土。它适于开挖宽度大的基坑，当部分地段下部放坡不够时使用。

④钢板桩支撑

钢板桩支撑是挖土之前在基坑的周围打入钢板桩或钢筋混凝土板桩，板桩入土深度及悬臂长度应经计算确定，如基坑深度较大，可加水平支撑。它适于在一般地下水位较高的黏性或沙土层中应用。

⑤大型钢构架横撑

大型钢构架横撑是在开挖的基坑周围打钢板桩或钢筋混凝土桩，在柱位置上打入暂设的钢柱，在基坑中挖土，每下挖3~4m，装上一层钢构架支撑体系，挖土在钢构架网格中进行，亦可不预先打下钢柱，随挖随接长支柱，适于在饱和软弱土层中开挖较大、较深基坑，钢板桩刚度不够时采用。

⑥钢筋混凝土灌注桩支撑

它是在开挖的基坑周围，现场灌注钢筋混凝土桩，达到强度后，在基坑中间用机械或人工挖土，下挖1m左右装上横撑，在桩背面装上拉杆与已设锚桩拉紧，然后继续挖土至要求深度。桩间土方挖成外拱形，使之起土拱作用。如基坑深度小于6m，或邻近有建筑物，亦可不设锚拉杆，采取加密桩距或加大桩径处理，适于开挖较大、较深（＞6m）基坑，临近有建筑物，不允许支护，背面地基有下沉、位移时采用。

⑦土层锚杆支护

土层锚杆支护是沿开挖基坑边坡每2～4m设置一层水平土层锚杆，直到挖土至要求深度。它适于在较硬土层中或破碎岩石中开挖较大、较深基坑，如邻近有建筑物，必须保证边坡稳定时才可采用。

⑧地连墙加锚杆支护

这种支护是在基坑周围现浇地下连接墙，开挖土方至锚杆部位，用锚杆钻机在要求位置钻孔，放入锚杆，进行灌浆，待达到强度，装上锚杆横梁，或锚头垫座，然后继续下挖至要求深度。根据需要，锚杆可设2～3层，每挖一层装一层，采用快凝沙浆灌浆。它适于开挖放大、较深（＞10m）、不允许内部设支撑、有地下水的大型基坑。

2. 水中基础的基坑开挖

桥梁墩台基础大多位于地表水位以下，有时水流还比较大，施工时都希望在无水或静止水条件下进行。桥梁水中基础最常用的施工方法是围堰法。围堰的作用主要是防水和围水，有时还起支撑施工平台和基坑坑壁的作用。公路桥梁常用的围堰类型有：土石围堰、木笼围堰或竹笼围堰、钢板桩围堰、套箱围堰。

围堰必须满足以下要求：

（1）围堰顶高宜高出施工期间最高水位700mm，最低不应小于500mm，用于防御地下水的围堰宜高出水位或地面200～400mm。

（2）围堰的外形应适应水流排泄，大小不应压缩流水断面过多，以免壅水过高危害围堰安全，以及影响通航、导流等。围堰内形应适应基础施工的要求，并留有适当的工作面积。堰身断面尺寸应保证有足够的强度和稳定性，使基坑开挖后，围堰不致发生破裂、滑动或倾覆。

（3）围堰要求防水严密，应尽量采取措施防止或减少渗漏，以减轻排水压力。对围堰外围边坡的冲刷和筑围堰后引起的河床冲刷均应有防护措施。

（4）围堰施工一般应安排在枯水期间进行。

## 三、基坑排水

桥梁基础施工中常用的基坑排水方法有：

### （一）集水坑排水法

除严重流沙外，一般情况下均可采用。基坑坑底一般多位于地下水位以下，而地下水会经常渗进坑内，因此必须设法将坑内的水排除，以便于施工。集水坑（沟）的大小，主要根据渗水量的大小而定，排水沟底宽不小于 0.3 m，纵坡为 1% ~ 5%。如排水时间较长或土质较差，沟壁可用木板支撑。

### （二）其他排水法

对于土质渗透较大、挖掘较深的基坑可采用板桩法或沉井法。此外，视现场条件、工程特点及工期等因素，还可采用帷幕法，即将基坑周围土用硅化法、水泥灌浆法、沥青灌浆法以及冻结法等处理成封闭的不透水的帷幕。这些方法除自然冻结法外，其余均因设备多、费用大，在桥涵基础施工中较少采用。

## 四、基底处理

### （一）基底检验

基坑已挖至基底设计高程，或已按设计要求加固、处理完毕后，须经过基底检验，方可进行基础结构施工。

基坑施工是否符合设计要求，在基础浇筑前应按规定进行检验。其目的在于：确定地基的容许承载力的大小、基坑位置与高程是否与设计文件相符，以确保基础的强度和稳定性，不致发生滑移等病害。基底检验的主要内容包括：检查基底平面位置、尺寸大小，基底高程；检查基底土质均匀性、地基稳定性及承载力等；检查基底处理和排水情况；检查施工日志及有关试验资料等。

为使基底检验及时，以免因等候检验、基底暴露时间过久而风化变质，施工负责人应提前通知检验人员，安排检验。

1. 检验内容

（1）检查基坑的平面位置、坑底尺寸、高程是否符合设计要求，偏差是否在现行有关规定允许范围以内。

（2）检验基坑底面土质及其均匀性、稳定性，坑壁坡面是否平顺稳定，有无排水措施，容许承载力能否满足设计要求。

（3）检查基坑和地基加固、处理过程中的有关施工记录和试验等资料。

（4）检查基底地基经加固、处理后的效果是否达到设计要求。

2. 检验方法

（1）小桥和涵洞基底的地基检验

一般经过直观或触探器确定土质与设计要求符合时，即可签认进行浇砌基础。

经过直观或触探对土质有疑问时，应取土样做土的物理力学性能试验，如颗粒分析、天然密度、天然含水量、天然孔隙比、液限、塑限、密度、可塑性、压缩性和抗剪强度等，以鉴定土的容许承载力,或钻探 2～4 m,检查下卧层土质。

特殊设计的小桥涵洞对地基沉降有严格要求,当属于下列不良土质情况时,宜进行载荷试验。

风化颇重的岩层;松散沙类土的相对密实度 Dr ≤ 0.33。黏质土的天然孔隙比超过下列限度时:黏土质沙(SC)eo > 0.7,低液限黏土(CL)eo > 1,高液限黏土(CL)eo > 1.1;含有大量有机物的吹填土或沙土、黏土;含有大块杂质(尤其是多量碎砖瓦等)的填筑土。对经过加固处理的地基,应根据不同加固方法的质量要求采用相应的检验方法,包括量测加固范围、桩位偏差和桩体垂直度偏差;用环刀法取样或灌沙法测定压实度或干密度;用静力触探或动力触探检验加固处理后的效果。

(2)大、中桥和填土在 12m 以上涵洞基底的地基检验

一般由检验人员用直观、触探、挖试坑或钻探(钻探至少 4m)试验等方法确定土质容许承载力,确认符合设计要求后,即可进行基础施工。

在地质特别复杂,或在设计文件中有特殊要求必须做载荷试验时,才做载荷试验。必要时还应做土工试验,与载荷试验核对。

在特殊地基上已经加固处理又经触探、密实度检验后,尚有疑问时,应再做载荷试验。确认符合设计要求后,才能进行基础圬工的施工。

(3)检验注意事项

地基经检验后,需要做大的加固处理时,应由施工单位邀请建设单位及设计单位共同研究确定。加固处理完毕,应再经检验合格后,方可进行基础施工。

桥涵地基检验,除了进行平面尺寸和地基变形观测外,检验方法主要有静力触探、动力触探、标准贯入试验,土压力、孔隙水压力及土位移测试,载荷试验、旁(横)压试验,排水固结法加固的地基有时还需做十字板剪切试验。无论何种测试方法都有一定的局限性,故宜采用多种方法进行综合评价。现场测试要辅以取样,做室内土工试验,如加固设计已规定有检验项目和检验方法,按设计规定办理。

为了有较好的可比性,加固前后两次的测试项目应力求对应,甚至最好由同一组织、用同一仪器按同一标准进行。

检验后按规定格式填写地基检验表,由参加检验人员会签,作为竣工验收的原始资料。

## (二)基底处理

天然地基上的基础是直接靠基底土壤来承担荷载的,故基底土壤状态的好坏,对基础及墩台、上部结构的影响极大,不能仅检查土壤名称与容许承载力大小,还应为土壤更有效地承担荷载创造条件,即要进行基底处理工作。

1.未风化岩石基底

对未风化岩层开挖至岩层面后,应清除岩面松碎石块,凿出新鲜岩面,并用水冲洗干净,岩面不得存有淤泥、苔藓等表面附着物。岩面倾斜时,应将岩面基本凿平或凿成台阶。

对基坑内岩面有部分破碎带时，应会同设计人员研究处理，采用混凝土封填或设混凝土拱等方法进行处理，以满足承载力的要求。

2. 风化岩层基底

岩石的风化程度对其承载力影响很大。在开挖至风化岩层时，应会同设计人员认真观察其风化程度，检查基底是否符合设计承载力要求。按设计要求适当凿去风化表层，或清理到新鲜岩面，将基坑填满封闭，防止岩层继续风化。

3. 碎石或沙类土层

将基底修理平整并夯实，砌筑基础混凝土时，应先铺一层 20 mm 厚水泥沙浆。

4. 黏土基底

基坑开挖时，留 200～300 mm 深度不挖，以防止地面、地下水渗流至基面，浸泡基面，降低强度。砌筑前，再用铁锹加以铲平。如基底原状土含水量较大或在施工中浸水泡软，可在基坑中夯入 100 mm 以上厚度的碎石，但碎石顶面不得高于设计高程。当基底土质不均，部分软土层厚度不大时，可挖除后换填沙土，并分层夯实。

5. 湿陷性黄土

湿陷性黄土地基开挖时，必须保持基坑不受水浸泡，并尽量避免在雨期施工，否则应有专门的防洪排降水设施，并应按设计要求采用重锤夯实、换填或挤密桩法进行加固。

6. 软土层

软土地基应按设计要求进行加固，可采用换土、沙井、沙桩或其他软土地基处理方法。在软土地基上修建桥梁时，应按设计预留沉降量。采用沙井加固的软土地基，按设计要求采取预压。桥涵主体必须分期均匀施工。在砌筑墩台、填土和架梁工程中，随时观测软土地基的沉降量，用以控制施工进度，使软土地基缓慢平均受载，防止发生剧烈变化或不均匀下沉。

7. 泉眼

对于泉眼，应用堵塞或导流的方法处理。泉眼水流较小时，可用木塞、速凝水泥沙浆、带螺帽钢管等堵塞泉眼。堵眼有困难时，采用竹管、塑料管或钢管引流，待基础圬工灌注完后，向管内压浆将其封闭，也可在基底以下设置暗沟或盲沟，将水引至基础施工以外的汇水井中抽排，施工完后用水泥沙浆封闭。

8. 溶洞地基处理

在地基下出现溶洞时，应会同设计部门研究处理，一般采取以下加固措施进行处理：

（1）首先用勘测方法探明溶洞的形态、深度和范围，以便采取相应的处理方法。

（2）当溶洞埋深较浅时，可用高压射水清除溶洞中的淤泥，灌注混凝土进行填充；当溶洞较深且狭窄、洞内土壤不易清除时，可在洞内打入混凝土桩。

（3）当洞处在基础底面，溶洞窄且深时，可用钢筋混凝土板盖在溶洞上面，跨越溶洞。

（4）当埋藏较深，溶洞内有部分软黏土时，可用钻机钻孔，从孔中灌入沙石混合料，并压灌水泥沙浆封闭。

# 第二节 桩基础施工

## 一、场地准备

钻孔前要进行准备工作，其内容包括：

（一）场地为旱地时，应除杂物、换除软土、整平夯实；

（二）场地为陡坡时，可用枕木、型钢等搭设工作平台；

（三）场地为浅水时，宜采用筑岛施工，筑岛面积应根据钻孔方法、设备大小等要求确定；

（四）场地为深水或淤泥较厚时，可搭设工作平台，平台必须牢固稳定，能承受工作时所有静、动荷载，并考虑施工机械能安全进出。

## 二、设备准备

根据地质资料，确定科学合理的钻孔方法和钻孔设备，架设好电力线路，配备适合的变压器。若用柴油机提供动力，则应购置与设备动力相匹配的柴油机和充足的燃油。混凝土拌和机、电焊机、钢筋切割机，以及水泥、沙石材料均要在钻孔开始前准备妥当。

## 三、埋设护筒

可以采用钢护筒，也可以采用现场预制的钢筋混凝土护筒，在放样好的桩位处，开挖一个圆形基坑将护筒埋入。护筒应坚实、不漏水，护筒内径应比桩径大 20～30cm。采用反循环钻时应使护筒顶高程高出地下水位 2.0m；采用正循环钻时应高出地下水位 1.0～1.5 m；处于旱地时，护筒在满足上述条件的基础上还应高出地面 0.3 m。

## 四、泥浆制备

钻孔泥浆由水、黏土（膨润土）和添加剂组成，具有浮悬钻渣、冷却钻头、润滑钻具、增大静水压力，并有在孔壁形成泥膜、隔断孔内外渗流、防止坍孔的作用。调制的钻孔泥浆及经过循环净化的泥浆，应根据钻孔方法和地层情况采用不同的性能指标。泥浆稠度应视地层变化或操作要求，灵活掌握。泥浆太稀，排渣能力小，护壁效果差；泥浆太稠，会削弱钻头冲击功能，降低钻进速度。

通常采用塑性指数大于 25、粒径小于 0.002 mm、颗粒含量大于 500% 的黏土，通过泥浆搅料机或人工调和，储存在泥浆池内，再用泥浆泵输入钻孔内。泥浆泵应有足够的流量，以免影响钻进速度。大直径深孔采用正循环旋转法施工时，泥浆泵应经过流量和泵压计算来选择。对孔深百米以内的钻孔，一般可采用不小于 2 MPa 的泵压。

## 五、施工方法

### （一）基础施工

钻孔就位前，应对钻孔的各项准备工作进行检查，包括场地与钻机坐落处的平整和加固、主要机具的检查与安装。必须及时填写施工记录表，交接班时应交代钻进情况及下一班应注意事项。钻机底座和顶端要平稳，在钻进和运行中不应产生位移和沉陷。回转钻机顶部的起吊滑轮缘、转盘中心和桩位中心三者应在同一铅垂线上，偏差不超过 2 cm。钻孔作业应分班连续进行，经常对钻孔泥浆性能指标进行检验，不符合要求时要及时改正。

1. 冲击法：用冲击钻机或卷扬机带动冲锥，借助锥头自重下落产生的冲击力，反复冲击破碎土石或把土石挤入孔壁中，用泥浆浮起钻渣，或用抽渣筒或空气吸泥机排出形成钻孔。

2. 冲抓法：用冲抓锥靠自重产生冲击力，切入土层或破碎土层，叶瓣抓土、弃土以形成钻孔。

3. 旋转法：用钻机通过钻杆带动锥或钻头旋转切削土，用泥浆浮起并排出钻渣形成钻孔。

以上每种方法因动力与设备功能的不同而分为多种。

### （二）钻孔

一般采用螺旋钻头或冲击锥等成孔，或用旋转机具辅以高压水冲成孔。根据井孔中土（钻渣）的取出方法不同，常用的方法是：螺旋钻孔、正循环回转钻孔、反循环回转钻孔、潜水钻机钻孔、冲抓钻孔、冲击钻孔、旋挖钻机钻孔。

正循环回转钻孔：系利用钻具旋转切削土体钻进，泥浆泵将泥浆压进泥浆龙头，通过钻杆中心从钻头喷入钻孔内，泥浆挟带钻渣沿钻孔上升，从护筒顶部排浆孔排出至沉淀池，钻渣在此沉淀而泥浆流入泥浆池循环使用。其特点是钻进与排渣同时连续进行，在适用的土层中钻进速度较快，但需设置泥浆槽、沉淀池等，施工占地较多，且机具设备较复杂。

反循环回转钻孔：与正循环法不同的是泥浆输入钻孔内，然后从钻头的钻杆下口吸进，通过钻杆中心排出至沉淀池内。其钻进与排渣效率较高，但接长钻杆时装卸麻烦，钻渣容易堵塞管路。另外，因泥浆是从上向下流动，孔壁坍塌的可能性较正循环法的大，为此需用较高质量的泥浆。

旋挖钻机钻孔：旋挖钻机是一种高度集成的桩基施工机械，采用一体化设计、履带式 360° 回转底盘及桅杆式钻杆，一般为全液压系统。旋挖钻机采用简式钻斗，钻机就位后，调整钻杆垂直度，注入调制好的泥浆，然后进行钻孔。当钻头下降到预定深度后，旋转钻斗并施加压力，将土挤入钻斗内，仪表自动显示筒满时，钻斗底部关闭，提升钻斗将土卸于堆放地点。钻进施工过程中应保证泥浆面始终不得低于护筒底部，保证孔壁稳定性。通过钻斗的旋转、削土、提升、卸土和泥浆撑护孔壁，反复循环直至成孔。

旋挖钻机特殊的筒型钻头直接取土出渣，不需接长钻杆，钻孔时孔口注浆以保持孔内泥浆高度即可，因而能大大缩短成孔时间，提高施工效率。由于带有自动垂直度控制和自动回位控制，成孔垂直度和孔位等能得到保证。筒钻取土上提过程中对孔壁扰动较小，筒钻周边设有溢浆孔，溢出泥浆可起到护壁作用。

旋挖钻机一般适用黏土、粉土、沙土、淤泥质土、人工回填土及含有部分卵石、碎石的地层。对于具有大扭矩动力头和自动内锁式伸缩钻杆的钻机，可适用微风化岩层的钻孔施工。

### （三）孔径检查与清孔

钻孔的直径、深度和孔形直接关系到成桩质量，是钻孔桩成败的关键。为此，除了钻孔过程中严谨操作、密切观测监督外，在钻孔达到设计要求深度后，应采用适当器具对孔深、孔径、孔形等认真检查，符合设计要求后，填写终孔检查表。

清孔的方法有抽浆法、换浆法、掏渣法、喷射清孔法以及用沙浆置换钻渣清孔法等，应根据设计要求、钻孔方法、机具设备和土质条件决定。其中抽浆法清孔较为彻底，适用于各种钻孔方法的灌注桩。对孔壁易坍塌的钻孔，清孔时操作要细心，防止坍孔。

清孔的质量要求：对摩擦桩，孔底沉淀土的厚度，中、小桥不得大于0.4~0.6d（d为桩的直径），大桥按设计文件规定。清孔后的泥浆性能指标，含沙率为4%~8%，相对密度为1.10~1.25，黏度为18~20s。对支承桩（柱桩、嵌岩桩），宜用抽浆法清孔，并宜清理至吸泥管出清水为止。灌注混凝土前，孔底沉淀土厚度不得大于50mm，若孔壁易坍塌，必须在泥浆中灌注混凝土时，建议采用沙浆置换钻渣清孔法，清孔后的泥浆含沙率不大于4%。其他泥浆性能指标同摩擦桩要求。对于沉淀土厚度的测量，用冲击、冲抓锤时，沉淀土厚度从锥头或抓锥底部所到达的孔底平面算起。沉淀土厚度测量方法可在清孔后用取样盒（开口铁盒）吊到孔底，待到灌注混凝土前取出，直接测量沉淀在盒内的沉渣厚度。

### （四）钢筋笼的制作与吊装

钢筋笼的制作应符合设计和规范要求，长桩骨架宜分段制作，分段长度应根据吊装条件确定；后场制作时应在固定胎架上进行，以保证钢筋笼的顺直；注意在钢筋笼外侧设置控制保护层厚度的垫块；钢筋笼起吊入孔一般用吊机，无吊机时，可采用钻机钻架、灌注塔架。

### （五）灌注混凝土

1.灌注普通混凝土

在土中形成一定直径的井孔，达到设计标高后，将钢筋骨架（笼）吊入井孔中，灌注混凝土形成桩基础。每根灌注桩应留取混凝土抗压强度试件不少于2组。同时应以钻取芯样法或超声波法、机械阻抗法、水电效应法等无破损检测法对桩的匀质性进行检测。检测应符合下列规定：其一，宜对各墩台有代表性的桩用无破损法进行检测，重要工程或重要部位的桩宜逐根检测。其二，对质量有怀疑的桩及因灌注故障处理过的桩，均应进行检测。

2. 灌注水下混凝土

灌注水下混凝土时配备的搅拌机等设备，应能满足桩孔在规定时间内灌注完毕。灌注时间不得长于首批混凝土初凝时间。若估计灌注时间长于首批混凝土初凝时间，则应掺入缓凝剂。

水下混凝土一般用钢导管灌注，导管内径为 200～350 mm，视桩径大小而定。导管使用前应进行水密承压和接头抗拉试验，严禁用压气试压。

新拌混凝土运至灌注地点时，应检查其均匀性和坍落度等，如不符合要求，应进行第二次拌和，二次拌和后仍不符合要求时，不得使用。

首批灌注混凝土的数量应能满足导管首次埋置深度和填充导管底部的需要。首批新拌混凝土下落后，混凝土应连续灌注。

导管的埋置深度宜控制在 2～6 m，在灌注过程中，应经常测探井孔内混凝土面的位置，及时地调整导管埋深。

为防止钢筋骨架上浮，当灌注的混凝土顶面距钢筋骨架底部 1 m 左右时，应降低混凝土的灌注速度。当新拌混凝土上升到骨架底口 4 m 以上时，提升导管，使其底口高于骨架底部 2 m 以上，即可恢复正常灌注速度。

在灌注过程中，特别是潮汐地区和有承压水地区，应注意保持孔内水头。在灌注过程中，应将孔内溢出的水或泥浆引流至适当地点处理，不得随意排放，污染环境及河流。

灌注中发生故障时，应查明原因，制订合理处理方案，及时处理。

混凝土应连续灌注直至灌注到设计的混凝土顶面，以保证截切面以下的全部混凝土具有优良质量。

# 第五章 桥梁下部构造施工

## 第一节 混凝土墩台、石砌墩台施工

在墩台混凝土施工中,要严格控制技术标准,主要应切实保证混凝土的配合比、水灰比和坍落度等指标要求。

### 一、混凝土的运送

墩台混凝土的水平与垂直运输相互配合方式与适用条件可根据参照表选用。如混凝土数量大,灌筑捣固速度快时,可采用混凝土泵和带式输送机。运输带的转动速度应不大于 1.0~1.2 m/s,其最大倾斜角:当混凝土坍落度小于 4 cm 时,向上转送为 18°,向下传送为 12°;当坍落度为 4~8 cm 时,则分别为 15°与 10°。

### 二、大体积混凝土浇筑

墩台是大体积圬工,为避免水化热过高,导致混凝土因内外温差引起裂缝,可采取如下措施:

(一)用改善骨料级配、降低水灰比掺加混合材料与外加剂掺入片石等方法减少水泥用量;

(二)采用 $C_gA$、$CS$ 含量小、水化热低的水泥,如大坝水泥、矿渣水泥、粉煤灰水泥、低标号水泥等;

(三)减小浇筑层厚度,加快混凝土散热速度;

(四)混凝土用料应避免日光暴晒,以降低初始温度;

(五)在混凝土内埋设冷却管通水冷却。

当浇筑的平面面积过大,不能在前层混凝土初凝或能重塑前浇筑完成次层混凝土时,为保证结构的整体性,宜分块浇筑。分块时应注意:各分块面积不得小于 50 m;每块高度不宜超过 2m;块与块间的竖向接缝面,应与墩台身或基础平截面短边平行,与平截面长边垂直;上下邻层间的竖向接缝,应错开位置做成企口,并应按施工接缝处理。混凝土中填放片石时应符合以下规定:

埋放石块的数量不宜超过混凝土结构体积的25%；当设计为片石混凝土砌体时，石块含量可增加为50%~60%；应选用无裂纹、夹层且未被煅烧过的，高度不小于15 cm、具有抗冻性能的石块；石块的抗压强度不应低于25 MPa或30 MPa及混凝土标号；石块应清洗干净，应在捣实的混凝土中埋入一半以上；石块应分布均匀，净距不小于10 cm，与结构侧面和顶面净距不小于15 cm。对于片石混凝土，石块净距4~6 cm，石块不得挨靠钢筋或预埋件；当气温低于0℃时，不得埋放石块。

## 三、混凝土浇筑

为防止墩台基础第一层混凝土中的水分被基底吸收，对墩台基底处理除应符合天然地基的有关规定外，尚应符合以下规定：

（一）基底为非黏性土或干土时，应将其润湿；

（二）如为过湿土，应在基底设计标高下夯填一层10~15 cm厚片石或碎（卵）石层；

（三）基底面为岩石时，应加以润湿，铺一层厚2~3 cm水泥沙浆，然后于水泥沙浆凝结前浇筑第一层混凝土。

墩台身钢筋的绑扎应和混凝土的灌筑配合进行。在配置第一层垂直钢筋时，应有不同的长度，同一断面的钢筋接头应符合《公路桥涵施工技术规范》的规定。水平钢筋的接头，也应内外、上下互相错开。钢筋保护层的净厚度，应符合设计要求，如无设计要求时，则可取墩台身受力钢筋大于或等于3 cm，承台基础受力钢筋大于或等于3.5 cm。

## 第二节 装配式墩台施工

### 一、砌块式墩台施工

砌块式墩台的施工大体上与石砌墩台相同，只是预制砌块的形式因墩台形状不同而有很多变化。例如1975年建成的兰溪大桥，主桥墩身系采用预制的素混凝土壳块分层砌筑而成。壳块按平面形状分为两大类，再按其砌筑位置和具体尺寸又分为5种型号，每种块件等高，均为35 cm，块件单元重力为900~1 200 N，每砌三层为一段落。该桥采用预制砌块建造桥墩，不仅节约混凝土数量约26%，节省木材50 m和大量铁件；而且砌缝整齐，外貌美观；更主要的是加快了施工速度，避免了洪水对施工的威胁。

### 二、柱式墩施工

装配式柱式墩系将桥墩分解成若干轻型部件，在工厂或工地集中预制，再运送到现场装配成桥梁。其形式有双柱式、排架式、板凳式和刚架式等。施工工序为预制构件、安装连接与混凝土填缝养护等。其中拼装接头是关键工序，既要牢固、安全，又要结构简单便于施工。常用的拼装接头有：

### （一）承插式接头

将预制构件插入相应的预留孔内，插入长度一般为 1.2~1.5 倍的构件宽度，底部铺设 2 cm 沙浆，四周以半干硬性混凝土填充。它常用于立柱与基础的接头连接。

### （二）钢筋锚固接头

构件上预留钢筋或型钢，插入另一构件的预留槽内，或将钢筋互相焊接，再灌注半干硬性混凝土。这种接头多用于立柱与顶帽处的连接。

### （三）焊接接头

将预埋在构件中的铁件与另一构件的预埋铁件用电焊连接，外部再用混凝土封闭。这种接头易于调整误差，多用于水平连接杆与主柱的连接。

### （四）扣环式接头

相互连接的构件按预定位置预埋环式钢筋，安装时柱脚先坐落在承台的柱芯上，上下环式钢筋互相错接，扣环间插入 U 形短钢筋焊牢，四周再绑扎钢筋一圈，立模浇注外围接头混凝土。这种接头要求上下扣环预埋位置正确，施工较为复杂。

### （五）法兰盘接头

在相连接的构件两端安装法兰盘，连接时用法兰盘连接，要求法兰盘预埋位置必须与构件垂直。接头处可不用混凝土封闭。

装配柱式墩台应注意以下几点：

1. 墩台柱构件与基础顶面预留杯形基座应编号，并检查各个墩、台高度和基座标高是否符合设计要求；基杯口四周与柱边的空隙不得小于 2 cm。

2. 墩台柱吊入基杯内就位时，应在纵横方向测量，使柱身竖直度或倾斜度以及平面位置均符合设计要求；对重大、细长的墩柱，需用风缆或撑木固定，方可摘除吊钩。

3. 在墩台柱顶安装盖梁前，应先检查盖梁口预留槽眼位置是否符合设计要求，否则应先修凿。

4. 柱身与盖梁（顶帽）安装完毕并检查符合要求后，可在基杯空隙与盖梁槽眼处灌筑稀沙浆，待其硬化后，撤除楔子、支撑或风缆，再在楔子孔中灌填沙浆。

## 三、张拉预应力混凝土装配墩施工

装配式预应力钢筋混凝土墩分为基础、实体墩身和装配墩身三大部分。装配墩身由基本构件、隔板、顶板及顶帽四种不同形状的构件组成，用高强钢丝穿入预留的上下贯通的孔道内，张拉锚固而成。实体墩身是装配墩身与基础的连接段，其作用是锚固预应力钢筋，调节装配墩身高度及抵御洪水时漂流物的冲击等。

施工工艺流程分成施工准备、构件预制及墩身装配三方面。全过程贯穿着质量检查工作。实体墩身灌注时要按装配构件孔道的相对位置，预留张拉孔道及工作孔。构件装配的水平拼装缝采用35#水泥沙浆，沙浆厚度为15 mm，便于调整构件水平标高，不使误差积累。安装构件的操作要领是：平、稳、准、实、通。即起吊平、构件顶面平、内外壁沙浆接缝要抹平，起吊、降落松钩要稳，构件尺寸推孔道位置准、中线准及预埋配件位置准，接缝沙浆要密实，构件孔道要畅通。张拉预应力的钢丝束分两种：一种是直径为5 mm的高强度钢丝，用18φ5锥形锚；另一种用7φ4 mm钢绞线，JMI2-6型锚具，采用一次张拉工艺。张拉位置可以在顶帽上张拉，亦可在实体墩下张拉。一般多在顶帽上张拉。孔道压浆前先用高压水冲洗。压浆时，构件上的沙浆接缝全部湿润，说明接缝沙浆中空隙压入了水泥浆，起到了密实接缝的作用。实体墩身的封锚采用与墩身同标号的混凝土，同时要采用防水措施；顶帽上的封锚采用钢筋网罩焊在垫板上，单个或多个连在一起，然后用混凝土封锚。

此外，当在基础或承台上安装预制混凝土管节，环圈做墩、台或索塔的外模时，应注意下列事项：

（一）为使混凝土基础与墩、台联系牢固，应由混凝土基础或承台中伸出钢筋插入管节、环圈中间的现浇混凝土内，插入钢筋的数量和锚固长度应按设计规定或通过计算决定；

（二）管节或环圈安装时，应严格控制轴线的设计位置，不得出现倾斜或上下错位现象；

（三）管节或环圈内的钢筋绑扎和混凝土浇筑，应遵循《公路桥涵施工技术规范》有关规定实行；

（四）应使用沙浆将管节或环圈处的接缝填塞抹平。

# 第三节　滑动模板施工

## 一、施工工艺流程及作业要点

### （一）工艺流程

滑模组装→灌注混凝土→模板滑升模板收坡测量→墩颈墩帽施工→滑模拆除。

实施作业时，混凝土灌注、模板滑升与收坡及测量等项工作循环进行，中间穿插调平纠偏、绑扎钢筋、抹面养生、预埋件埋设等工作。

### （二）作业要点

1. 工作平台必须调平与对正，平台上设备、材料供应均匀布置，以保持平台荷载均衡，避免造成平台倾斜与扭转。模板拼装不能反锥度或无锥度，模板间搭接缝必须密贴。

2. 当模板转入正常提升后，边滑升边灌注混凝土。由于混凝土脱模较快，所以选定混凝土配合比、掺外加剂及灌注振捣等工作十分重要，应设专人负责管理与指导。

3. 正确掌握初升时机极为重要。过晚会造成模板与混凝土黏结而将混凝土带起或拉裂，过早则会因混凝土未达到一定强度而坍塌。模板连续提升高度不宜超过 30 cm，提升后要及时收坡，每升高 30cm 收坡一次，并在模板滑升累计高 1m 时，按收坡表调整收坡值，防止产生累计误差。

4. 中线日常观测用中线测量装置，一般模板每滑升 30 cm 时必须观测一次垂球对中情况。中线控制测量用激光铅直仪，一般日测两次。水平测量用水平仪，每工班 1~2 次。塔尺沿线路方向与横向中心线对称设置于千斤顶部位。

5. 墩颈段施工中模板提高时模板内混凝土高度不得小于 70cm，用混凝土预制块或术板块在靠近墩身外侧部位的辐射梁下部均布垫入，并用木楔楔紧。

6. 由于受墩帽结构、形状限制，滑模只能用于台阶式墩帽施工。墩帽是桥墩施工的最后部位，必须按照桥墩设计要求做好各项收尾工作，切勿漏掉预埋件。灌注混凝土和提升模板过程中，必须保持滑模中线水平。

## 二、施工质量控制

### （一）纠偏、调平及扭转

桥墩滑模滑升过程中要勤观测，及时纠偏。产生中线偏移、水平偏斜及扭转现象的主要原因有：荷载布置不均衡、千斤顶爬升不同步或部分千斤顶未工作及混凝土灌注不均匀。纠偏方法如下：

1. 中线纠偏

中线纠偏应在偏移值尚未到达桥墩设计允许偏移值（1.5 cm）时进行。方法是控制或停止与中线偏向相反部位千斤顶爬升，使中线偏向部位千斤顶爬升增高，造成工作平台反向倾斜（其值一次不得超过两个爬升高度），以逐渐将模板中心调整对中，然后再调整模板水平。

2. 水平调平

调整模板水平必须服从中线纠偏，一般模板水平倾斜达到 2%~4% 时应及时进行调平，主要有以下几种调平方法：

（1）加载法：在偏高部位的工作平台外面上加荷载（如站人、加混凝土块等），作用是增加此部位荷载以减少其爬升高度，从而达到调整模板水平的目的。

（2）千斤顶行程调整法：通过顺时针转动偏高部位千斤顶的行程调整帽，以减少活塞的活动高度，从而降低它的爬升高度，达到调整模板水平的目的。

（3）控制千斤顶爬升法：通过关闭偏高部位千斤顶输油管路上的阀门达到调整模板水平的目的。

3. 扭转纠正

（1）控制千斤顶爬升法：模板扭转一般会同时存在模板水平倾斜，因此纠扭方法可按模板水平调平方法进行控制。

（2）支撑法：模板扭转时，千斤顶与顶杆必然相应地随扭转方向偏斜，据此，用适量（顶杆数的1/5~1/4）较粗短钢筋斜撑着顶杆就可纠扭。钢筋上端绑扎在顶杆端部，下端焊在护面钢筋上。

### （二）施工中常见问题处理

1. 支撑杆弯曲

当弯曲程度不大时，可在弯曲处加焊一根与支撑杆同直径的绑条；当弯曲长度较大或弯曲较严重时，应将支撑杆的弯曲部分切断，并加焊两根总截面积大于支撑杆的绑条；当支撑杆弯曲严重时，应将弯曲部分切断，并将上段支撑杆下降，支撑杆接头处，可采用一段钢套管或直接对头焊接。也可将弯曲的支撑杆齐混凝土面切断，另换新支撑杆，并在混凝土表面加设由垫板及套管焊成的钢套靴。

在模板滑升过程中，由于支撑杆加工或安装不直、脱空长度过长、操作平台上荷载不均及模板遇到障碍而硬性提升等原因，均可能造成支撑杆失稳弯曲。施工中应随时检查、及时处理，以免造成严重的质量和安全事故。对于弯曲变形的支撑杆，应立即停止在该支撑杆上千斤顶的工作，并立即卸荷，然后按弯曲部位和弯曲程度的不同采取相应的加固措施。

支撑杆在混凝土内部发生弯曲，从脱模后混凝土表面裂缝外凸等现象，或根据支撑杆突然产生较大幅度的下坠情况，就可以检查出来。此时，应将弯曲处已破损的混凝土挖洞清除。加焊绑条时，应保证必要的焊缝长度。支撑杆加固后再支模补灌混凝土。支撑杆在混凝土外部易发生弯曲的部位，大多在混凝土上表面至千斤顶下卡头之间或门窗洞口等脱空处。

2. 混凝土质量问题

（1）混凝土水平裂缝或被模板带起。混凝土出现水平裂缝或被模板带起的原因有：模板安装时倾斜度太小或产生反倾斜度；滑升中纠正垂直偏差过急，模板严重倾斜；滑升速度慢，使混凝土与模板黏结；模板表面不光洁，摩阻力太大。防止和解决的办法是针对上述原因进行处理。对于已出现的问题，细微裂缝可抹平压实；裂缝较大时，当被模板带起的混凝土脱模落下后，应立即将松散部分清除，并重新补上高级强度等级的混凝土。

（2）混凝土的局部坍塌。混凝土脱模时的局部坍塌，主要是由于在模板的初升阶段滑升过早，在正常滑升时速度过快，混凝土没有严格按分层交圈的方法浇筑，使局部混凝土尚未凝固而造成的。对于已坍塌的混凝土应及时清除干净，补上高一级强度等级的干硬性细石混凝土。

（3）混凝土表面鱼鳞状外凸。这是由于模板的倾斜度过大或模板下部刚度不足；每层混凝土浇筑厚度过高或振捣混凝土的侧压力过大，致使模板外凸。处理措施是调整模板倾斜度，加强模板刚度，控制每层的浇筑厚度，及尽量采用振动力较小的振捣器。

（4）混凝土缺棱掉角。这是因为棱角处模板的摩阻力比其他部位大，或振捣混凝土时碰动主筋，将已凝固的混凝土棱角碰掉而造成的。克服的办法是将转角处模板制成圆角或八字形，并严格控制转角处模板的倾斜度，严格掌握混凝土振捣的操作方法。棱角残缺处，可用同强度等级的水泥沙浆修补。

# 第四节 支座安装与墩台附属工程施工

## 一、支座安装

国内桥梁目前使用较多的是橡胶支座，包括板式橡胶支座和盆式橡胶支座两种。前种用于反力较小的中、小跨径桥梁，后一种用于反力较大的大跨径桥梁。

### （一）支座安装的一般要求

1. 支座安装前，应检查产品合格证书中有关技术性能的指标，如不符合设计要求，不得使用。

2. 梁底支座安装部位、支撑垫石，墩台顶面支座安装部位的混凝土要平整、干净。支撑垫石顶面的高程要准确，垫石的高度应考虑支座养护、检查的方便，并应考虑更换支座时顶升梁体的可能性。

3. 支座安装时，应尽量选择在气温为年平均气温时进行，同时必须按照设计图样标明的支座中心位置正确就位，并保证支座与上、下部结构之间紧密接触，不得出现脱空。

4. 在同一根梁上，横向设置支座个数不得多于两个，也不允许把不同规格的支座并排安装，且施工时要确保每个支座均匀受力。

5. 上、下部结构支座安装部位预埋钢板的位置、尺寸及平整度必须符合要求。

### （二）板式橡胶支座的安装

先在支撑垫石上按设计标出支座位置中心线，同时在橡胶支座上也标上中心线，将橡胶支座准确安放在支撑垫石上，要求支座中心线同支撑垫石中心线相重合。注意矩形支座短边应平行于顺桥向，圆形支座无须考虑方向性。

支座下设置的支撑垫石、混凝土强度应符合设计要求，顶面要求标高准确、表面平整，在平坡情况下同一片梁两端支撑垫石水平面应尽量处于同一平面内，其相对误差不得超过3 mm，避免支座发生偏歪、不均匀受力和脱空现象。当墩台两端标高不同，顺桥向有纵坡时，支座安装方法应按设计规定处理。安装前应将墩台支座支垫处和梁底面清洗干净，除去油垢，用水灰比不大于0.5的1∶3水泥沙浆仔细抹平，使其顶面标高符合设计要求。

普通板式橡胶支座安装有封闭型与简易型两种。封闭型安装方法即在支座外围采用橡胶围裙把支座密封起来，可有效防止外界环境对支座的影响。

1. 现浇梁橡胶支座的安装。在浇筑混凝土梁体前，在橡胶支座位置上加设一块比支座平面稍大的支撑钢板，钢板上焊错固钢筋与梁体相连接。将支撑钢板作为现浇梁底模的一部分，为防止漏浆，可在支撑钢板与模板之间空隙处用棉纱、油灰或软木板填塞。按以上方法施工，可使支座上、下表面同梁底钢板、支撑垫石密贴。

2. 为使预制梁橡胶支座的安装落梁准确，可把支座中心线分别延伸到桥梁墩台和梁端立面上，落梁时使二者相吻合，就能较好地控制落梁的准确性。梁板安装必须细致稳妥，使梁板就位准确，与支座密贴，并防止支座产生剪切变形。支座就位不准时，应将梁板重新吊起或用千斤顶顶起后调整，不得用撬杠移动梁板。

## （三）盆式橡胶支座的安装

盆式橡胶支座顶、底面积大，支座下埋设在桥墩顶的钢垫板面积亦较大，浇筑墩顶混凝土时，必须有特殊设施，使垫板下混凝土能浇筑密实。

盆式橡胶支座主要部分是聚四氟乙烯板与不锈钢板的滑动面，以及密封在钢盆内的橡胶垫块，二者都不能有污物和损伤，否则容易缩短使用寿命，增大摩阻系数。

盆式橡胶支座各部件的组装要求是：在支座底面和顶面（埋置于墩顶和梁底面）的钢垫板必须埋置牢固，垫板与支座间平整密贴，支座四周探测不得有 0.3 mm 以上的缝隙；支座中心线、支座平面水平及平整度偏差不大于 2mm；活动支座的聚四氟乙烯板不得有刮伤、撞伤；氯丁橡胶板块密封在钢盆内，安装时应排除空气、保持密封，支座组拼要保持清洁。

活动支座安装前用丙酮或酒精仔细擦洗各相对滑移面，擦净后在四氟滑板的储油槽内注满硅脂类润滑剂，并注意硅脂保洁；坡道桥注硅脂时应注意防滑。

公路桥梁盆式橡胶支座与上、下部结构的连接，可采用地脚螺栓连接或焊接连接两种方法。

1. 地脚螺栓连接。盆式橡胶支座下面建议设置支撑垫石，同时按支座底板地脚螺栓间距及规格预留地脚螺栓孔，预留孔的直径应大于等于地脚螺栓直径的 3 倍，深度为地脚螺栓长度 +50 mm，其外露螺杆的高度不得大于螺母的厚度。

在预留螺栓孔内注入环氧树脂沙浆，在初凝前，按中心线安放盆式橡胶支座并保证支座四角高差不大于 2 mm，同时从支座的地脚螺栓孔中插入拧上螺母的地脚螺栓，待完全凝固后拧紧螺母。

2. 焊接连接。GPZ 系列盆式橡胶支座采用焊接连接时，可在支座顶板和底板相应位置处预埋钢板，支座就位后用对称间断方式焊接，以免焊接时局部温度过高而使支座或预埋钢板变形。焊接时注意防止温度过高对橡胶及聚四氟乙烯板的影响。焊接后要在焊接部位做防锈处理。

安装注意事项：

（1）安装现浇梁的支座时，一般将支座整体吊装，固定在设计位置上。

（2）安装预制梁的支座时，支座的上、下座板分先后进行连接，通常是先将支座上座板连接在大梁上，而后根据其位置确定底盆（下座板）在墩台上的位置，最后予以固定。

（3）用顶推法安装连续梁时，应先将下座板固定在墩台上，墩台上还应设置临时支座，当主梁顶推完毕，且校正位置后，拆除临时支座，让梁落在支座上。

## 二、桥台锥坡施工要点

桥台锥坡是连接桥台和路堤的构筑物，其作用是稳固桥头填土边坡，防止水流冲刷路堤。锥坡一般由填土、锥坡基础、沙砾垫层和坡面护砌组成，其施工要点如下：

（一）石砌锥坡、护坡和河床铺砌层等工程，必须在坡面或基面夯实、整平后，方可开始铺砌，以保证护坡稳定。

（二）锥坡填土应与台背填土同时进行，填土应按标高及坡度填足。桥涵台背锥坡、护坡及拱上等各项填土，宜采用透水性土，不得采用含有泥草、腐殖物或冻土块的土。填土应在接近最佳含水量的情况下分层填筑和夯实，每层厚度不得超过 0.3 m，密实度应达到路基规范的要求。

（三）护坡基础与坡角的连接面应与护坡坡度垂直，以防坡角滑走。片石护坡的外露面和坡顶，边口应选用较大，较平整并略加修凿的块石铺砌。

（四）砌石时拉线要拉紧，砌面要平顺，护坡下应按规定做沙砾或碎石垫层，护坡片石背后应按规定做碎石倒滤层，防止锥体土方被水冲蚀变形。地面施工时，垫层可与砌石坡面配合铺筑，随铺随砌，但要保证垫层的密实。护坡与路肩或地面的连接必须平顺，以利于排水，并避免背后冲刷或渗透坍塌。

（五）浆砌砌体，应沙浆饱满，及时覆盖养护，在沙浆初凝后，覆盖养生 7~14d。养护期间应避免碰撞、振动或承重。砌体勾缝除设计有规定，一般可采用凸缝或平缝，且宜待坡体土方稳定后进行，以减少灰缝开裂。

（六）根据设计要求，在坡面设置泄水孔。

## 三、台后填土施工要点

（一）台后填土应与桥台砌筑协调进行。填土应尽量选用渗水土，土的含水量要适当，在北方冰冻地区要防止冻胀。填筑台后路堤材料有困难时，至少应选用透水性良好的沙性土，或掺用 40%~70% 的沙石料，分层厚度 20~30 cm，压实度不小于 95%。如遇软土地基，为增大土抗力，台后适当长度内的填土可采用石灰土（掺 5% 石灰）。

（二）填土应分层夯实，并应测定密实度。靠近墙后部位（1.5 m 宽）可用小型打夯机，也可填筑块片石及级配沙砾石，用振动器振实。当打夯较困难时，可用木棍拍板打紧捣实。填土与路基搭接处宜挖成台阶形。

（三）石砌圬工桥台台背与土接触面应涂抹两道热沥青或用石灰三合土、水泥沙浆胶泥作为台后防水处理。

（四）对于梁式桥的轻型桥台台后填土，应在桥面完成后，在两侧平衡地进行。

（五）台背填土顺路线方向长度，一般应自台身起，底面不小于桥台高度 +2 m，顶面不小于 2 m。

（六）台背填筑前应在土基上或某一合适高度设置泄水管或盲沟，并注意将泄水管或盲沟引出路基之外。

（七）为解决台后错台跳车，往往设置台后搭板，其效果与搭板之下的路堤压缩程度和搭板长度有密切关系。搭板纵坡 i 与路线纵坡 i 之差应为 10%~15%，以保证在台后长度方向上的沉降分布较均匀，并逐渐减小。搭板末端顶面应与路基平齐，搭板前端顶面应留有路面面层的厚度。

# 第六章 桥梁上部结构施工

## 第一节 梁桥施工

### 一、简支梁桥施工

简支梁桥属于静定结构，其各跨独立受力。由于其受力简单，混凝土收缩徐变、温度变化、地基沉降等均不会在梁中产生附加内力，且设计计算简单、施工方便、工期短、造价低，使其成为在梁式体系桥中应用较早、使用较为广泛的一种桥型。桥梁工程中广泛采用的简支梁桥有三种类型：

（一）简支板桥。简支板桥主要用于小跨度桥梁。按其施工方式的不同，分为整体式简支板桥和装配式简支板桥。

（二）T形截面肋梁式简支梁桥（简称简支T梁桥）。简支T梁桥主要用于中等跨度的桥梁。中小跨径为8~12m时，采用钢筋混凝土简支T梁桥；跨径为20~50m时，多采用预应力混凝土简支T梁桥。在我国使用最多的简支T梁桥的横截面形式由多片T形梁组成。

（三）箱形简支梁桥。箱形简支梁桥主要用于预应力混凝土梁桥，尤其适用于桥面较宽的预应力混凝土桥梁结构和跨度较大的斜交桥和弯桥。

简支梁桥的常用施工方法有：

1. 现场支架浇筑法。就地浇筑施工是在桥位处搭设支架，作为工作平台，在支架上安装模板、绑扎及安装钢筋骨架、预留孔道，并在现场浇筑混凝土与施加预应力，待混凝土达到强度后拆除模板、支架的施工方法。由于施工需要大量的模板支架，这种方法适用于小跨径桥或两岸桥墩不太高的引桥和城市高架桥。随着桥梁结构形式的发展，出现了一些变宽的异型桥跨、弯桥等复杂的混凝土结构，又由于近年来临时钢构件和万能杆件系统的大量应用，在其他施工方法都比较困难，或经过比较，施工方便、费用较低时，也有在中、大型桥梁中采用就地浇筑的施工方法。目前，就地浇筑施工在简支梁中已经较少采用了。

2. 预制安装法。预制装配施工是将在预制厂或桥梁现场预制的梁运至桥位处，使用一定的起重设备进行安装和完成横向连接组成桥梁的施工方法。目前，预制安装法是简支梁经常采用的一种施工方法，预制梁的安装主要有联合架桥机法、双导梁安装法、扒杆吊装法、跨墩龙门吊机安装法、自行式吊车安装法、浮吊架设法等。

## （一）钢筋混凝土简支梁桥施工

钢筋混凝土简支梁的制作主要包含支架工程、模板工程、钢筋工程、混凝土工程。

1. 支架工程

就地浇筑法钢筋混凝土简支梁桥上部结构施工首先应在桥址适当位置处搭设支架，以支撑模板、钢筋、混凝土自重以及其他施工荷载。对于装配式钢筋混凝土简支梁桥施工，也需搭设支架作为吊装过程中的临时支承结构和施工操作平台。所以，支架不仅直接影响着梁体的线形尺寸，还关系到具体施工的安全性，因此现浇支架工程应满足下列要求：

（1）支架应具有足够的强度、刚度和稳定性，能可靠地承受施工过程中产生的各种荷载，支架构件相互结合紧密，要有足够的纵、横、斜向连接杆件。

（2）支架应进行设计和计算，并经审批后方可施工。

（3）支架预压消除非弹性变形，支架的弹性变形及基础的允许下沉量应满足施工后梁体设计标高的要求。支架承受荷载后允许有挠度和变形，在安装前要进行计算，按要求设置预拱度，使梁体最终线形符合设计要求。预拱度值与支架弹性变形值（F1）、支架非弹性变形值（F2）、基础弹性变形值（F3）及基础非弹性变形值（F4）有关，施工过程中应观测以下物理量：

①等载预压前，测量支撑点处模板标高 H1。

②预压沉降稳定后，测量相应控制点模板标高 H2。

③卸载后，再次测量相应控制点模板标高 H3。

弹性变形值 =H3-H2，非弹性变形值 =H1-H3。由于满载预压消除了大部分非弹性变形值，因此预拱度只计入了弹性变形值。在卸载后模板控制标高（H）= 设计标高（F0）+ 弹性变形值（H3-H0）。

④整体浇筑时应采取措施，防止梁体不均匀下沉产生裂缝，若地基下沉可能造成梁体混凝土产生裂缝，应分段浇筑。

⑤当在软弱地基上设置满布现浇支架时，应对地基进行处理，使地基的承载力满足现浇混凝土的施工荷载要求，浇筑混凝土时地基的沉降量不宜大于 5mm。无法确定地基承载力时，应对地基进行预压，并进行部分荷载试验。

⑥支架上应设置落架装置，落架时要对称均匀，不应使梁体局部受力。

⑦支架构造与制作应简便、拆装方便，以增加周转和使用次数。

⑧对高度超过 8m 的支架，应对其稳定性进行安全论证，确认无误后方可施工。

满布式支架构造简单，用于陆地，以及不通航河道、桥位处水位不深或桥墩不高的桥梁。满布支架宜采用碗扣式、轮扣式、门式或扣件式等钢管材料。梁式支架宜采用型钢、钢管和贝雷桁梁等材料。一般型钢用于跨径小于 10m 的支架，钢板梁用于跨径小于 20m 的支架，贝雷桁梁用于跨径大于 20m 的支架。梁可以支承在墩旁支架上，也可在桥墩上预留托架或支承在桥墩处的横梁上。梁柱式支架可在跨径较大时使用，梁支撑在桥墩台以及临时支架或临时墩上，形成多跨连续支架。

2.模板工程

模板是混凝土浇筑施工的必备部分，其作用是保证混凝土按照设计要求的形状、尺寸和位置成型与硬化，是施工中的重要临时结构。模板主要由面板、纵横肋和支架组成，它承受着新浇筑混凝土的自重、施工荷载以及其他外部自然荷载等。模板不仅控制着梁体尺寸的精度和混凝土浇筑质量，而且对施工安全起到关键作用，因此，模板在设计安装时应遵循以下原则：

（1）模板应有足够的强度、刚度和稳定性，能安全可靠地承受施工中可能产生的各种荷载；

（2）模板要保证结构构件的设计形状、尺寸及各部分之间位置的准确性；

（3）模板板面之间应平整，接缝严密，不漏浆，确保结构物外表面美观、线条流畅，并可设倒角；

（4）模板应结构简单，制作、拆卸方便。

模板分类：

梁桥施工中常用的模板按材料可分为木模板、钢模板、钢木结合模板等。就具体施工中单跨或各跨结构形式、尺寸各不相同的桥跨结构，可采用木模板；在预制工厂或大型桥梁施工中需要多次重复使用的节段模板，多采用钢模板；从经济和节约材料方面考虑，一般可采用钢木结合模板。

（1）木模板

木模板一般由木质面板、肋木、立柱等组成。面板厚度为3~5cm，板宽为15~20cm，肋木、立柱等的尺寸应根据计算确定。面板的接缝可做成平缝、搭接或企口缝。当采用平接时，应在接缝处衬压塑料薄膜等以防漏浆。木模板的转角处应加嵌条或做成斜角。重复使用的模板应始终保持其表面平整、形状准确不漏浆、有足够的强度和刚度。木模板的优点是制作简便，但木材耗费量大，成本较高。

跨径不大的肋板梁模板，一般用木料制作，安装时，首先在支架纵梁上安装横木，横木上钉底板，然后在其上安装肋梁的侧模板和桥面板底板。当肋梁较高时，其模板一般采用框架式，这时，梁的侧模及桥面板的底模，用木板或镶板钉在框架上。当肋梁的高度超过1.5m时，梁下部混凝土的浇筑和振捣宜从侧面进行，此时，梁的一侧模板须开窗口或分两次装订。

（2）钢模板

钢模板使用厚度为4~6cm的钢制面板代替木模中的木质面板，用角钢做成水平肋和竖直肋代替木模中的肋木和立柱。在拼装钢模板时，所有紧贴混凝土的接缝内部，都用止浆垫使接缝紧密不漏浆。钢模板宜采用标准化的组合模板，其可多次周转、结实耐用、接缝严密、能经强力振捣，浇筑的构件表面光滑，在目前桥梁施工中采用日益增多。

（3）钢木结合模板

将钢模板中的钢制面板换成水平拼装的木制面板，用埋头螺栓连接在角钢竖肋上，在木模板上再钉一层薄铁皮，就成了钢木组合模板。这种模板节约木料，成本较低，同时也具有较高的强度、刚度和稳定性。

### 3. 钢筋工程

钢筋混凝土结构用钢筋是指混凝土配筋时所用的直条或盘条状钢材，其外形分为光圆钢筋和变形钢筋两种，在混凝土中主要承受拉应力。钢筋工程主要包括钢筋加工、钢筋下料和钢筋安装等。钢筋加工前钢筋进场后应检查其出厂试验证明书，如无相关证明文件或对钢筋质量有疑问，应做拉力试验、冷弯试验和可焊性试验。进场后要妥善保管，根据品种分批存放，同一片梁体内的主筋必须是同钢号钢筋。钢筋加工包括调直、除锈、冷拉、时效、下料、切断、弯钩、焊接或绑扎成型等工序。

### 4. 混凝土工程

混凝土工程质量直接影响到结构的承载力、耐久性与整体性，混凝土工程主要包括混凝土拌和、运输、浇筑和养护等，各工序间紧密联系、相互影响，任一施工过程处理不当都会影响混凝土工程的最终质量。

（1）混凝土拌制

混凝土拌制就是将水泥、水、粗细骨料和外加剂等原材料混合在一起进行均匀拌和并使其达到设计要求的和易性和强度的过程。混凝土应使用机械拌和，在混凝土拌和前应先测定沙石料的含水率，调整配合比，计算配料单，检查搅拌机运转情况。混凝土拌和时间一般为3min，以石子表面包满沙浆，拌和颜色均匀为标准。在整个拌和过程中，应注意拌和速度与混凝土浇捣速度紧密配合，随时检查混凝土的坍落度，严格控制水灰比。

（2）混凝土运输

混凝土从搅拌机中卸出后，应及时运至浇筑地点，为保证混凝土的质量，对混凝土运输的基本要求是：

①在运输过程中应保持混凝土的均匀性，避免分层离析、泌水、沙浆流失和坍落度变化等现象发生。

②应使混凝土在初凝之前浇筑完毕。混凝土从搅拌机卸出后到浇筑完毕的时间不宜超过规定。

③当混凝土自由倾倒时，由于骨料的重力克服了物料间的黏聚力，大颗粒骨料明显集中于一侧或底部四周，从而与沙浆分离即出现离析，当自由倾倒高度超过2m时，这种现象尤其明显，混凝土将严重离析。为保证混凝土的质量，应根据施工实际情况，采取相应预防措施。规范规定：混凝土自高处倾落的自由高度不应超过2m，超过时应使用串筒、溜槽或振动溜管等工具协助其下落，并应保证混凝土出口的下落方向垂直。

④道路尽可能平坦且运距尽可能短。

（3）混凝土浇筑

混凝土的浇筑成型过程包括浇筑与捣实，是混凝土施工的关键，它对混凝土的密实性、结构的整体性和构件的尺寸准确性都起着决定性的作用。混凝土浇筑入模后，内部还存在着很多空隙。为了使混凝土充满模板内的每一部分，且具有足够的密实度，必须对混凝土进行捣实，使混凝土构件外形正确、表面平整、强度和其他性能符合设计及使用要求。机械振捣设备有插入式、附着式、平板式振捣器。

（4）混凝土养护

混凝土的养护是为保证其硬化充分，防止因早期过度收缩而使结构表面产生裂缝。养护可分为自然养护和蒸汽养护。混凝土自然养护，对塑性混凝土应在浇筑后12h内，硬性混凝土在浇筑后1~2h内可用湿麻袋、篷布、塑料布等覆盖，养护期间要经常洒水，保持构件湿润，并防止雨淋、日晒、受冻及受荷载的振动、冲击，以使混凝土硬化。自然养护的时间不得少于7d。

混凝土蒸汽养护，分静停、升温、恒温、降温四个阶段。静停期间应保持棚温不低于5℃，灌注完4h后方可升温；升温速度不得大于10℃/h；恒温养护期间蒸汽温度不宜超过45℃，相对湿度为90%~100%，混凝土芯部温度不宜超过60℃，最高不得超过65℃；降温速度不得大于10℃/h。拆模时，梁体混凝土芯部与表层、表层与环境温差均不宜高于15℃，当日平均气温连续5d低于+5℃或日最低气温低于-3℃时，应按冬季施工要求进行养护。

（二）预应力钢筋混凝土简支梁施工

普通钢筋混凝土抗拉强度低，在混凝土温度变化、收缩徐变及外荷载等作用下易发生开裂，故通过对梁体施加预应力来提高其耐久性和抗裂性，以减轻自重，增加跨度。预应力混凝土简支梁的制作方法主要有先张法和后张法。

1. 先张法预应力混凝土简支梁制造

预应力混凝土简支梁先张法施工是在浇筑混凝土前张拉预应力筋，将其临时锚固在张拉台座上，然后立模浇筑混凝土，待混凝土强度达到设计强度的75%以上，保证其具有足够的黏结力时，逐渐将预应力筋放松，让预应力筋回缩，通过预应力钢筋与混凝土之间的黏结作用，传递给混凝土，使混凝土获得预压应力。

（1）模板架设

预制梁的模板是先张法施工过程的临时结构，决定着预制梁尺寸的精度，并对工程质量、施工进度和工程造价有直接影响。预制梁的模板通常按材料可分为土模板、木模板、土木组合模、钢模板以及钢木组合模等种类。模板在制作时，应保证表面平整，转角光滑，连接孔配合准确，且底模板应根据桥梁跨度设置预拱度。

（2）张拉台座

台座是先张法施工的主要设备之一，承受预应力钢筋的全部张拉力，应有足够的强度和稳定性,以免台座变形、倾覆、滑移而引起预应力损失。台座由框架(两根固定横梁和两根受压柱构成)和活动横梁组成,固定横梁和活动横梁间设置千斤顶,预应力钢筋两端用工具锚在活动横梁的锚固板上,千斤顶顶起活动横梁使预应力筋受张拉,张拉力由承力架承受。台座可分为墩式台座和槽式台座两类。

(3)预应力筋张拉

预应力混凝土预制梁制造过程中,张拉预应力筋,对梁施加预应力都十分关键,施加预应力过多或不足都会影响梁的预制质量,必须按设计要求准确施加预应力。

先张法梁的预应力筋是在底模整理后,在台座上张拉已加工好的预应力筋。先张法梁通常采用一端张拉,另一端在张拉前设置好固定装置或安放好预应力筋的放松装置。张拉前,应先在端模梁上安装预应力筋的定位钢板,检查其孔位和孔径符合设计要求后在台座安装预应力筋。安装张拉设备时,应使张拉力的作用线与钢筋中心线一致。张拉时应采用预应力与伸长值双控制的方式,若发现伸长值异常,应停止张拉并查明原因。

(4)预应力混凝土配料与浇筑

混凝土工程质量是保证混凝土达到设计强度等级的关键,将直接影响钢筋混凝土结构的强度和耐久性。混凝土工程采用集中拌制、搅拌运输车运输,混凝土梁浇筑采用一次整体、连续灌注。箱梁的灌注顺序为先底板,再腹板,最后顶板,采用水平分层、斜向推进灌注工艺,孔梁总体灌注宜在混凝土初凝时间内完成。混凝土振捣采用附着式振动和高频插入式振动器相配合的方法。

(5)预应力筋放松

当混凝土强度达到设计强度的75%以后,可在台座上放松受拉预应力筋,对预制梁施加预应力。放松过早会造成较多的预应力损失(主要是收缩、徐变损失);放松过迟则影响台座和模板的周转。放松时速度不应过快,尽量使构件受力对称均匀。只有待预应力筋被放松后,才能切割每个构件端部的钢筋。实际工程中使用较多的放松预应力钢筋的方法有:千斤顶放松、沙箱放松、滑楔放松和螺杆放松等。

2.后张法预应力混凝土简支梁制造

简支梁后张法施工是先浇筑构件的混凝土,待养护结硬达到一定强度后,再在构件上用张拉机具张拉预应力钢筋。后张法施工分为有黏结工艺和无黏结工艺两大类。其中,黏结工艺又可分为先穿束法和后穿束法。先穿束法是将预应力钢束先穿入管道,预埋在后浇筑的混凝土中。其优点是不会产生堵管的现象,可避免在某些情况下后期穿束的场地条件的限制;缺点是应在规定的时间内张拉完毕,否则会引起预应力钢束的锈蚀,且不能使用蒸汽养护。后穿束法则是将管道预埋在后浇筑的混凝土中,当混凝土达到一定张拉强度时,穿束并完成张拉。其优点是张拉预应力的时间、地点较为机动灵活,能使用蒸汽养护;缺点是有时会产生堵管的现象。

后张法主要工序为:在构件中预留预应力筋孔道,浇注混凝土构件;养护混凝土至规定强度后将预应力筋穿入孔道,利用张拉工具张拉预应力至控制应力;在张拉端用锚具将预应力筋锚固在构件两端；在孔道内灌注水泥浆并封锚。

后张法工序比先张法复杂，且构件上耗用的锚具和埋设件等会增加用钢量和制作成本。但后张法无须配置强大的张拉台座，便于现场施工，且适宜配置曲线形预应力筋的大型和重型构件，因此在桥梁工程上也有着广泛的应用。

（1）预留孔道

预留孔道是后张法梁体施工中的一项重要工序。预留孔道的尺寸与位置应正确，孔道应平顺。端部的预埋垫板应垂直于孔道中心线并用螺栓或钉子固定在模板上，以防止浇注混凝土时发生移动。

在梁体内预留预应力筋孔道所用的制孔器目前主要有橡胶管与螺旋金属波纹管，且橡胶管在终凝后抽出，波纹管留在构件中。抽拔橡胶管制孔器也按设计位置固定在钢筋骨架中，待混凝土抗压强度达到4~8MPa时（即混凝土初凝之后，终凝之前），再将橡胶管抽拔出以形成孔道。这种制孔器可重复使用，比较经济，管道内压注的水泥浆与构件混凝土结合较好。但缺点是不易形成多向弯曲形状复杂的管道，且需要控制好抽拔时间。

螺旋金属波纹管在浇注混凝土之前，将波纹管按预应力钢筋设计位置绑扎于与箍筋焊连的钢筋托架上，再浇筑混凝土，结硬后即可形成穿束的孔道。金属波纹管是用薄钢带经卷管机压波后卷成的，其重量轻，纵向弯曲性能好，径向刚度较大，连接方便，与混凝土黏结良好，与预应力钢筋的摩阻系数也小，是后张法预应力混凝土构件中一种较理想的制孔器。

（2）张拉机具使用前的校检

目前，对预应力施工机具进行校检的方法有应力环校检、压力机校检及电测传感器校检等，其中，应力环校检方便灵活，不受设备条件的限制，而压力机法的优点是千斤顶能够测出真实的伸长量，结果较为准确。

（3）预应力筋的张拉工艺

当梁体混凝土的强度达到设计强度的75%以上时，才可进行穿束张拉。穿筋工作一般采取直接穿筋，较长的钢筋可借助长钢丝作为引线，用卷扬机进行穿筋。

曲线预应力筋和长度大于25m的直线预应力筋，应采用两端对称张拉。长度等于或小于25m的直线预应力筋，可在一端张拉。预应力筋的张拉应符合设计要求，当设计无要求时，可分批分阶段对称张拉。分批张拉时，应按顺序对称地进行，以防偏心压力过大导致梁体出现较明显的侧弯现象，同时应考虑后张拉的预应力筋对先张拉的预应力筋所带来的预应力损失。为有效确保预应力张拉施工质量，国内已采用预应力智能张拉系统对预应力筋进行张拉。

智能张拉系统由系统主机、油泵、千斤顶三大部分组成。预应力智能张拉系统以应力为控制指标，伸长量误差作为校对指标。系统通过传感技术采集每台张拉设备（千斤顶）的工作压力和钢绞线的伸长量（含回缩量）等数据，并实时将数据传输给系统主机进行分析判断，同时张拉设备（泵站）接收系统指令，实时调整变频电动机工作参数，从而实现高精度实时调控油泵电动机的转速，实现张拉力及加载速度的实时精确控制。系统根据预设程序，由主机发出指令，同步控制每台设备的每个机械动作，自动完成整个张拉过程。

（4）孔道压浆

孔道压浆能保护预应力筋不受锈蚀，并使预应力筋与混凝土梁体黏结成整体，从而既能减轻锚具的受力，又能提高梁的承载能力、抗裂性能和耐久性能。孔道压浆用专门的压浆泵进行，压浆后的浆提要求密实饱满，并应在张拉后24h完成。

为了增加孔道压浆的密实性，在水泥浆中可掺加外加剂，但掺入量不得使混凝土自由膨胀率超过10%，且不得掺入铝粉、氯化物或其他对预应力筋有腐蚀作用的外加剂。压浆前，应用压力水冲洗孔道，确保孔道通畅，并吹去内积水。压浆顺序为先下孔道后上孔道，以免上孔道漏浆把下孔道堵塞。直线孔道压浆时，应从构件的一端压到另一端；曲线孔道压浆时，应从孔道最低处开始向两端进行。

（5）封端

孔道压浆后应立即将梁端水泥浆冲洗干净，并将断面混凝土凿毛。对端部钢筋网的绑扎和封端板的安装，要妥善处理并确保固定，以免在浇筑混凝土时因模板移动而影响梁长。封端混凝土的强度等级应不低于梁体混凝土强度等级的80%。浇完混凝土并静置1~2h后，应按一般规定进行浇水养护。

### （三）简支梁架设施工

预制装配施工是将在预制厂或桥梁现场预制的梁运至桥位处，使用一定的起重设备进行安装和完成横向联结组成桥梁的施工方法。目前，预制安装法是简支梁经常采用的一种施工方法。预制梁的安装主要有架桥机法、跨墩龙门式吊车架梁法、自行式吊车架梁法、扒杆架设法、浮吊架设法和高低腿龙门架配合架桥机架设法等几种。

1. 梁的起吊和运输

由于梁体长、笨重，起吊、运输都比较困难，因此要合理选择起吊、运输的工具和方法，以确保安全。梁体起吊时，混凝土的强度应符合设计规定。压浆强度不得低于设计强度的75%，封端混凝土强度不得低于设计强度的50%；吊点、支点位置应经计算确定，其距离误差不得大于规定的200mm；起吊、运输或存放都要有防止倾覆的措施。在桥梁施工架梁前常需先卸后架，应有一处存梁场地，场地位置要慎重选择，一般可在车站、区间或桥头存放，也可在施工线路上选择适当地点存放。存梁场应有良好的排水系统和设施，宜优先采用大跨度吊梁龙门架装卸桥梁。采用滑道移梁时，滑道应有一定的强度和刚度，并满足移梁作业的需要。

2. 架设方法

（1）架桥机法

架桥机可分为单导梁式、双导梁式、斜拉式和悬吊式等类型。

①一孔架设完成后，前后横梁移至尾部，架桥机整体前移；

②架桥机整体向前移动了十孔位置，将前支腿支承在墩顶上，待架梁装载在运梁平车上向前移动；

③待架梁前端接近吊装孔时，前横梁吊机将其吊起，梁的后端仍放在运梁平车上，继续前移；

④后横梁吊机吊起梁的后端，缓慢前移，纵向对准梁位后，固定前后横梁，吊机沿横梁横移，落梁就位。

（2）跨墩龙门式吊车架梁

跨墩龙门式吊车适用于在桥不太高，架梁孔数又多，沿桥墩两侧铺设轨道不困难，以及不通航浅水区域安装预制梁。一台或两台跨墩龙门吊车分别设于待安装孔的前、后墩位置，预制梁由平车顺桥向运至安装孔的一侧，移动跨墩龙门式吊车上的吊梁平车，对准梁的吊点放下吊架将梁吊起。当梁底超过桥墩顶面后，停止提升，用卷扬机牵引吊梁平车慢慢横移，使梁对准桥墩上的支座，然后落梁就位，接着准备架设下一根梁。

（3）自行式吊车架梁法

在桥不高、场内又可设置行车便道的情况下，用自行式吊车（汽车吊车或履带吊车）架设中、小跨径的桥梁十分方便。此法视吊装重量不同，还可采用单吊（一台吊车）或双吊（两台吊车）两种形式。其特点是机动性好，无须动力设备和准备作业，架梁速度快。

（4）浮吊架设法

此架梁方法高空作业较少、吊装能力强、工效高、施工较安全，但需要大型浮吊。由于浮吊船来回运梁航行时间长，需增加费用，一般采取装梁船存梁后成批架设的方法。浮吊架梁时需在岸边设置临时码头来移运预制梁。架梁时，浮吊要仔细锚固，当流速不大时，可用预先抛入河中的混凝土锚作为锚固点。

（5）高低腿龙门架配合架桥机架设法

山区预制梁受场地影响，为满足施工进度需求，经常把预制梁场地设置在桥梁下狭小场地内，采用运梁车将桥下预制梁运至高低腿龙门吊下面，利用高低腿龙门吊将预制梁提升到桥面，然后用运梁小车把箱梁运到架桥机下面架设预制梁。

## 二、预应力混凝土连续梁桥施工

预应力混凝土连续梁桥以结构受力性能好、抗震能力强、变形小、造型简洁美观、行车平顺舒适等优点而成为富有竞争力的主要桥型之一。预应力混凝土连续梁桥施工方法主要包括简支转连续施工、就地浇筑施工、悬臂施工、顶推施工和移动模架逐孔施工。

### （一）简支转连续施工

1. 简支转连续施工方法

简支转连续施工方法是指把一联连续梁板分成几段，每段一孔，多段梁板在预制场预制后移动吊放到墩台顶的支座上，形成简支梁，在完成湿接缝、连续端的各道工序后浇筑连续端及湿接缝混凝土，然后张拉负弯矩预应力束，拆除临时支座，使连续梁落到永久支座上，完成桥梁结构由简支到连续的体系转换。预制简支梁时按预制简支梁的受力状态进行第一次预应力筋（正弯矩筋）的张拉锚固，分片进行预制安装，安装完成后经调整位置（横桥向及标高），浇筑墩顶接头处混凝土，更换支座，进行第二次预应力筋（负弯矩筋）的张拉锚固，进而完成一联预应力混凝土连续梁的施工。

简支转连续施工方法也存在体系转换，体系转换施工方法一般有以下三种：

（1）从一端起逐孔连续，即先将第一孔与第二孔形成两跨连续梁，然后再与第三孔形成三跨连续梁，依此类推，形成一联连续；

（2）从两端起向中间逐孔连续；

（3）从中间孔起向两端逐孔连续。

如遇长联，可按上述三种方法灵活综合选用。显然，不同的体系转换方法所产生的混凝土徐变二次力及预加力产生的二次力是不同的。

2.简支转连续施工技术存在的问题

（1）顶板负弯矩波纹管施工中，由于靠近梁体上部，混凝土浇筑中容易出现位移，造成两梁端部的对应管道错位，不顺直，增加了内摩阻力和其他应力。振捣棒易破坏波纹管，造成漏浆，穿束困难。

（2）锚固段在张拉时，钢绞线从固定端锚板滑丝，锚固区混凝土开裂，锚板变形，伸长值超标。

（3）张拉端在张拉时，锚垫板压坏，出现滑丝现象。

（4）两梁对接的连续端波纹管和张拉槽、固定槽间断的波纹管搭接困难，浇筑整体化混凝土时向管内渗浆，造成穿束困难和张拉应力误差较大。

（5）由于预留张拉槽、固定槽和连续端的多处波纹管搭接，压浆困难，无法直观判断压浆饱满情况，可能出现出浆口不出浆现象。

## （二）就地浇筑施工

1.概述

连续梁桥就地支架浇筑施工是在支架上安装模板，绑扎、安装钢筋骨架，预留孔道，现场浇筑混凝土，并施加预应力的方法。预应力混凝土连续梁桥采用就地支架浇筑施工需要在连续梁桥的一联各跨均设支架，一联施工完成后，整联卸落支架。也可以仅在跨梁上使用移动支架逐孔现浇施工。因此，结构在施工中不存在体系转换，不产生恒载徐变二次矩。其主要特点是桥梁整体性好，施工简便可靠，对机具和起重能力要求不高。缺点是：需要大量的脚手架，可能影响通航和排洪；设备周转次数少，施工工期长；施工费用较高。该方法适用于低矮桥墩的中小跨径连续梁桥或弯桥、宽桥、斜交桥、立交桥等复杂桥型。其经济跨径为20~60m。

2.施工流程

为减轻支架的负担，节省临时工程数量，部分桥梁主梁截面的某些部分在落架后利用主梁自身支承，继续浇筑二期结构的混凝土，这样就使得浇筑和张拉的工序重复进行。

3. 支架

支架类型的选择是就地浇筑施工的关键。支架上就地浇筑连续梁桥施工所用支架与钢筋混凝土简支梁桥就地浇筑支架基本相同。

4. 混凝土浇筑

混凝土浇筑方式有多种，以大跨径预应力混凝土箱形截面连续梁桥混凝土浇筑施工为例。

（1）箱形截面混凝土浇筑顺序应按设计要求进行施工，采用一次浇筑时，可在顶板中部留一洞口以供浇筑底板混凝土，待浇好底板后立即补焊钢筋封洞，并同时浇筑肋板混凝土，最后浇顶板混凝土，一次完成；当采用两次浇筑时，各梁段的施工应错开。箱体分层浇筑时，底板可一次浇筑完成，腹板可分层浇筑，分层间隔时间宜控制在混凝土初凝前且使层与层覆盖住。底板混凝土浇筑至箱室倒角顶部时（分层厚度可为 0.5m），先由两侧腹板对称浇筑混凝土，使底板混凝土由箱梁两侧向横断面中部流动，然后由中腹板放料，完成该断面底板混凝土浇筑。

（2）浇筑肋板混凝土时，两侧肋板应同时分层进行。浇筑顶板及翼板混凝土时，应从外侧向内侧一次完成，以防出现裂纹。

（3）当箱梁截面较大，节段混凝土数量较多时，每个节段可分两次浇筑，先浇底板到肋板的倒角以上，再浇筑肋板上段和顶板，其接缝按施工缝要求处理。

（4）混凝土浇筑完毕，经养护达到设计强度的 75% 或要求的强度后，完成孔道检查和修理管口弧度等工作，即可进行穿束、张拉、压浆和封锚。

（5）梁段混凝土的拆模时间，应根据混凝土强度及施工安排确定。混凝土应尽量采用早强措施，使混凝土的强度及早达到预施应力的强度要求，缩短施工周期，加快施工进度。

（6）梁段拆模后，应对梁端的混凝土表面进行凿毛处理，以加强接头混凝土的连接。

## （三）悬臂施工

1. 悬臂施工法概述

悬臂施工法亦称分段施工法，是在已建成的桥墩上，沿桥梁跨径方向对称地逐段浇筑或拼装的施工方法。悬臂施工法按节段成型方式一般分为悬臂浇筑法和悬臂拼装法。

其主要特点：（1）悬臂施工法比满堂固定脚手架施工法具有更大的桥下净空；（2）施工时不受季节、河流水位的影响，不影响桥下通航；（3）减少了大量施工支架和施工设备，简化了施工程序，高度机械化，能循环重复作业。预应力混凝土连续梁桥采用悬臂施工的方法需在施工中进行体系转换，即在悬臂施工时，结构的受力状态呈 T 形刚构、悬臂梁，待施工合龙后形成连续梁。预应力混凝土连续梁桥在悬臂施工时，由于墩梁不能承受较大弯矩，因此，施工时要采取措施临时将墩、梁固结，待悬臂施工至少一端合龙后恢复原结构状态，这是连续梁采用悬臂施工的一个特点。

悬臂施工法适用于以下桥梁：（1）位于深山峡谷之中，不便使用支架法的桥梁；（2）位于江河之上，水流湍急，需通航或有流冰、流木的桥梁；（3）不能影响桥下交通的立交桥；（4）工期较短的大跨度桥梁。

2. 悬臂施工法工序

预应力混凝土连续梁桥悬臂施工按其工序不同，有下列三种情况：

（1）逐跨连续悬臂施工

对于多跨连续梁仍可按上述工序，由一端开始向另一端进行。逐跨连续悬臂施工过程中需要有体系转换，这是悬臂施工法的基本要点。逐跨连续悬臂施工可以利用已建结构在桥面上运输，故机具设备、材料的运输较为简捷。此外，每完成一个新的悬臂并在跨中合龙后，结构的稳定性和刚度不断加强，因此，此施工法常在多跨连续梁或较长的大跨桥上使用。

（2）T构—单悬臂—连续施工

多跨连续梁的中段合龙可以2~3个合龙段同时施工，也可以逐个进行。按这一工序施工可使结构稳定，受力对称，并便于结构内力调整。但需注意在边段合龙，B墩临时固结尚未释放之前为一端铰接一端固接的超静定结构，此时，张拉边跨的预应力筋时，将产生预加力的二次矩。T构—单悬臂—连续施工的工序常在3跨、5跨的连续梁中采用。

（3）T构—双悬臂—连续施工

先将所有悬臂施工部分连接起来，最后边跨合龙，即所谓"先中孔后边孔合龙"，不但施工费用高，施工工序跳跃，而且在结构呈悬臂状态时稳定性差，一端施力引起另一端产生较大的位移，因此较少采用。特别是在大跨和多跨连续梁桥中，应尽量避免使用这一施工工序。连续梁桥的最终恒载内力与施工合龙的次序有关，不同的合龙工序，它们的初始恒载内力不同，并且在体系转换过程中，由混凝土徐变引起的内力重分布的数值也不同。对于箱形截面，可将梁体每2~5m分为一个节段，以挂篮为施工机具进行对称悬臂施工。节段宜分批划成同等长度，以便于施工，同时应尽可能发挥挂篮的承载能力。挂篮自重为500~1500kN不等，因桥梁规模及挂篮构造形式而不同，挂篮自重与构造在桥梁设计与施工过程中均为必须考虑的因素，每节段施工周期一般为7~15d。

3. 悬臂浇筑施工法

悬臂浇筑是在桥墩两侧对称逐段浇筑混凝土，待混凝土达到一定强度后，张拉预应力筋，然后移动机具、模板（挂篮），再进行下一节段的施工，一直推进到悬臂端为止。主梁各部分的长度视主梁形式、跨径、挂篮的形式及施工周期而定。墩顶梁段一般为5~10m，悬浇分段一般为3~5m，支架现浇段一般为2~3个悬浇分段长，合龙段一般为1~3m。

（1）移动式挂篮悬臂浇筑施工

①悬臂施工挂篮简介：

挂篮悬臂浇筑施工是将梁体每2~5m分为一个节段，以挂篮为施工机具，从桥墩开始对称伸臂逐段现场浇筑混凝土的施工方法。挂篮通常由承重梁、悬吊模板、锚固装置、行走系统和工作平台几部分组成。承重梁是挂篮的主要受力构件，可以采用钢板梁、I型钢、万能杆件组拼的桁架或斜拉体系等，它承受施工设备和新浇节段混凝土的重量并由支座和锚固装置将荷载传到已完成施工的梁身上，当后支座的锚固能力不够，并考虑行走的稳定性时，常采用在尾端压重的措施。

挂篮的主要功能有：支承梁段模板，调整正确位置；吊运材料、机具；浇筑混凝土和在挂篮上张拉预应力筋。在挂篮施工中，架设模板、安装钢筋、浇筑混凝土和张拉等全部工作均在挂篮工作平台上进行。当该节段的施工全部完成后，由行走系统将挂篮向前移动，动力常采用绞车牵引。行走系统包括向前牵引装置和尾索保护装置。

挂篮按构造形式分，主要有桁架式挂篮（包括菱形、弓弦式、平弦无平衡重式）、斜拉式（三角形）挂篮及组合斜拉式挂篮三种。菱形桁架式挂篮主要由菱形桁架、提吊系统、走行及后锚系统、模板系统和张拉操作平台等六部分组成。斜拉式挂篮也被称为轻型挂篮。随着桥梁跨径越来越大，为了减轻挂篮自重，以减少施工阶段增加的临时钢丝束，在梁式挂篮的基础上研制了斜拉式挂篮。斜拉式挂篮承重结构由纵梁、立柱前后斜拉杆组成。杆件少，结构简单，受力明确，承重结构轻巧。其他构造系统与梁式挂篮相似。

②移动式挂篮悬臂浇筑施工的主要程序：

浇筑0#段及墩梁临时锚固→拼装挂篮→浇筑1#段混凝土→张拉预应力钢索→挂篮前移、调整、锚固→浇注下一梁段→合龙。

A. 浇筑0#段及墩梁临时锚固

采用悬臂浇筑施工，桥墩顶部的0#块，圬工数量多，一般采用现场就地浇筑。为了拼装挂篮，往往对悬臂根部梁段边与0#块一同浇筑，常采用三角托架支承这部分施工重量。当桥墩比较低时，支架可置于桥墩基础上或直接置于地基上；当桥墩比较高时，可在墩中设置预埋件支撑或悬吊式施工托架。

在立0#段底模时，首先需要在悬臂施工前将桥墩与墩顶处梁段临时固结，同时安装支座及防倾覆锚固装置，以承受施工过程中产生的不平衡弯矩。

B. 拼装挂篮

挂篮运至工地后，应在试拼台上试拼，以发现由于制作不精良及运输中变形造成的问题，保证正式安装的顺利进行及工程进度。

挂篮操作应注意在0#段上安装梁顶滑道，然后安装支座及三角形组合梁，并将其梁尾部相连，并锚固，配置压重，吊挂相应调带（杆）；将底模平台及侧模支架作为整体起吊，与相应吊点相连接，后下横梁则用吊杆支撑在箱梁底板上；从2#段开始，两挂篮分开作业，其尾部各安装接长梁，并将主梁后端锚固在箱梁顶面上；挂篮锚固应由专人负责，以保证挂篮在每次变形时规律一致。

C. 梁段混凝土的浇筑

梁段混凝土的悬臂浇筑一般用泵送，坍落度一般控制为14~18cm，并应随温度变化及运输和浇筑速度做适当调整。梁段混凝土浇筑时应注意以下事项：箱梁各阶段混凝土在灌注前，必须严格检查挂篮中线、挂篮底模标高，纵、横、竖三向预应力束管道、钢筋、锚头、人行道及其他预埋件的位置，认真核对无误后方可灌注混凝土；后灌注的梁段应在已施工梁段有关实测结果的基础上做适当调整，以逐渐消除误差，保证结构线性匀顺。

D. 预应力混凝土连续梁悬臂施工的合龙

预应力混凝土连续梁的合龙施工要掌握合龙期间的气温预报情况，测试、分析气温变化规律，以确定合龙时间并为选择合龙锁定方式提供依据；根据结构情况及梁温可能的变化情况，选定适宜的合龙方式并做力学验算；日气温较低、温度变化幅度较小时锁定合龙口并灌注合龙段混凝土；合龙口的锁定应迅速、对称地进行，先将外刚性支撑一段与梁端预埋件焊接，而后迅速将外刚性支撑另一端与梁连接，临时预应力束也应随之快速张拉。在合龙口锁定后，立即释放一侧的固结约束，使梁一端在合龙口锁定的连接下能沿支座左右伸缩。

预应力混凝土连续梁的合龙口混凝土宜比梁体提高一级，并要求早强，最好采用微膨胀混凝土，并需做特殊配比设计，浇筑时应认真振捣和养护；为保证浇筑混凝土过程中，合龙口始终处于稳定状态，必要时可在浇筑之前向各悬臂端加与混凝土重量相等的配重，加、卸载均应对称梁轴线进行；混凝土达到设计要求的强度后，先部分张拉预应力钢索，然后解除劲性骨架，最后按设计要求张拉全桥剩余预应力束，当利用永久束时，只需按设计顺序将其补拉至设计张拉力即可。

（2）桁式吊悬臂浇筑施工

桁式吊悬臂浇筑施工是利用由万能杆件组拼的桁架悬吊移动式模板和施工设备进行悬臂浇筑的施工方法。用桁式吊悬臂浇筑施工的主要特点在于悬臂施工的节段重量和施工设备均由桁架承受，通过桁架的支架和中间支柱将荷重传至已完成的梁体和桥墩上。此外，由于施工桁梁把梁体与悬浇施工梁段连通，因此材料和设备均可由桥上水平运输到施工现场。

桁式吊有移动式和固定式两种。移动式桁梁随施工进程逐跨前移，而固定式桁梁在悬臂施工时不移动，需在桥梁全长布置桁梁，因此仅在桥不长的情况下使用。桁式吊可用于等截面梁和变截面梁，所以桁梁通常设在主梁的上方。

当悬臂浇筑合龙后，先将前后悬吊模板移向墩顶，移桁架至前墩，浇筑墩顶段混凝土，待墩上节段张拉完成，梁墩临时固结，将桁梁前移呈单臂梁后，在墩上主梁处设支架支承桁梁。对于多联连续梁桥，各联不连续，施工时可临时连续，完成后再分开。当悬臂施工合龙，桁梁前移后，与悬臂浇筑施工无关的后跨应释放墩梁临时固结，此项工作在施工中，逐跨进行。

移动桁式吊悬浇施工适用桥梁跨径为40~150m，经济跨径为70~90m，对于多跨长桥最为合适，经济效益较高。如果选用桁梁支承在桥墩顶处的桁式吊，由于施工重量不施加在悬臂的主梁上，可以减小对桥墩的不平衡弯矩，因此可以增加悬臂施工的节段长度，通常可做到 10m 为一节段，大大加快了施工速度。

移动桁式吊悬浇施工也适用于变截面梁桥、变跨径桥和有缓和曲线的弯桥。施工条件和质量控制与用挂篮悬臂浇筑施工相同，但与挂篮悬臂浇筑施工相比，岸跨边段及墩上节段的施工均可由桁式吊完成，且可以省掉部分施工支架设备。

（3）挂篮、导梁悬臂浇筑施工

挂篮、导梁悬臂浇筑施工是用挂篮悬臂施工并辅以导梁作为运输材料、设备和移动挂篮的施工方法。挂篮悬臂浇筑完成后需将挂篮移至下一个桥墩继续施工，使用导梁就可以方便地将挂篮水平移到下一个墩位，施工简便、迅速。

导梁仅承受挂篮或运输材料、设备的重量，与前述桁梁相比可以降低要求，常采用钢板梁、简易桁架。导梁的长度必须大于最大跨径的一半，即在悬臂浇筑施工完成后，将导梁纵向移到前墩，支承在已完工的悬臂端和前墩上运送挂篮。采用导梁运送挂篮，后方挂篮需要通过桥墩，因此对挂篮的构造要考虑其悬吊部分便于装拆分离。

4.悬臂拼装施工法

悬臂拼装法则是将预制节段块件，从桥墩两侧依次对称安装节段，张拉预应力筋，使悬臂不断接长，直至合龙的一种施工方法。

（1）节段预制

节段的划分主要由运输吊装能力、工期、预制模板等因素确定，一般一段长 2~5m。节段预制的质量和定位的准确程度直接影响悬臂拼装的效果。常用的预制方法有长线浇筑和短线浇筑预制方法。长线浇筑是在施工现场按桥梁底缘曲线制作的固定底模上分段浇筑，底模长度可取桥跨的一半或从桥墩对称取桥跨的长度，浇筑的顺序可以采用奇、偶数，即先浇奇数块节段，然后利用奇数节段的端面弥合浇筑偶数节段，使混凝土面结合紧密，也可采用分阶段的预制方法，但长线法施工对曲线段桥梁适用性较差。短线预制设备由可调整外部及内部模板的台车与端模架系统组成。预制时第一段混凝土浇筑完成后，在其相对位置上安装下一段模板，并利用第一阶段的端面作为第二阶段的端模完成混凝土的浇筑工作。如此周而复始，台座仅需三个梁段长。长线浇筑需要较大的施工场地，并要求操作设备能在预制场地移动，节段要按序堆放。长线浇筑法宜在具有固定的水平和竖向曲率的多跨桥上采用，可以提高设备的使用效率。节段的拼装面常做成企口缝，腹板企口缝用于调整高程，顶板企口缝可控制节段的水平位置，使拼装迅速就位，并能提升结构的抗剪能力。有的在预制节段的底板处设预埋件，用以固定拼装时的临时筋，可加临时预应力或用花兰螺丝收紧。

（2）悬臂拼装施工

悬臂拼装的 0# 块，多数采用预制装配，由于 0# 块一般高度最大，所用混凝土最多，因此也可以采用梁场预制，运至现场后进行二次浇筑施工，也有部分采用全部现场浇筑施工。由于 0# 块空间位置对后续梁段拼装线形影响很大，因此 0# 块需要进行精确定位，节段预制和拼装过程需要专业人员进行监控，量测其结构线形。

悬臂拼装时，预制节段的接缝可采用湿接缝、胶接缝和干接缝。

湿接缝：是在相邻节段间现浇一段10~20cm宽的高强度快凝水泥沙浆或小石子混凝土，将节段连接成整体。湿接缝常在就地浇筑的0#块与第一节段间使用，用以调整预制节段的准确位置，此时第一节段还需用吊机固定位置，桥墩构造设计时考虑支承第一节段，保证第一节段的位置准确。

胶接缝：常用厚1mm左右的环氧树脂水泥在节段接触面上涂一薄层，采用0.2~0.25MPa的预应力拼压，将相邻节段连成整体。环氧树脂水泥在施工中起润滑作用，使接缝密贴，完工后可提升结构的抗剪能力、整体刚度和不透水性，常在节段间接缝中使用。

干接缝：相邻节段拼装时，接缝间无任何填充料，直接将两端面贴合，接缝上的内力通过预应力及肋板上的齿形键传递。

通常情况下，节段拼装施工一般采用湿接缝或涂环氧树脂胶的胶接缝，尽量避免采用干接缝，这是因为干接缝节段密贴性差，接缝中水气浸入导致钢筋锈蚀。悬臂拼装的机具很多，有移动式吊车、挂篮、悬索起重机、汽车吊、浮吊等。移动式吊车外形似挂篮，由承重梁、横梁、锚固装置、起吊装置、行走系统和张拉平台等几部分组成。

在墩顶开始吊装第一节段时，可以使用一根承重梁对称同时吊装，在允许布置两台移动式吊车后，开始独立对称吊装。通常是从桥下用轨道平车或驳船将节段运输至桥位，由移动式吊车吊装就位。关于合龙段的施工，一种是预留1.5~2.0m合龙段，在主梁标高调整后现场浇筑混凝土张拉预应力筋，将梁连成整体。另一种是采用节段拼装合龙，浇筑合龙段湿接缝后张拉合龙束预应力钢筋，使梁连成整体。现浇合龙比节段拼装合龙施工工期长，工序复杂，但便于施工调整，而节段拼装对梁段预制和拼装的精度要求较高，合龙施工工期较短。

# 第二节　拱桥施工

## 一、现浇混凝土拱桥施工

对现浇混凝土拱桥进行有支架施工是一种传统的施工方法，也是应用最广泛的一种方法。现在，还有一种无支架的悬臂现浇施工方法也在逐步被广泛应用。本节重点介绍有支架现浇施工方法，其主要施工程序有材料的准备、拱圈放样、拱架制作与安装、拱圈及拱上建筑施工等。

### （一）拱架的形式和构造

就地浇筑混凝土拱圈时需搭设拱架，以支承拱圈和上部结构的全部或部分重量，同时还要保证拱圈的形状符合设计要求。拱架的设计和施工都比较复杂，是决定拱桥施工成败的关键。拱架要有足够的强度、刚度和稳定性，同时拱架又是一种临时结构，因此又要求它构造简单，装拆方便，节省材料并能重复使用，以加快施工进度，减少施工费用。拱架的种类很多，按形式可分为满堂式拱架、少支架拱架、拱式拱架等，按使用材料可分为木拱架、钢拱架、竹拱架、竹木拱架及土牛拱胎等。

1. 满堂式拱架

满堂式拱架的优点是施工可靠，技术简单，木材和铁件规格要求低；缺点是材料用量多且损耗率较高，受洪水威胁大。其在水深流急、漂流物较多及要求通航的河流上不能采用。满堂式拱架通常由拱架上部（简称拱架或拱盔）、卸拱设备、拱架下部（支架或脚手架）三部分组成。拱架上部是由立柱、斜撑和拉杆等组成的拱形桁架，下部是由立柱及横向联系（斜夹木和水平夹木）组成的支架，上、下部之间放置卸拱设备（沙筒、木马或千斤顶等）。

拱架上部在斜撑上钉以弧形垫木，以满足拱腹的曲线要求，通常将斜撑和弧形垫木合称为弓形木（梳形木）。弓形木支承在立柱或斜撑上，跨度为1.5~2.0m。其上放置横梁，间距为0.6~0.7m，横梁上再纵向铺设30~50mm厚的模板。

当拱架横向间距较小时，也可不设横梁，直接在弓形木上铺设30~50mm厚的模板。拱架下的水平拉杆为系杆。拱架节点应构造简单，避免采用复杂的节点和接头形式，连接处要紧密，以保证拱架在荷载作用下变形最小且变形曲线圆顺。

每一拱肋下应有1~2榀拱架，拱圈之下视拱圈宽度和重量大小可设多榀。拱架之间要有充分的横向连接系。

一般来说，满堂式拱架适合跨度不大、高度较小、基础较好的拱桥。

2. 少支架拱架

通航河流需预留一定的桥下净空，或在水深、桥高以及其他不适宜采用满堂式拱架的环境下，可采用有中间支承的墩架式拱架。墩架式拱架用少数框架式支架加斜撑来代替数目众多的立柱，在墩架上设置横梁，横梁上安装卸拱设备，再安装拱盔。该种拱架的材料用量较满堂式拱架少，构造也不复杂，且能在桥下留出适当的空间，是实际施工中较常用的一种拱架形式。

另一种常用的少支架拱架为用工字梁及墩架做成的拱架。工字梁的跨度可达12~15m，间距为1m左右，用纵向及横向连接系支承。这种拱架可利用常备式构件拼装，节省木材及劳动力，且使得桥下净空较宽。

3. 拱式拱架

拱式拱架实质上是一个临时的拱圈，在墩台上的相应位置预埋、安装牛腿，拱脚就安装在牛腿上的卸拱设备上。拱式拱架的拱圈一般采用常备装配式桁架、装配式公路钢桥节或者万能杆件等拼装，根据拱曲线的差异，选择不同的杆件组合或新加工一些连接短杆，形成相应拱度的折线。在较大的拱式拱架中，为了减少拱脚位移对拱架受力产生的不利影响，一般在拱顶设置成铰接，这样整个拱架其实就是一个三铰拱。

## （二）拱架施工要点

### 1. 拱架的计算荷载

拱架的设计计算与其他结构物的设计计算一样，根据拱架结构的特点，选择合理的计算图式，选定符合实际并考虑安全储备的计算荷载，从强度、刚度、稳定性等方面进行计算和验算。拱架的计算荷载主要有：拱架自重荷载、拱圈圬工荷载、施工人员及机具荷载、其他可能产生的荷载（如风、雪、水流等）。

### 2. 拱架的制作、安装

根据设计拱轴线和各点的预拱度值，计算出拱轴线各处的实际高程值。选择放样场地（如学校操场、已完成的路面等），利用相对坐标放出实际拱架拱轴线，据此进行拱架杆件的制作、拱（箱）肋侧模的分块和制作。

拱架的杆件加工好后，先进行试拼，根据试拼情况进行可能的局部修整，再进行拱架的正式搭设。

拱架的正式搭设应根据拱架的类型分别采用不同的方法。满堂式拱架一般在桥孔中逐杆进行安装，三铰拱式拱架可采用整片吊装的方法安装，大跨度的钢拱架一般采用悬臂法逐节拼装，还有一些钢拱架可以采用转体法进行安装。

### 3. 拱架的试压

拱架试压的加载重量及顺序根据拱圈分段、分层现浇的加载情况进行模拟。考虑到拱圈的曲线形式，以及在各部位加载时拱架变形情况不同，为了操作的方便和安全，拱架试压一般采用沙袋加载的方式进行。

### 4. 拱架的卸落和拆除

现浇混凝土拱圈拱架的拆除期限应符合设计规定；设计无规定时，在拱圈混凝土强度达到设计强度的85%后，方可卸落拆除。拱架的卸落一般选在一天中温度最高时进行，按照设计规定的程序进行。若设计无规定，应拟订详细的卸落程序，分几个循环卸完，卸落量开始宜小，以后逐渐增大，在纵向应对称、均衡卸落。满堂式拱架可从拱顶向拱脚依次卸落，拱式拱架可在两支座处同时卸落。多孔拱桥卸架时，若桥墩容许承受单孔施工荷载，可单孔卸落，否则应多孔同时卸落或连续孔分阶段卸落。卸落时，应由专人观测拱圈挠度和墩台变化，并详细记录。

## （三）现浇混凝土拱圈施工

拱桥拱圈的浇筑流程同梁桥的浇筑流程基本相似，即支架施工→安装模板→绑筋→浇筑混凝土→养护→拆模→拆支架。拱圈混凝土浇筑与梁桥混凝土浇筑最大的不同点在于浇筑的顺序，拱圈的就地浇筑顺序应满足以下要求：

1. 同一拱圈拱顶两侧，同一跨上、下游，相邻跨间的施工应遵循对称、平衡的原则；
2. 加载各个阶段时，桥墩受到的偏心应力最小；
3. 加载各个阶段时，拱架受到的应力、变形最小；

4. 拱架的变形应在拱圈合龙成型前完成，以尽量避免拱肋产生有害的内部应力；

5. 拱圈分段接缝处应避开应力集中部位（如立柱、横系梁等位置）；

6. 拱圈封拱合龙在拱顶处完成，且尽量选择在较低温度下进行。

拱圈的浇筑方法一般包括以下几种：

1. 连续浇筑

跨径小于 16m 的拱圈或拱肋混凝土，应按拱圈全宽从两端拱脚向拱顶对称、连续浇筑，并在拱脚混凝土初凝前全部完成。如不能在限定时间内完成，则应在拱脚处预留一个隔缝，最后浇筑隔缝混凝土。

2. 分段浇筑

跨径大于或等于 16m 的拱圈或拱肋，为避免拱架变形和混凝土收缩产生裂缝，应沿拱跨方向分段浇筑。分段位置应以能使拱架受力对称、均匀和变形小为原则。拱式拱架宜设置在拱架受力反弯点、拱架节点、拱顶及拱脚处。满堂式拱架、少支架拱架宜设置在拱顶 1/4 部位、拱脚及拱架节点等处。分段长度一般为 6~15m。各段的接缝面应与拱轴线垂直，各分段点应预留间隔槽，其宽度一般为 0.5~1.0m。当有钢筋接头时，其宽度还应满足钢筋接头的需要。

分段浇筑程序应符合设计要求，且对称于拱顶进行，使拱架变形保持对称、均匀和尽可能小。填充间隔缝混凝土时，应由两拱脚向拱顶对称进行。拱顶及两拱脚间隔缝应在最后封拱时浇筑，间隔缝与拱段的接触面应事先按施工缝进行处理。间隔缝的位置应避开横撑、隔板、吊杆及刚架节点等处。间隔缝的宽度以便于施工操作和钢筋连接为宜，一般为 500~1000mm。

浇筑间隔缝混凝土应在拱圈分段混凝土强度达到设计强度的 85% 后进行。为缩短拱圈合龙和拱架拆除的时间，间隔缝内的混凝土可采用强度比拱圈高一等级的半干硬性混凝土。封拱合龙温度应符合设计要求，如设计无规定，一般宜接近当地的年平均温度。

3. 箱形截面拱圈（或拱肋）的分段、分环浇筑

大跨径拱桥一般采用箱形截面的拱圈（或拱肋），为减轻拱架负担，一般采取分环、分段浇筑方法。分段的方法与上述相同，分环一般是分成两环或三环。分成两环时，先分段浇筑底板（第一环），然后分段浇筑肋墙、隔墙与顶板（第二环）；分三环时，先分段浇筑底板（第一环），然后分段浇筑肋墙、隔墙（第二环），最后分段浇筑顶板（第三环）。

## 二、装配式混凝土拱桥施工

相对拱桥主拱圈就地浇筑施工中存在的受高度、跨度、地形等的限制而言，拱圈的装配式施工就显得更有优势。它可以不受桥下水流及通航的影响，跨越能力强，适应性强，施工速度快，也比较稳妥、安全。另外，拱桥上部结构的轻型化、装配化大大加快了拱桥的施工速度。要提高拱桥的竞争力，拱桥必须向轻型化和装配化的方向发展。

装配式混凝土拱桥施工是在预制场地进行混凝土拱桥各构件的制造，然后在桥位进行装配的施工方法。拱桥的装配式施工方法主要有支架拼装法、拱上架梁吊机法、缆索吊装法等，其中以缆索吊装法最为常见。本节将重点介绍箱形截面拱桥的缆索吊装法。

## （一）支架拼装法

这种方法从就地浇筑施工方法优化而来。其将分段浇筑的拱段在桥下放平预制，按照加载顺序依次吊装在拱架上，最后按照就地浇筑拱圈的方法现浇间隔槽合龙拱圈。采用这种施工方法时，拱圈预制和下部结构施工可平行作业，施工快，但需要吊装设备。这种施工方法一般在矮墩、小跨径的拱桥中使用。

## （二）拱上架梁吊机法

拱上架梁吊机主要有步履式和移动式，由千斤顶或卷扬机牵引行走，通过后平衡装置保持稳定，并逐节段安装外伸。起吊安装时，吊机与主体结构锚固，结构稳定性好，有利于构件的准确定位和安装。吊机的起吊重量、起吊速度、最大悬臂长度等根据主体结构的形式以及施工单位的经验和习惯确定。重庆朝天门长江大桥的拱上架梁吊机起重能力达 $2100t \cdot m$，吊幅为 30.5m。

## （三）缆索吊装法

在峡谷或水深流急的河段上，或在通航的河流上需要满足船只的顺利通行时，可选用缆索吊装法。缆索吊装法由于具有跨越能力强，水平和垂直运输机动、灵活，适应性强，施工比较稳妥、方便等优点，成为拱桥施工中使用最为广泛的方法。

缆索吊装施工顺序：在墩台两侧安装索塔，拱桥构件通过主索上的起重设备吊装、运输，依次拼装，并利用扣索将拼装悬臂斜拉稳定，直至全拱合龙。

1. 构件的预制

（1）拱肋构件坐标放样

对于装配式混凝土拱桥，拱肋坐标放样与有支架施工拱肋坐标放样相同，采用直角坐标法放出基肋大样。坐标系采用以基肋内弧下弦为 x 轴，以垂直方向为 y 轴，每隔 1m 在 x 轴上分别量出内、外弧的 y 坐标，以此放样。在放样时应注意各接头的位置，力求精确，以减少安装困难。

（2）拱肋立式预制

采用立式浇筑方法预制拱肋，具有起吊方便、节省木材的优点。常用的预制方法有：①土牛拱胎立式预制；②木架立式预制；③条石台座立式预制，条石台座由数个条石支墩、底模支架和底模等组成。

（3）拱肋卧式预制

①木模卧式预制。当预制拱肋数量较多时，宜采用木模。当浇筑截面为 L 形或倒 T 形时（双曲拱桥拱肋），拱肋的缺口部分可用黏土砖或其他材料垫砌。

②土模卧式预制。在平整的土地上，根据放样尺寸挖出与拱肋尺寸大小相同的土槽，

然后将土槽壁仔细抹平、拍实，铺上油毛毡或水泥袋，便可浇筑拱肋。

③卧式叠浇。当采用卧式预制的拱肋混凝土强度达到设计强度的30%后，可在其上安装侧模，浇筑下一片拱肋，如此连续浇筑被称为卧式叠浇。

拱箱可分为底板、侧板、横隔板及盖板等，通常各板均采用卧式法分别预制。侧板长度可为两横隔板间距，其上、下缘长度差应通过计算确定，一般上缘短50mm，下缘短90mm左右，以便组装成折（曲）线形。拱箱可在节段底模上进行组拼。

2. 拱肋分段与接头形式

（1）拱肋分段

当拱肋跨径在30m以内时，可不分段或仅分两段；当拱肋跨径为30~80m时，可分三段；当拱肋跨径大于80m时，一般分五段。拱肋分段吊装时，理论上接头宜选择在拱肋自重弯矩最小的位置及其附近，但因为分段一般为等分，所以各段重力基本相同，吊装设备较省。

（2）拱肋的接头形式

①对接。拱肋分两段吊装时多采用对接形式。

对接接头在连接处为全截面通缝，要求接头的连接材料强度高，一般采用螺栓或电焊钢板等。

②搭接。分三段吊装的拱肋，因接头处在自重弯矩较小的部位，一般宜采用搭接形式。

③现浇接头。用简易排架施工的拱肋，可使用主筋焊接或主筋环状套接的现浇接头。

接头处的混凝土强度等级应比拱肋混凝土强度等级高一级。连接钢筋、钢板（或型钢）的截面要求，应按计算确定。钢筋的焊缝长度，应满足《公路钢筋混凝土及预应力混凝土桥涵设计规范》（JTG D62—2004）的有关规定。

3. 拱座

拱肋与墩台的连接称为拱座。拱座主要有插入式、预埋钢板法、方形拱座、钢铰连接几种形式。其中，插入式及方形拱座因其构造简单，钢材用量少，嵌固性能好等优点，使用较为普遍。

4. 拱肋起吊、运输及堆放

装配式混凝土拱桥构件在脱模时，混凝土的强度应不低于设计所要求的吊装强度，若设计无要求，一般不得低于设计强度的75%。拱肋移运起吊时的吊点位置应为设计图上的设计位置，以保证移运过程稳定、安全。当采用两点吊时，吊点位置一般可设在离拱肋端头0.22~0.24L（L为拱肋长度）处。当拱肋较长或曲率较大时，应采用三点吊或四点吊。采用三点吊时，除跨中设一吊点外，其余两吊点可设在离拱肋端头0.2L处；采用四点吊时，两个外吊点一般设在离拱肋两端头0.17L处，两个内吊点可设在离拱肋两端头0.37L处。起吊设备可采用三角木扒杆、木马凳和履带吊车等。场内运输可采用龙门架、胶轮平板挂车、汽车甲板车、轨道平车或船只等机具进行。拱肋堆放时应尽可能卧放，特别是矢跨比小的构件（拱肋、拱块），卧放时应设置三处垫木，垫木位置应在拱肋中央及距两端0.15L

处。三个垫点应同高度。当拱肋必须立放时，应放在符合拱肋曲度的弧形支架上，或者支三个支点，其位置在中央及距两端0.2L处，各支点高度应符合拱肋曲度，以免拱肋折断。

堆放构件的场地应平整夯实，不致积水。当因场地有限而堆垛时，应设置垫木。堆放高度依构件强度、地面承载力、垫木强度以及堆放的稳定性而定，一般以2层为宜，不应超过3层。构件应按吊运及安装次序顺序堆放，并留适当通道，防止越堆吊运。

5. 缆索吊装设备

缆索吊装设备又称缆索起重机，主要用于高差较大的垂直吊装和架空纵向运输，吊运质量从几吨到几十吨，纵向运距从几十米到几百米。缆索吊装设备主要用在跨度大，地势复杂、起伏不平或其他起重机设备不易到达的施工现场。

缆索吊装设备由主索、天线滑车、起重索、牵引索、起重及牵引绞车、主索锚碇、塔架、缆风索等主要设备和扣索、扣索锚碇、扣索排架、扣索绞车等辅助设备组成。

（1）主索

主索又称承重或运输天线，它横跨桥墩，支承在两岸塔架的索鞍上，两端锚固于锚碇上，吊运构件的行车支承于主索上。主索的直径、型号、根数等，可根据索塔距离（主索跨度）、设计垂度、起吊重量等，计算出主索所承受的拉力而确定。

（2）起重索

起重索套绕于天线滑车组，做起吊重物之用。起重索一端与绞车滚筒相连，另一端固定于对岸的锚碇上。这样，当行车在主索上沿桥跨做往复运动时，可保持行车与吊钩间的起重索长度不随行车的移动而改变。

（3）牵引索

牵引索是牵引天线滑车沿主索做水平移动的拉绳。其套绕方法有两种，即每岸各设一台绞车，一台用于前进牵引，另一台用于后退牵引。牵引索一端固定在滑车上，另一端与绞车相连。

（4）结索

结索用于悬挂分索器，使主索、起重索和牵引索不致相互干扰，它仅承受分索器重力及自重。

（5）扣索

在装配式混凝土拱桥吊装中，为了暂时固定拱箱（肋）分段所用的钢丝索被称为扣索。扣索分为墩扣、塔扣和天扣等几种。

（6）缆风索

缆风索又称浪风索或抗风索，主要用于稳定塔架（或索架和墩上排架），调整和固定预制构件的位置。

（7）横移索

如果缆索吊装设备只设置一道主索，可用横移索横移预制构件，使其就位，且其方向应尽可能与预制的轴线垂直。

（8）天线滑车

天线滑车又称骑马滑车或跑车，由跑车轮、起重滑车组和牵引系统三部分组成。

（9）塔架及索鞍

塔架是用来提升主索临空高度和支承各种受力钢索的结构物，由塔身、塔顶、塔底等组成。塔身多用万能杆件或贝雷桁节拼成的钢塔架，塔底应采用浆砌片石或片石混凝土基础。塔顶设置索鞍，索鞍用于放置主索、起重索、扣索等，以减小钢绳与塔架间的摩阻力。

（10）地锚

地锚亦称地垄或锚旋，用于锚固主索、扣索、起重索及绞车等。地锚的可靠性对缆索吊装的安全性有决定性影响，故对其设计与施工都必须予以高度重视。按照承载能力的大小及地形、地质条件的不同，地锚的形式和构造可以是多种多样的。工程实践中可利用桥梁墩、台座锚碇，以节约材料，否则需设置专门的地锚。

立垄式地垄适用于土质地层。地垄柱由枕木、圆木或方木制作，挖坑埋入土中。当荷载较大时，常在立垄的后方加设一个或两个立垄，以缆绳相连，共同受力，称之为双立垄或三立垄。

桩式地垄是以打入土中一定深度的木桩来做地垄，分单桩垄、双桩垄和三桩垄几种。

卧垄式地垄亦称困垄，是埋入土中的横置木料，缆索或千斤绳系于木料上的一点或数点。卧垄埋好后填土夯实（或压片石、混凝土预制块等重物）。卧垄能承受较大的压力，一般可达30~500kN。卧垄根据在地垄前侧有无挡墙等装置，可分为有挡卧垄和无挡卧垄两种。卧垄抗拔力较大，因此在拴缆绳之处必须用铁板、硬木等加以保护。卧垄设置地点必须有较好的地质，以便挖土坑及挖缆绳槽时不致坍塌。

混凝土地垄依靠其自重来平衡拉力作用，一般不考虑土压力。

（11）其他附属设备

其他附属设备有电动卷扬机、手摇绞车、各种倒链葫芦、法兰螺栓等。

6.缆索吊装

将预制拱肋和拱上结构通过平车等运输设备移运至缆索吊装位置，之后将分段预制的拱肋吊运至安装位置，利用扣索对分段拱肋进行临时固定。吊装应从一孔桥的两端向中间对称进行。一般吊装程序为：边段拱肋吊装及悬挂，次边段拱肋吊装及悬挂，中段拱肋吊装及拱肋合龙，拱上构件的吊装或砌筑安装等。

（1）利用缆索进行拱肋安装的原则

①单孔桥吊装拱肋的顺序常由拱肋合龙的横向稳定方案确定。对于肋拱桥，在吊装拱肋时应尽早安装横系梁。为加强拱肋的稳定性，需设横向临时连接系，以加快施工进度。

②多孔桥吊装时应保证合龙的拱肋片数所产生的单向推力不超过桥墩的承受能力。对于高墩，应以桥墩的墩顶位移值控制单向推力，位移值应小于$L/600$~$L/400$。

③吊装可采用分段单基肋合龙成拱的方法。跨度较大（如大于70m）时，应采用双基肋或多基肋合龙，此时基肋间的横系梁或横隔板必须紧随拱段的拼装即时焊接。只有在横

联临时连接后,才可拆除两肋的起重索和扣索。

④吊装时,每段拱肋须待下端连接并设置好扣索及风缆后,方可拆除起重索,并使上端高于设计位置50~100mm。

⑤大跨径拱桥吊装时,每段拱肋较长,重量较大,为使拱肋吊装安全,应尽量采用正吊、正落位、正扣,因此索塔的宽度应与桥宽相适应。

⑥采用缆索吊装时,为减少主索的横向移动次数,可将每个主索位置下的拱肋全部吊装完毕后再移动主索。一般将起吊拱肋的桥孔安排在最后吊装。

(2)拱肋缆索起吊

拱肋由预制场运到主索下面后,一般用起重索直接起吊。当不能用起重索直接起吊时,可采用下列方法。

①翻身。卧式预制拱肋在吊装前,需要翻身成立式,常用就地翻身和空中翻身两种方法。所谓就地翻身,即先用枕木垛将平卧拱肋架至一定高度,使其在翻身后两端头不致碰到地面,然后用一根短千斤顶将拱肋吊点与吊钩相连,边起重拱肋边翻身直立;所谓空中翻身,即先在拱肋的吊点处用一根穿有手链滑车的短千斤顶穿过拱肋吊环,将拱肋兜住并挂在主索吊钩上,然后收紧起重索起吊拱肋,当拱肋起吊至一定高度时,缓慢放松手链滑车,使拱肋翻身为立式。

②掉头。根据桥下情况,可选择用装肋的船或车等进行掉头。

③吊鱼。当拱肋从塔架下通过,在塔架前起吊而塔架前场地不足时,可先用一辆跑车吊起一个吊点并向前牵出一段距离后,再用另一辆跑车吊起第二个吊点。

④穿孔。拱肋在桥孔中起吊时,最后几段拱肋常需在该孔已合龙的拱肋之间穿过,俗称穿孔。

(3)拱肋缆索吊装合龙方式

边段拱肋悬挂固定后,就可以吊运中段拱肋进行合龙。拱肋合龙后,通过接头、拱座的连接处理,使拱肋由铰接状态逐步成为无铰拱状态。因此,拱肋合龙是拱桥无支架吊装中的一项关键工作。拱肋合龙的方式比较多,主要根据拱肋自身的纵向与横向稳定性、跨径大小、分段多少、地形和机具设备条件等不同情况,选用不同的合龙方式。

①单基肋合龙。拱肋整根预制吊装或分两段预制吊装的中小跨径拱桥,当拱肋高度大于0.009~0.012L(L为跨径),拱肋底宽为肋高的60%~100%,且横向稳定系数不小于4时,可以进行单基肋合龙,嵌紧拱脚后松索成拱。单基肋合龙最大的优点是所需要的扣索设备少,相互干扰也少,因此可用在扣锁设备不足的多孔桥跨中。

②悬挂多段拱脚段或次拱脚段拱肋后单基肋合龙。对于拱肋分三段或五段预制吊装的大中跨径拱桥,当拱肋高度不小于跨径的1/100,且其单基肋合龙横向稳定安全系数不小于4时,可悬扣边段或次边段拱肋,用木夹板临时连接两拱肋后,单根拱肋合龙,设置稳定缆风索,成为基肋。待第二根拱肋合龙后,立即安装拱顶段及次边段的横夹木,并拉好第二根拱肋的风缆。如横系梁采用预制安装,则应将横系梁逐根安上,使两肋及早形成稳

定、牢固的基肋。其余拱肋的安装，可依靠与基肋的横向连接达到稳定。

③双基肋同时合龙。当拱肋跨径大于等于80m，或虽小于80m，但单基肋合龙横向稳定安全系数小于4时，应采用双基肋同时合龙的方法。即当第一根拱肋合龙并调整轴线，楔紧拱脚及接头缝后，松索压紧接头缝，但不卸掉扣索和起重索，然后将第二根拱肋合龙，并将两根拱肋横向连接、固定。拉好风缆后，再同时松卸两根拱肋的扣索和起重索，这种方法需要两组主索设备。

④留索单肋合龙。当采用两组主索设备吊装而扣索和卷扬机设备不足时，可以先用单基肋合龙方式吊装一根拱肋合龙。待合龙的拱肋松索成拱后，将第一组主索设备中的牵引索、起重索用卡子固定，抽出卷扬机和扣索，移到第二组主索中使用。待第二根拱肋合龙并将两根拱肋用木夹板横向连接、固定后，再松起重索并将扣索移到第一组主索中使用。

## 第三节　其他桥梁施工

### 一、斜拉桥

#### （一）斜拉桥的受力特点及分类

1. 斜拉桥概述

斜拉桥指用锚固在塔、梁上的若干拉索吊住梁跨结构的桥，也叫斜张桥，其主要组成部分为主梁、拉索和索塔。与一般梁式桥相比，主梁除支撑于墩身上外，还支承在由索塔引出的拉索上。

斜拉桥的特点是从索塔上用若干拉索将梁吊起，相当于使主梁在跨内增加了若干弹性支点，从而大大减少了梁内弯矩，使梁高降低并减轻重量，提升了梁的跨越能力。当然，拉索对梁的这种弹性支撑作用，只有在拉索处于拉紧状态时才能得到充分发挥。因此必须在桥梁承受活载之前对拉索进行张拉。这种体系的优点是：梁体尺寸较小，桥梁的跨越能力增强，受桥下净空和桥面高程的限制少，抗风稳定性比悬索桥好，不需悬索桥那样的集中锚碇构造，便于采用悬臂施工等。另外，它是多次超静定结构，设计计算复杂，索与梁或塔的连接构造比较复杂，施工中高空作业较多，且施工控制等技术要求严格。

2. 斜拉桥分类

（1）按孔跨布置分类。斜拉桥最典型的孔跨布置形式为双塔三跨式与独塔双跨式。在特殊情况下，斜拉桥也可以布置成独塔单跨式及多塔多跨式等。

双塔三跨式是一种最常见的斜拉桥孔跨布置方式。由于它的主孔跨度较大，一般可用于跨越较大的河流、河口和海面。在跨越河流时，可用主孔一跨跨越，将两个桥塔设在河滩浅水处，两个边跨设在靠岸边；也可以将两个桥塔设在河中，用三孔来跨越整个河道或主航道。

双塔三跨式斜拉桥可以布置成两个边跨跨度相等的对称形式，也可以布置成两个边跨跨度不等的非对称形式，且可根据需要在两边跨内布置数量相等或不等的中间辅助墩，以提高结构体系的刚度。

独塔双跨式斜拉桥也是一种较为常见的孔跨布置方式，由于它的主孔跨径一般比双塔三跨式的主孔跨径小，故特别适用于跨越中等宽度的河流、谷地及交通道路。当采用双塔不经济时，可采用独塔跨越较宽河流的主航道部分，例如四川宜宾金沙江中坝大桥。采用独塔双跨式时，根据河道情况，可以用两跨跨越河流，将桥塔设在河道适当位置；也可以用主跨跨越河流，将桥塔及边跨设在河流的岸边。

独塔双跨式斜拉桥可以布置成两跨不对称的形式，即分为主跨与边跨；也可以布置成两跨对称即等跨形式。其中以两跨不对称的形式较多，也较合理。

为增加主跨跨度，可将独塔双跨式斜拉桥的主跨梁端与连续梁（刚构）相连，形成带协体系的斜拉桥，如广东西江金马大桥。另外，在适宜的地形条件下，有时也可采用独塔单跨式斜拉桥，此时边跨跨度很小甚至没有边跨，靠岸边的斜拉索（背索）直接锚固在地面锚碇上。

在跨越宽阔水面或谷地时，由于桥梁长度大，必要时也可采用三塔或多塔斜拉桥，如宜昌夷陵长江大桥（三塔）、香港汀九大桥（三塔，塔高不同）、希腊里奥安托里恩桥（四塔）和法国米约高架桥（七塔）等。由于中间桥塔没有端锚索来有效地限制塔顶的水平变位，因此多塔斜拉桥的结构柔性会有所增大。

（2）按主梁的支撑体系分类。斜拉桥在索塔处及墩（含辅助墩）处的支撑形式对主梁的受力及结构的使用性能影响较大。

按主梁支撑条件不同，其可分为连续梁式和连续刚架式等。连续梁式往往在墩台支撑处仅用一个固定铰支座，其余为活动支座，梁的温度变位、水平变位等则由斜索予以约束。主梁采用连续梁式可以获得连续梁桥的主要优点，如行车顺畅、伸缩缝少，便于采用连续梁桥的各种施工方法等。若将中间支点的支撑改为吊索，就形成漂浮体系，可以减少索塔支点处梁的负弯矩，但梁的横向变位应加以约束。连续刚架式，它与一般刚架的不同之处在于梁、墩与塔在支点处连成整体，形成十字固结，此处要抵抗很大的负弯矩，因此主梁截面要足够强劲，构造也较复杂。这类形式有利于简化平衡对称施工，且抵抗中跨变形的刚度较大。

（3）按拉索布置形式分类

①拉索的索面位置。拉索按其所组成的平面，通常分为单索面和双索面，双索面又可分为双平行索面和双斜索面。

对于特殊情况，可能采用三索面，如正在建造的武汉天兴洲公铁两用桥，为突出桥梁造型，只在主跨内布置斜索，而取消边跨内或岸侧的斜索。具有这样索面布置的斜拉桥被称为"无背索斜拉桥"，多在倾斜的独塔斜拉桥中采用。

②拉索的索面形状

A.辐射形。这种布置方法是将全部拉索汇集到塔顶,使各根拉索都有最大倾角。由于索力主要由其垂直分力的需要而定,因此索的拉力及截面可较小;而且辐射索使结构形成几何不变体系,对变形及内力分布都有利。这种做法的不足是:较多数量的拉索汇集到塔顶,将使锚头拥挤,构造处理较困难;塔身从顶到底都受最大压力,自由长度较大,塔身刚度需保证压曲稳定的要求。

B.扇形。扇形是介于辐射形和平行形之间的形式,一般在塔上和梁上分别按不同的等间距布置,兼顾了以上两种形式的优点而弥补了其不足,因此应用广泛。

C.平行形。平行形中各拉索彼此平行,倾角相同。各对拉索分别锚固在塔的不同高度上,于是索与塔的连接构造易于处理;由于倾角相同,各索的锚固构造相同,塔中压力逐段向下加大,有利于塔的稳定性。但是索的用钢量较大;由于各对索力的差别,将在塔身各段产生较大的弯矩;由于是几何可变体系,对内力及变形的分布较不利,不过可以通过采用在边跨内设置辅助墩的办法来加以改善。

除此以外,还有星形(索在塔上分散锚固,在梁上汇集于一处)、混合形(中跨为扇形,边跨为平行形或其他形状,多配合独塔斜拉桥采用)、曲面形(索面形成空间曲面状,可用于讲究桥梁造型的城市桥梁和人行桥)等。正常情况下,所有斜拉索的下端均锚固于梁体。特殊情况下,也可将边跨靠外的部分长索(锚索)锚固于地面。

③索距的选择。根据拉索在主梁上的间距,有稀索斜拉桥(对于钢梁,间距为30~60m;对于混凝土梁,为15~30m)与密索斜拉桥(6~8m)之分。早期斜拉桥多采用稀索,目前则多用密索。密索斜拉桥有下述优点:索间距较短,主梁弯矩可减小;每根索的拉力较小,锚固点的构造简单;悬臂施工时所需辅助支撑较少,甚至可以不要;每根拉索的截面及受力较小,易于更换。

④索塔的布置形式。斜拉桥索塔的布置形式分为沿桥纵向的布置形式和沿桥横向的布置形式,其中后者又因索面的布置位置不同而有所差异。索塔的纵向形式一般为单柱形。当需索塔的纵向刚度较大,或者需要有2或4根塔柱来分散索塔的内力时,常常做成倒V形、倒Y形等。倒V形也可增设一道中间横梁变为A形。

适用于单索面的形式有单柱形、倒V形或A形、倒Y形,适用于双索面的形式有双柱式、门式(两根塔柱可以竖直,也可以略带倾斜)、H形(两根塔柱可以是折线形,也可以布置成竖直形或倾斜形)、倒V形、倒Y形。

在斜拉桥的总体布置中,索塔高度与拉索的倾角有关,故其选取也是涉及工程技术经济指标的一个重要参数。塔的有效高度H一般从桥面以上算起。桥塔越高,拉索的倾角越大,斜拉索垂直分力对主梁的支撑效果也越好,但桥塔与拉索的材料用量也要增加。因此,桥塔的适宜高度H要由经济比较来决定。根据实桥资料分析,对于双塔斜拉桥,塔高与主跨之比约1/7~1/4,其中钢斜拉桥多为1/5;对于独塔斜拉桥,该值为1/4.7~1/2.7。

## （二）斜拉桥的施工

1. 斜拉桥概述

斜拉桥也称斜张桥、斜缆桥或牵索桥等，是以通过或固定于桥塔（索塔）并锚固于桥面系的斜向拉索作为上部结构主要承重构件的一种结构。斜拉桥不仅采用高强度拉索代替桥墩，又使桥面处于预应力工作状态，是一种较理想的适应较大跨径的桥梁形式，也是一种更有效地利用结构材料的桥型。斜拉桥的主要组成部分为索塔、主梁及拉索，主要组成部分构造形式的不同，构成了不同类型的斜拉桥。

斜拉桥上部结构的施工主要包括三个部分，即索塔的施工、主梁的施工及拉索的施工。

2. 索塔的施工

索塔的横向形式有单柱式、双柱式、门架式、花瓶形、钻石形等多种形式。按照建筑材料可分为钢筋混凝土索塔、钢索塔、预应力混凝土索塔。由于钢筋混凝土索塔应用得最为广泛，因此下面主要介绍钢筋混凝土索塔的施工方法。

（1）钢筋混凝土索塔施工

钢筋混凝土索塔的施工，可以采用现场浇筑、预制吊装、翻模、滑模、爬模浇筑等多种方法，它们各有其特点和适用范围。

①现场浇筑：可分为支架施工和无支架裸塔施工。这两种施工方法工艺成熟、简便易行，无需专用的施工设备，能适应较复杂的断面形式，对锚固区的预留孔道和预埋件的处理也较方便，但有费工、费料、速度慢的缺点。此法适用于索塔高度较小的斜拉桥施工。

②预制吊装：该法可将节段预制与基础施工同时进行，加快施工速度。但该法需使用起重能力较大的专用起重设备，如果索塔的高度较高、断面较大，则很难采用预制吊装法施工。一般很少采用这种方法施工。需要说明的是，虽然预制吊装在钢筋混凝土索塔中有所应用，但是在钢索塔中此方法应用最为广泛。

③翻模：翻模施工方法应用较早，施工比较简单，能保证几何尺寸准确，外观整洁，但是模板高空翻转，操作危险，沿海地区不宜采用这种方法。

（2）斜拉索锚固管定位

斜拉索的锚固管全部集中在索上部的锚固区，其位置的准确性直接影响到斜拉桥的工程质量，因此锚固管的精密定位是索塔施工的重点，是控制索塔施工的关键。锚固管定位要求平面及高程误差不得大于5mm，为了保证索塔及锚固管位置的准确，现在的钢筋混凝土索塔设计中都布设有刚性骨架。刚性骨架由型钢制作，其安装精度易于保证，锚固管等可以比较容易地精确固定在刚性骨架上，而且在混凝土灌注过程中也不易发生移动。刚性骨架还可用来悬挂固定模板，临时安装吊装用的起吊设备等。

（3）索塔施工变形观测

变形观测是指导施工及相应测量工作的依据。索塔施工中因受气温及日照的影响，索塔将会发生变形，因此，在不同时刻进行观测，就会有不同的结果，这就需要研究掌握索塔在自然条件下的变化规律。另外，在主梁施工过程中，为掌握索塔在索力影响下偏离平衡位置的程度，也需要进行对索塔施工的变形观测。钢筋混凝土索塔大都采用高等级混凝土泵送法施工。因而，对混凝土的早强性和可泵性有一定的要求，需对混凝土的用料、级配及其外加剂严格把关，要严格按混凝土施工的有关规定进行。

3. 梁体施工

混凝土斜拉桥主梁截面有实心板截面、边箱梁截面、箱形截面、带斜撑箱形截面和肋板式截面。实心板截面适用于跨径 200 m 以下的混凝土斜拉桥；肋板式截面及边箱梁截面适用于双索面斜拉桥；带斜撑箱形截面适用于单索面斜拉桥。当桥面很宽时，箱梁截面可考虑设为单箱多室截面、肋板式及边箱梁截面。钢梁斜拉桥主梁截面有箱形截面、板截面、分离式边箱截面和钢板梁截面。

斜拉桥的主梁制作与安装几乎可采用任何一种梁桥的施工方法，例如缆索法、支架法、顶推法、平转法、悬臂法等。由于斜拉桥梁体尺寸较小，各节段间有拉索，索塔还可以用来架设辅助钢索，因此采用各种无支架施工方法更为有利。无论采用何种施工方法，都要根据桥梁的构造特点、施工技术及设备、现场条件等因素确定。

（1）缆索法

缆索法是用缆索系统架设桥梁的方法。缆索装置又叫施工索道或缆索起重机，用此种方法架设斜拉桥，可用索塔代替施工索道中的塔柱，物尽其用。在这种施工方法中，**索塔既是桥梁结构的重要组成部分，又是施工设施的主要组成部分。**

（2）支架法

支架法是在支架或临时墩上修建斜拉桥主梁最简单方便的方法，但这种方法只有当桥不高，且临时支架不影响桥下交通时才能采用。因此，一般多用于在河滩地段边跨的施工。采用此法施工能保证桥梁设计要求的几何形状、尺寸、坡度，并且施工费用较低。

（3）顶推法

顶推法施工与连续梁所用的顶推方法大致相同，需要增加的是索塔与拉索的制作和安装工作。在钢斜拉桥的施工中，有将完成的整座结构（索塔与梁固接形式）整体顶推的成功经验，特别是将主梁节段用滚轴顶推已有许多实例。

（4）平转法

平转法与拱桥中采用的平转法相似，即将上部结构分为两半，在沿河岸顺河流方向的矮支架上制作，然后以桥墩为圆心旋转到桥位合龙。该施工方法适用于修建跨径不大的斜拉桥，其施工工序是：制作主墩与上下转盘并进行试转→在岸上浇筑或拼装全桥的主梁→浇筑索塔→安装拉索，张拉并调高程与拉力→平转就位→校核高程（必要时再做最后调整）→封填转盘。

（5）悬臂法

悬臂法是架设大跨径斜拉桥主梁最常用的方法，因此在这里作重点介绍。它可分为整孔浇筑（或拼装）和分段浇筑（或拼装）两种工艺，常需用临时支架等辅助设施架梁或浇筑混凝土。

4.拉索施工

斜拉索是指以高强钢丝为材料的拉索，其类型为平行钢丝束绞制工艺和热挤聚乙烯护套等工艺制成的钢绞线（索）。前者多为现场制作，后者则为工厂预制，具有较高的材料性能和防腐能力，有条件时宜优先采用。

## 二、悬索桥

### （一）悬索桥概述

悬索桥是一种适合于特大跨度的桥型。它以大缆（或称主缆、主索）、锚碇和塔为主要承重构件，以加劲梁（或称刚性梁）、吊索、鞍座等为辅助构件。

同其他桥型相比，跨度越大，悬索桥的优势越明显。优势之一是在材料用量和截面设计方面。其他各种桥型主要承重构件的截面面积，总是随着跨度的增加而增加，致使材料用量增得很快。但大跨悬索桥的加劲梁却不是主要承重构件，其截面面积并不需要随着跨度而增加。

优势之二是在构件设计方面。许多构件截面面积的增大是受到客观制约的，例如梁的高度、杆件的外廓尺寸、钢材的供料规格等，但悬索桥的大缆、锚碇和塔这三项主要承重构件在扩充其截面面积或承载能力方面所遇到的困难则较小。

优势之三是作为主要承重构件的大缆受拉，充分发挥钢材的抗拉强度高的优势，受力合理，这也是悬索桥适用于大跨径桥梁的一个重要因素。

优势之四是在施工方面。悬索桥的施工总是先将大缆架好，这样，大缆就是个现成的悬吊式支架。在架梁过程中，加劲梁段可以挂在大缆之下，为了防御飓风的袭击，虽然也必须采取防范措施，但同其他桥所用的悬臂施工方法相比，风险较小。

悬索桥由于跨越能力大，常可因地制宜地选择一跨跨过江河或海峡主航道的布置方案，这样可以避免修建深水桥墩，满足通航要求。

悬索桥也有一些缺点：由于悬索是柔性结构，刚度较小，当活载作用时，悬索会改变几何形状，导致桥跨结构产生较大的挠曲变形；在风荷载、车辆冲击荷载等动荷载作用下容易产生振动。

### （二）悬索桥施工

1.悬索桥的构造与结构形式

从古老的以森林中的藤、竹、树茎为材料建造的悬式桥，到今天的利用主缆、吊索作为加劲梁（钢箱梁）的悬挂体系，主缆吊索将荷载作用传递到主塔、锚碇，其主要的锚碇、主塔、索鞍、主缆吊索与索夹、钢箱梁等构造部分，使得悬索桥具有跨径大、材料耗费较少、桥型轻巧优美等特点。

（1）一般构造

①桥塔

桥塔是支撑主缆的重要构件。悬索桥的活载和恒载（包括桥面、加劲梁、吊索、主缆及其附属构件如索鞍和索夹等的重量）以及加劲梁支承在塔身上的反力，都将通过桥塔传递到下部的塔墩和基础上。桥塔同时还受到风力和地震的作用，桥塔的高度主要由垂跨比确定。已建成的大跨度悬索桥中大多数采用钢结构，随着预应力混凝土和滑模技术的发展，造价经济的混凝土桥塔将有一定的发展趋势。

②锚碇

锚碇是主缆锚固体。锚碇是将主缆中的拉力传递给地基基础，通常采用的有重力式锚碇和隧道式锚碇。重力式锚碇依靠巨大的自重来抵抗主缆的垂直分力，水平分力则由锚碇与地基之间的摩阻力或嵌固力来抵抗。隧道式锚碇则是将主缆中的拉力直接传递给周围的基岩。

③主缆

主缆是悬索桥的主要承重构件，除承受自身荷载外，主缆本身又通过索夹和吊索承受活载及加劲梁（包括桥面）的恒载。除此之外，主缆还承担一部分横向风载，并将它直接传递到桥塔顶部。主缆有钢丝绳钢缆和平行钢丝线钢缆等，由于平行钢丝线钢缆弹性模量高，空隙率低，抗锈性能好，因此大跨度悬索桥的主缆都采用这种。现代悬索桥的主缆多采用直径 5 mm 的高强度镀锌钢丝。设计中一般将主缆线形设计成二次抛物线形状。

④吊索

吊索也称吊杆，是将活载和加劲梁的恒载传递到主缆的构件。吊索的布置形式有垂直式和倾斜式等，其上端与索夹相连，下端与加劲梁连接。吊索宜用有绳芯的钢丝绳制作，其组成可以是一根、二根或四根一组。

⑤加劲梁

加劲梁的主要功能是支承桥面和防止桥面发生过大的挠曲变形和扭曲变形。加劲梁是承受风荷载和其他横向水平力的主要构件。长、大悬索桥的加劲梁均为钢结构，一般采用桁架梁形式和箱梁形式。预应力混凝土加劲梁仅适用于跨径为 500 m 以下的悬索桥，在长、大悬索桥上应用少，加劲梁宽度与主跨径的比例，即宽跨比涉及风动稳定的问题，由于板梁做加劲梁时其抗风稳定性很差，现已很少用板梁作为长、大悬索桥的加劲梁。目前，预应力混凝土加劲梁已用到悬索桥上。混凝土加劲梁的自重比钢梁大，这为悬索桥主缆提供了免费的强大初应力刚度，对于减小加劲梁的挠度、提高加劲梁的抗风稳定性都十分有利。

⑥索鞍

索鞍是支承主缆的重要构件，通过它可以使主缆中的拉力（垂直力和不平衡水平力）均匀地传到塔顶或锚碇的支架处。鞍座分为塔顶鞍座，设置在桥塔顶部，将主缆荷载传到塔上；锚固鞍座（扩展鞍座或散索鞍），设置在锚碇的支架处，主要目的是改变主缆索的方向，把主缆索的钢丝绳股在水平及竖直方向分散开来，并把它们引入各自的锚固位置。

为了减少塔顶鞍座处钢丝的弯曲次应力，塔顶鞍座弯曲半径一般为主缆直径的8~12倍。

（2）悬索桥的结构形式

悬索桥的形式可按吊杆的布置方式、加劲梁的静力体系和主缆锚固形式划分，主要有以下几种：

①按吊杆布置方式划分。

A. 竖直平行吊杆。

这种悬索桥的基本特征是采用竖直平行吊索，并用钢桁架或流线型箱梁作为加劲梁。它的最大优点是吊杆的设置方向与恒载和汽车荷载的着力方向完全一致，吊杆长度最短，所需的截面也最小，并且可以通过增加桁架或箱梁高度来保证足够的刚度，目前应用得较为广泛。

B. 三角形的斜吊杆。

这种悬索桥的基本特征是采用三角形的斜吊杆和高度较小的流线型扁平翼状钢箱梁作为加劲梁。它的优点是可以和主缆加劲梁一起起到桁架的作用，能提高桥的整体刚度。

C. 带斜拉索的悬索桥。

这种悬索桥的基本特征是除了具备现代悬索桥的缆索特点外，还混合有若干加强用的斜拉索，它兼具斜拉桥和悬索桥两者的特点。

②按主缆锚固形式划分。

悬索桥按主缆锚固形式可分为地锚式悬索桥和自锚式悬索桥。地锚式悬索桥的主要承重结构构件主缆一般都锚固在锚碇上，锚碇成为地锚式悬索桥的重要组成部分，它适宜用于地质条件较好且易建造锚碇的地区。自锚式悬索桥是将主缆直接锚固在加劲梁上，它的特点是：主缆锚于梁端，不需要建造昂贵的锚碇，利用主缆的水平分力为加劲梁提供预压力；跨径布置比较灵活，可以紧密结合地形，既可做成双塔三跨，也可做成单塔双跨的悬索桥。施工时，由于主缆锚固在加劲梁上，在架设主缆之前，需要先架设加劲梁，这和传统意义上的悬索桥刚好相反。

2. 悬索桥施工

悬索桥施工的一般程序为：基础施工→锚碇施工→主塔施工→主悬索施工→加劲梁施工→桥面工程及附属设施施工。

（1）施工准备

由于现代大跨度悬索桥的规模都很大，所处环境复杂多变，在施工前必须做好充分的准备。准备工作包括施工场地的准备和加工件的制作。加工件制作的内容繁多，具体工作有以下几项：

①主索鞍、散索鞍和索夹的制作

主索鞍是设置于悬索桥主塔塔顶，用于支撑主缆的永久性大型钢构件。主索鞍主要由**鞍头**（放置主缆索股的承缆槽）、**鞍身**（支撑鞍头的骨架）、**上底座板**（整个鞍体的支撑）、**附属装置**（下底座板、摩擦副、导向装置等）四部分组成。主索鞍的制作方式有全铸式、铸焊式、全焊式、煅焊式等。散索鞍设置于锚碇前端，将锚面与主索之间的主缆分为锚跨和边跨，其主要功能是将主缆索股在竖直方向散开，引入锚固点。散索鞍的制作方式有全铸式、铸焊式、全焊式。索夹是将上缆和吊索相连接的工件，大跨悬索桥的索夹一般为两个半圆形的铸钢构件，由高强螺栓将其固定在主缆上。

②主缆的制作

主缆是悬索桥的主要承重结构。主缆的形成有空中纺丝法（AS法）和预制平行索股法（PPWS法）两种，前者无须预先制作索股，直接在桥上架设。为便于主缆截面最终被压缩成圆形，PPWS法将丝股先排成六边形，最后通过紧缆挤压成圆形。

③吊索的制作

吊索是连接主缆和加劲梁的主要构件，分为竖直吊索和斜吊索两种，后者应用较少。竖直吊索一般采用镀锌钢丝绳制作。钢丝绳吊索的制作工艺流程为：材料准备→预张拉→弹性模量测定→长度标记→切刻下料→灌铸锥形锚块→灌铸热铸锚头→恒载复核→吊索上盘。

④锚头的灌铸

悬索桥所用的锚头有主缆索股锚头和吊索锚头，锚头铸体一般采用锌铜合金材料。灌铸锚头的施工顺序为：①在索股端部的适当位置绑扎钢丝，以防止索股扭转和滑动；②清洗索股端部钢丝和锚杯内壁的污物，同时测量锚杯容积，以控制灌铸量；③将索股端部穿入锚杯并均匀散开，使其中心尽量与锚杯中心一致，用清洗剂清洗插入的钢丝和锚杯内壁，并安装定位夹具，以保证钢丝的正确位置和锚固长度；④将准备好的索股提升到灌锚架上，对锚具进行抄平、定位，以保证锚杯顶面与索股保持垂直，然后封底；⑤利用预热罩对装好的锚杯进行预热，用坩埚电炉熔合事先配好的镀锌铜合金，当锚杯预热温度到指定温度时开始灌铸，并通过称量法检查合金的实际灌铸量（不得小于理论值的92%）；⑥灌铸后待合金温度降至80℃以下时，用千斤顶从锚杯后面对灌铸的合金进行预压，其变形量应符合设计要求。

⑤加劲梁的制造

加劲梁直接承受和传递车辆荷载、风荷载、温度荷载和地震作用，并控制着荷载的分布和大小。加劲梁常采用钢箱梁和钢桁梁。钢箱梁的制造过程为：切割→零件和部件的矫正→部件及组拼件的制造→梁段的制造→梁段预拼及验收→焊接。钢桁梁的制造过程为：切割→制孔→部件组装→梁段试装→焊接、铆接、栓焊接。

（2）锚碇施工

锚碇的基础分为直接基础、沉井基础、复合基础和隧道基础等形式。锚碇的施工包括主缆锚固体系施工、锚碇体施工和散索鞍的安装。

①主缆锚固体系施工

在重力式锚碇中，锚固体系根据主缆在锚块中的锚固位置分为后锚式和前锚式两种结构形式。后锚式是将索股直接穿过锚块，在锚块后面锚固；前锚式是索股锚头在锚块前锚固，通过锚固体系将主缆拉力作用到锚体上。前锚式锚固体系又分为型钢锚固体系和预应力锚固体系两种。型钢锚固体系的施工程序为：预制锚杆、锚梁→现场拼装支架→安装前锚梁→安装锚杆→精确调整位置→浇筑锚体混凝土。预应力锚固体系的施工程序为：基础施工→安装预应力管道→浇筑锚体混凝土→管道中穿预应力筋→安装锚固连接器→张拉预应力筋→预应力管道压浆→安装、张拉索股。

②锚碇体施工

悬索桥的锚碇体属于大体积混凝土结构，尤其是重力式锚碇，因而要按大体积混凝土的施工方法来进行施工。

③散索鞍的安装

散索鞍的安装是在安装好底座板以后进行的，而底座板是通过在散索鞍混凝土基础中精确预埋的螺栓固定在基础上的。散索鞍是重型构件，需要大型起重设备来安装。在安装时，可采用重型起重机，也可采用贝雷架或万能杆件架设的龙门架。隧道锚的散索鞍则采用整体拖运和溜放的方式，再用千斤顶顶升就位。

（3）索塔施工

索塔按材料可分为钢筋混凝土塔和钢塔。钢筋混凝土塔一般为门式刚架结构，由箱形空心塔柱和横系梁组成。钢塔常见的结构形式有桁架式、刚架式和混合式等。

钢筋混凝土塔身施工时，其模板常采用滑模、爬模、翻模等形式。塔柱竖向主钢筋的接长常采用冷弯套管连接、电渣焊、气压焊等方法。混凝土的运输方案常采用泵送或吊灌。当塔身施工到塔顶时，需预埋主索鞍钢框架支座的螺栓和塔顶吊架、施工锚道的预埋件。

（4）主缆施工

①牵引系统

牵引系统是架于两锚碇之间，跨越索塔的用于空中拽拉的牵引设备，它主要承担猫道架设、主缆架设和部分牵引吊运工作。常用的牵引系统有循环式和往复式两种形式。架设牵引索之前，通常是先用比牵引索细的先导索渡江（海、河），然后利用先导索架设牵引索。

②猫道

猫道是为架设主缆、紧缆、安装索夹、安装吊索以及空中作业所提供的脚手架。猫道承重索的线形与主缆基本一致，在架设过程中要注意左右边跨、中跨的作业平衡，尽量减少对塔的变位影响，确保主缆的架设质量。猫道上面有横梁、面层、横向通道、扶手绳、栏杆立柱、安全网等。

③主缆架设

主缆架设空中纺丝法（AS法）的施工步骤是：先进行标准丝段的架设，即把预先在工厂制作好的标准丝段引上猫道，并按设计位置架设就位；其次进行丝股的架设，通过多次的空中纺丝，使钢丝在散索鞍、主索鞍和猫道上的导具内按设计位置排列，形成丝股；最后进行丝段的调整。

主缆架设预制平行索股法（PPWS法）的施工步骤是：先进行索股架设，利用拽拉器将索股牵引到对岸的锚碇处，并安装好索股前端的锚头引入装置；其次用塔顶和散索鞍顶的横移装置将索股横移到规定的位置；再进行索股的整形，放入鞍座内；最后将锚头引入并锚固。

④紧缆

索股架设完成后，需通过紧缆工作，把索股群整形成圆形。

⑤安装索夹

紧缆完成后，在主缆上用螺栓将索夹安装就位。索夹安装的顺序是：中跨是从跨中向塔顶进行，而边跨是从散索鞍向塔顶进行。

⑥架设吊索

架设吊索时，是用塔顶吊机将吊索提升到索塔顶部，再用缆索天车将其从放丝架上吊运到架设地点后，进行安装的。

（5）加劲梁架设

对于桁架式加劲梁，其架设办法可分为按架设单元的架设方法和按连接状态的架设方法。按架设单元架设可分为按单根杆件、桁片（平面桁架）、节段（空间桁架）进行架设的三种方法，这三种方法可以分别使用，也可以根据需要在同一座桥上采用多种方法。按连接状态架设可分为全铰法、逐次刚接法和有架设铰的逐次刚接法。

箱形加劲梁的架设一般采用节段架设法，即在工厂预制成梁段，并进行预拼，将梁段运到现场后，用垂直起吊法将其架设就位，最后进行加劲梁的焊接。

# 第七章 公路桥梁工程组织设计

## 第一节 公路工程施工组织设计概述

### 一、公路工程施工组织的特点

由于公路施工自身的特点，公路工程施工组织设计与房屋建筑工程、水利工程等土建工程的施工组织设计有所不同。公路工程施工组织的特点如下：

#### （一）工程线性分布、施工流动性大

施工组织设计工作量大公路是沿地面延伸的线性人工构筑物。由于它的线性特点，施工流动性大，临时工程多，施工作业面狭长，施工组织与管理的工作量大，也给施工企业员工的生活安排带来困难。

工程数量分布不均匀。大、中型桥梁、隧道、高填深挖路段的路基土石方工程等，往往是控制工期的集中工程。小桥及涵洞、路面工程、交通工程及沿线设施、环境绿化等可被视为线性分布工程。

#### （二）工程类型繁多

公路线形及构造物形式受地形、地质、水文等自然条件的影响，又因公路等级和使用要求而异。因此，公路工程类型多种多样，标准化难度大，必须个别设计，施工组织亦需要个别进行。即使是同一地区相同技术等级的公路，因为施工时的技术条件和自然条件、工期要求等不相同，也可能不采用同样的施工组织。

#### （三）工程形体庞大，施工周期长

公路结构物与其他土建工程一样，具有形体庞大的特点。加之公路工程的线性特征，使这一特点对施工的影响更为严重。

#### （四）施工组织考虑因素多

公路工程施工需要时间（工期）、占用空间（场地）、消耗资源（人工、材料、机具等），需要资金（造价）、选择施工方法、确定施工方案等。而公路施工需要具备哪些基本条件，如何按照施工的客观规律来考虑工期的安排、场地的布置、资源的消耗等，就成为公路施

工组织管理必须认真解决的问题。

## 二、公路施工组织设计的作用

公路施工组织设计是对公路施工活动实行科学管理的重要手段，它具有战略部署和战术安排的双重作用，它的作用体现在以下方面：

（一）公路施工组织设计体现了实现基本建设计划和设计的要求，提供了各阶段的施工准备工作内容。

（二）协调施工过程中各施工单位、各施工工程、各项资源之间的相互关系。

（三）通过施工组织措施，可以保证拟建工程的特定条件，拟订施工方案，确定施工顺序、施工方法、技术组织措施，以确保拟建工程按照预定工期完成。

（四）可以在开工前了解到所需各项资源的数量及其使用的先后顺序。

（五）合理安排施工现场的布置。

因此，施工组织设计应从施工全局出发，充分反映客观实际，符合国家或合同要求，统筹安排与施工活动有关的各个方面，合理地布置施工现场，确保文明施工、安全、环保施工。

## 三、编制公路施工组织设计的原则

（一）符合施工合同或招标文件中有关工程进度、质量、安全、环境保护、造价等方面的要求。

（二）不断学习创新，积极开发、使用新技术和新工艺，推广应用新材料和新设备。

（三）坚持科学、规范、标准化的施工程序和合理的施工顺序，采用流水施工和网络计划等方法，合理配置资源，合理布置现场，采取季节性施工措施，实现均衡施工，达到合理的经济技术指标。

（四）采取技术和管理措施，推广建筑节能和绿色施工。

（五）与质量、环境和职业健康安全三个管理体系有效结合。

# 第二节　公路工程施工组织设计的内容

## 一、调查研究，收集并分析资料

在传统的融资模式中，由于设计方、施工方为两个利益不同的主体，因此，调查研究工作分为两个主要的方面：一是为编制设计阶段的施工组织计划所进行的调查活动，主要是为了满足勘察设计需要进行的野外调查和工程施工范围内的现场条件、工程地质及水文地质、气象等自然条件，与工程有关的资源供应情况的调查。调查的主体为设计单位。调查的结果作为编制施工组织计划和概预算的依据。二是为编制施工阶段的施工组织设计所进行的调查活动。它是在设计资料的基础上，对设计资料的复查和结合本企业施工的技术生产能力对相关资料的补充。调查的主体为施工单位。调查的结果作为编制施工组织设计和招标文件中投标标底的依据。

在PPP模式下，公路工程施工组织设计的管理目标不能仅局限于单纯的设计企业或施工企业的利益关系中。因为在PPP模式下，政府部门或地方政府通过政府采购形式与中标单位组成的特殊目的公司的中标建筑公司由施工方的利益体转变为业主方、设计方、施工方、项目运行管理方的综合利益体。所以，公路施工组织管理不能再通过传统的手段获取设计方或施工方的利益最大化。双方应是在统一利益驱动下，通过细化管理措施，提高企业管理水平和采用先进的科学生产方式，积极开发、使用新技术和新工艺，推广应用新材料和新设备来获取企业的共同利益。所以，PPP模式下的调查研究要比传统的调查研究做得更精细。既要有传统的调查内容，又要通过不断的学习，调查行业的新技术、新方法、新工艺、新材料，通过技术创新完善施工技术、方法、工艺、材料来实现企业共同利益的最大化。

## 二、施工准备、计算工程数量

工程数量的计算应根据设计图纸，结合《公路工程工程量清单计量规范》或《公路工程概算定额》《公路工程预算定额》《公路工程施工定额》进行计算。

## 三、进行施工部署，选择施工方案，确定施工方法

### （一）施工总体部署

由于公路工程的施工标段里程较长，为了方便管理，在施工过程中应根据工程的实际进行施工的总体部署。对公路工程施工总体部署的内容包括：施工过程组织方法、施工段落的划分、施工队伍的布置。

1. 施工过程组织方法

施工过程组织方法的分类：

在公路工程施工生产中，对施工对象的施工过程组织方法一般可分为：顺序（依次）作业法、平行作业法和流水作业法三种基本的施工组织方法，也称之为作业方式或组织方式。

顺序作业法、平行作业法、流水作业法在生产过程中不仅可以单独运用，而且可以根据具体条件，将三种基本作业方式加以综合运用，从而形成平行流水作业法、平行顺序作业法以及立体交叉平行流水作业法。这些施工过程时间组织的综合形式，一般均能取得较明显的经济效果。

平行流水作业法是在平行作业法的基础上，按照流水作业法的原则组织施工，以达到

适当缩短工期，而又使劳动力、材料、机具需要量保持均衡的目的。

平行顺序作业法是用增加施工力量的方法来达到缩短工期的目的。它使顺序作业法和平行作业法之缺点更加突出，故仅适用于突击性施工情况。

立体交叉平行流水作业法是在平行流水作业法的原则上，采用上、下、左、右全面施工的方法。它可以充分利用工作面和有效地缩短工期，一般适用于工序繁多、工程特别集中的大型构造物的施工，如大桥、立体交叉、隧道等工程量大、工作面狭窄、工期短的情况。

2. 施工段落的划分

由于公路工程是线性分布，工程形体庞大。因此，在施工过程中，往往根据工程的实际需要对公路工程进行施工段落划分，以方便组织和管理。施工段落的划分应符合以下原则：

（1）为便于各段落的组织管理及相互协调，段落的划分不能过小也不能太大，应适合采用现代化的施工方法和施工工艺。段落的大小应根据单位本身的技术能力、管理水平、机械设备状况结合现场情况综合考虑。

（2）各段落之间工程量基本平衡，投入的劳力、材料、施工设备及技术力量基本一致，都能够在一个合理的工期内完成工程。

（3）避免造成段落之间的施工干扰。即各段落之间应有独立的施工道路及临时用地，土石方填、挖数量应基本平衡，避免或减少跨段落调配，以避免造成段落之间的相互污染或损坏修建的工程及影响工效等。

（4）工程性质相同的地段（如石方、软土段）或施工复杂难度较大而施工技术相同的地段尽可能避免化整为零，以免既影响工效，也影响质量。

（5）保持构造物的完整性，除了特大桥外，尽可能不肢解完整的工程构造物。

3. 施工队伍的布置

在项目确定或施工段落划分以后，应确定施工队伍的布置。施工队伍的布置应根据项目或施工段落划分情况，结合施工作业方式进行。一般工程可按工程项目来划分和布置，如由土石方施工队、排水和防护施工队、路面施工队、涵洞施工队、桥梁施工队、隧道施工队来安排。

## （二）选择施工方案

施工方案包括的内容很多，主要有：施工方法的确定、施工机具和设备的选择、施工顺序的安排。施工方案一经决定，则整个工程施工的进程、人力和机械的需要和布置、工程质量及施工安全工程成本、现场的状况等也就随之被规定下来。施工方案的优劣，在很大程度上决定了施工组织设计的质量与施工任务完成的好坏。选择施工方案的基本要求是：切实可行、施工期限满足业主要求、确保工程质量和施工安全、经济合理、工料消耗和施工费用最低。

1. 施工顺序的安排

施工顺序的安排是编制施工方案的重要内容之一，施工顺序安排得好，可以加快施工进度，减少人工和机械的停歇时间，并能充分利用工作面，避免施工干扰，达到均衡的、连续的施工，实现科学组织施工，做到不增加资源，加快工期，降低施工成本。施工顺序安排的原则如下：

（1）必须符合工艺的要求，统筹考虑各分部分项工程之间的关系。

在一个单位工程项目中，任何分部分项工程同它相邻的分部分项工程的施工总有先有后，有些是由于施工工艺的要求而经常固定不变的，也有些不受工艺的限制，有一定的灵活性。如桥梁施工，任何一个桥台、桥墩的施工，总是先基础后承台、墩身，最后是架梁，这是任何桥梁工程都必须遵守的不变的施工顺序。但是，在桥台于桥墩之间、桥墩与桥墩之间，都不存在哪个先施工、哪个后施工的施工顺序。

（2）必须使施工顺序与施工方法、施工机具相协调。

如桥梁工程的基础是钻孔灌注桩，施工方法采用钻孔机钻孔时，在安排每个基础每根桩的施工顺序时不能按相邻桩顺序施工，否则会发生坍孔现象，所以必须要间隔施工。采用间隔施工时，钻机移动的次数会增多，而钻机移动需要拆卸和重新安装，很费时间。此时必须采取措施保证钻机移动得最少，同时双保证钻孔安全，还能加快施工进度，采取措施就是合理安排桩基的施工顺序。

（3）必须考虑施工质量的要求、组织施工过程的基本原则。

在安排施工顺序时，要以确保施工质量为前提条件；影响工程质量时，要重新安排或者采取必要的技术措施。符合施工过程的连续性、协调性、均衡性、经济性原则。

（4）必须考虑水文、地质、气候的影响。

安排施工顺序时，必须充分考虑洪水、雨季、冬季、季风、不良地质地段等因素的影响。

（5）必须考虑影响全局的关键工程的合理施工顺序。

例如，路线工程中的某大桥、某隧道、某深堑，若不在前期完工，将导致其他工程不能施工（如无法运输材料、机具、工期太长等），此时即应集中力量攻克关键工程。

（6）安排施工顺序时应经济和节约，降低施工成本。

施工中周转材料的使用，应合理安排施工顺序，第一可加速周转材料的周转速度；第二可减少配备的数量，如桥墩、台、基础施工顺序安排好，可加速模板的周转速度，在同样完成任务的情况下可配备少一些，减少材料成本。

2. 确定施工方法

施工方法是施工方案的核心内容，具有决定性作用。施工方法一经确定，机具设备的选择就只能以满足它的要求为基本依据，施工组织也在这个基础上进行，因此，确定施工方法应考虑以下四个方面的要求：

（1）确定的施工方法必须具备实现的可能性。

（2）确定的施工方法要考虑对工期的影响，也就是保证合同工期的要求。

（3）确定的施工方法进行多种可能方案经济比较，力求降低成本。

（4）确定的施工方法能够保证施工质量和安全。

施工方法的确定取决于工程特点、工期要求、施工条件等因素,所以,各种不同类型工程的施工方法有很大差异。对于同一种工程,其施工作业方法也有多种可供选择,例如,沥青表面处置路面施工,可采用层铺法和拌和法两种,T形梁安装可采用木扒杆、单导梁、架桥机等多种方法,桩基成孔施工可采用人工挖孔、机械钻孔等方法。方法很多,但不管采用何种方法,都将对施工方案产生巨大影响。

3. 施工机具的选择

施工方法一经确定,机械设备的选择就只能以满足它的要求为基本依据,施工组织也只能在这个基础上进行。但是在现代化的施工条件下,施工方法的确定,主要还是选择施工机械、机具的问题,有时甚至成为最主要的问题。例如桥梁基础工程施工,仅钻孔灌注桩,就有多种施工机械可供选择,是选择潜孔钻还是冲击式钻机,或是冲抓式钻机还是旋转式钻机,钻机一旦确定,施工方法也就确定了。

## 四、编制施工进度计划

编制施工进度计划将在第三章中详细地进行论述。

## 五、编制劳动力、主要材料、机具数量及进场计划

编制劳动力、主要材料、机具数量及进场计划将在第四章中详细地进行论述。

## 六、确定临时生产、生活和工地建设的内容及标准

交通运输部对驻地建设的选址条件、建设标准和布局提出了具体要求,强调硬件设施、保障措施及施工要素的有效配置等内容做了具体详细规定,着力改善参建单位生产生活的环境。该指南适用于新建、改(扩)建高速公路项目的工地建设管理,其他等级公路可参照执行。

# 第八章 公路工程项目施工管理

## 第一节 公路工程项目进度管理

### 一、公路工程进度计划编制

#### (一)公路工程进度计划编制的依据步骤及内容

1. 公路工程进度计划编制的依据。合同规定的开工竣工日期、里程碑事件或阶段目标;工程的设计文件和图纸;施工总体部署和主要工程的施工方案、施工顺序;各种有关水文、地质、气象和其他技术经济资料;各类定额数据;劳动力、材料、机械供应情况。

2. 公路工程进度计划的主要形式

(1)横道图:公路工程的进度横道图是以时间为横坐标,以用工程分解结构 WBS(work break-down structure)方法划分的各分部(项)工程或工作内容为纵坐标,按一定的先后施工顺序,用带时间比例的水平横线表示对应工作内容持续时间的进度计划图表。为便于计算资源需求,公路工程中常常在横道图的对应分项的横线下方表示当月计划应完成的累计工程量或工作量百分数,横线上方表示当月实际完成的累计工程量或工作量百分数。

(2)工程管理曲线:工程管理曲线线形像"S"形,故将工程管理曲线称为"S"曲线。"S"曲线是以时间为横轴、以累计完成的工程费用的百分数为纵轴的图表化曲线。一般在图上标注有一条计划曲线和实际支付曲线,实际支付线高于计划线则实际进度快于计划,曲线本身的斜率也反映进度推进的快慢。

(3)斜率图:斜率图是以时间(月份)为横轴、以累计完成的工程量的百分数为纵轴,将各个分项工程的施工进度相应地用不同斜率的图表化曲(折)线表示。斜率图主要是作为公路工程投标文件中施工组织设计的附表,以反映公路工程的施工进度。

(4)网络图:网络图计划是在网络图上加注工作的时间参数编制成的进度计划。采用网络图表达施工计划,工序之间的逻辑关系明确,可以反映出关键工序和关键路线。同时网络图计划能用计算机计算和输出图表,更便于对计划进度进行调整优化。但网络图不便于计算各项资源需求。目前,由于计算机技术的普及,通常用网络图求得最佳优化计划,再整理成时标网络图,相当于横道图,再进行所需资源的计算与平衡。

3.公路工程进度计划编制的步骤及内容如下：(1)研究招投标文件和施工图纸、施工条件及相关资料。(2)用WBS方法将工程分解为各个施工细目并计算实际工程量。(3)确定合理的施工顺序。(4)计算各个施工过程的实际劳动量。(5)确定各施工过程的工种人数、机械规格与数量以及班制选择并确定持续时间。(6)编制公路施工进度计划图（横道图、斜率图、网络图等）。(7)检查与调整公路施工进度计划以及评价。(8)施工进度资源保障计划。

## （二）公路施工过程的组织方法和特点

公路施工过程基本组织方法有顺序作业法（也称为依次作业法）、平行作业法、流水作业法。这三种基本组织方法可以单独运用也可以综合运用，从而出现平行顺序法、平行流水法、立体交叉平行流水法。

1.顺序作业法（依次作业法）。主要特点：(1)没有充分利用工作面进行施工，（总）工期较长。(2)每天投入施工的劳动力、材料和机具的种类比较少，有利于资源供应的组织工作。(3)施工现场的组织、管理比较简单。(4)不强调分工协作，若由一个作业队完成全部施工任务，不能实现专业化生产，不利于提高劳动生产率；若按工艺专业化原则成立专业作业队（班组），各专业队不能连续作业，劳动力和材料的使用可能不均衡。

2.平行作业法。主要特点：(1)充分利用工作面进行施工，（总）工期较短。(2)每天同时投入施工的劳动力、材料和机具数量较大，影响资源供应的组织工作。(3)各工作面之间需共用某种资源时施工现场的组织管理比较复杂、协调工作量大。(4)不强调分工协作，此点与顺序作业法相同。这种方法的实质是用增加资源的方法来达到缩短（总）工期的目的，一般适用于需要突击性施工时施工作业的组织。

3.流水作业法。主要特点：(1)必须按工艺专业化原则成立专业作业队（班组），实现了专业化生产，有利于提高劳动生产率，保证工程质量。(2)专业化作业队能够连续作业，相邻作业队的施工时间能最大限度地搭接。(3)尽可能地利用了工作面进行施工，工期比较短。(4)每天投入的资源量较为均衡，有利于资源供应的组织工作。(5)需要较强的组织管理能力。

这种方法可以充分利用工作面，有效地缩短工期，一般适用于工序繁多、工程量大而又集中的大型构筑物的施工，如大型桥梁工程、立交桥、隧道工程路面等施工的组织。

## 二、公路工程进度控制

### （一）进度计划的审批

1.进度计划的提交

（1）总体性进度计划：在中标通知书发出后合同规定的时间内，承包人应向监理工程师书面提交以下文件：一份详细和格式符合要求的工程总体进度计划及必要的各项关键工程的进度计划；一份有关全部支付的现金流估算；一份有关施工方案和施工方法的总说明

（可通过施工组织设计提出）。

（2）阶段性进度计划：在将要开工以前或在开工以后合理的时间内，承包人应向监理工程师提交以下文件：年、月（季）度进度计划及现金流估算和分项（或分部）工程的进度计划。

2. 进度计划的审查要点。施工单位编写完进度计划后，应组织有关人员进行审查，审查要点如下：

（1）工期和时间安排的合理性：1）施工总工期的安排应符合合同工期。2）各施工阶段或单位工程（包括分部分项工程）的施工顺序和时间安排与材料和设备的进场计划相协调。3）易受冰冻、低温、炎热、雨期等气候影响的工程应安排在适宜的时间，并应采取有效的预防和保护措施。4）对动员、清场、假日及天气影响的时间，应有充分的考虑并留有余地。

（2）施工准备的可靠性：1）所需主要材料和设备的运送日期已有保证。2）主要骨干人员及施工队伍的进场日期已经落实。3）施工测量、材料检查及标准试验的工作已经安排。4）驻地建设、进场道路及供电供水等已经解决或已有可靠的解决方案。

（3）计划目标与施工能力的适应性：1）各阶段或单位工程计划完成的工程量及投资额应与设备和人力实际状况相适应。2）各项施工方案和施工方法应与施工经验和技术水平相适应。3）关键线路上的施工力量安排应与非关键线路上的施工力量安排相适应。

## （二）进度计划的检查

项目部每天按单位工程、分项工程或工点对实际进度进行记录，并予以检查，以作为掌握工程进度和进行决策的依据，并及时向监理和建设单位汇报。

## （三）工程施工延误的处理

处理延误事件，首先可采用进度检查方法，判断其延误是否造成误期影响、工期将拖延多少，对于无误期影响的延误事件一般无须处理，对延误较多但还未造成误期影响的准关键工作（已接近关键工作的工作）要极为关注。其次应通过现场记录和有关文件或资料分析这些延误事件的原因或责任。由于延误原因或责任有两类，与之相对应的也有两种不同的处理方式。

1. 对施工单位自身原因或责任的延误引起误期影响的处理。施工单位自身原因的延误引起工期拖延，没有超过一定比例时，施工单位一般可通过加强内部管理来自身消化。达到或超过一定比例，施工单位提出和采取的加快工程进度的措施必须经过监理工程师批准。

2. 非承包人原因或责任的延误引起误期影响的延期。处理方式如下：(1)由于非承包人的责任，工程不能按原定工期完工。(2)可获延期的情况发生后，承包人在合同规定期限内向监理工程师提交工程延期的意向通知书。(3)承包人承诺继续按合同规定向监理工程师提交有关造成工期拖延的详细资料，并根据监理工程师需求随时提交有关证明。(4)可获延期的事件终止后，承包人在合同规定的期限内，向监理工程师提交正式的延期申请报告。

### （四）进度计划的调整

如果发现工程现场的组织安排、施工顺序和人力、设备与进度计划上的方案有较大不一致时，应对原工程进度计划及现金流动计划予以调整，调整后的工程进度计划应符合工程现场实际，并应保证满足合同工期的要求。进度计划的调整，根据调整的原因分为两种，一种是延期后应按新合同工期调整计划；另一种是延误了工期却又无权获得延期，因此需要调整计划使后续计划的工作内容改变或缩短时间以符合合同工期。前一种相当于给定的工期内以原来计划为参考重新编制符合新合同工期的计划；后一种是在原计划的基础上压缩工期，使计划的计算工期符合合同工期。压缩工期就是网络计划优化中的工期优化，就是压缩关键线路，所以调整计划就是调整关键线路。

1. 压缩工期的两种主要途径与方法

（1）改变原计划中关键工作之间的逻辑关系：可将顺序施工关系改为平行施工关系或将顺序施工关系改为搭接施工关系。

（2）压缩关键工作的持续时间：通过网络图直接进行压缩工期很方便，在压缩时首先要考虑的是，要选择哪个关键工作进行压缩并且应压缩多少才合适。

2. 压缩关键工作持续时间的措施

（1）组织措施：①增加工作面，组织更多的施工队伍。②增加每天的施工时间（多班制或加班）。③增加关键工作的资源投入（劳力、设备等）。

（2）技术措施：①改进施工工艺和技术，缩短工艺技术间歇时间（如混凝土的早强剂等）。②采用更先进的施工方法以缩短施工过程的时间（如现浇方案改为预制装配）。③采用先进的施工机械。

（3）经济措施或行政措施：①用物质激励和精神激励的方法提高效率。②对所采取的技术措施给予相应的经济补偿。

（4）其他配套条件：①改善外部配套条件。②改善劳动条件。③实施强有力的调度等。

3. 调整计划压缩工期的步骤。（1）用进度检查的方法计算出工期拖延量，以确定压缩天数。（2）简化网络图，去掉已执行的部分，以进度检查日期作为新起始节点起算时间，并将尚需日的实际数据代入正施工的工作持续时间，保留原计划后续部分。（3）以简化的网络图及代入的尚需日为基础的网络图计算各工作最早开始时间。（4）以计算工期值反向计算各工作最迟结束时间。（5）计算各工作的总时差和自由时差，以便于计算线路的长短：线路与关键线路长度之差称为该线路时差，其数值在双代号网络图中等于该线路上各工作的所有自由时差和。（6）借助自由时差来比较线路长短的方法：多次压缩关键工作的持续时间，保证做到关键工作每压缩一定值，工期也随之缩短一定值，一直压缩到合同工期为止。

# 第二节　公路工程项目质量管理

国内外公路工程建设的实践证明，公路建设是一个复杂的系统工程，影响公路工程质量的因素很多，国家政策、技术规范、材料选择、施工工艺、管理水平、工作质量及设计、施工、监理、业主、监督各单位的建设行为等因素都与工程质量息息相关。

为了加强公路工程质量管理，确保工程质量符合现行规范的要求，必须加强基础工作、施工质量控制和检验把关。工程实践充分证明，确保公路工程建设质量，应从建立质量管理体系、加强材料检测基础工作、加强施工过程质量的控制三方面入手。

## 一、公路工程质量的概念

公路工程质量管理是公路工程施工企业管理水平与技术水平高低的综合反映，是施工企业从开始施工准备工作到工程竣工验收交付使用的全过程中，为保证和提高工程质量所进行的各项质量管理工作。其目的在于以最低的工程成本和最快的施工速度生产出优质的公路工程产品。

### （一）工程质量的基本概念

1. 工程质量的概念

工程质量的概念有广义和狭义之分。广义的工程质量是指工程项目的质量，包括工程实体质量和工作质量两部分。工程实体质量又包括分项工程质量、分部工程质量和单位工程质量。工作质量又包括社会工作质量和生产过程质量两个方面。狭义的工程质量是指工程产品质量，即工程实体质量或工程质量。其定义是"反映实体满足明确和隐含需要能力的特性的总和"。

质量的主体是"实体"。"实体"可以是产品或服务，也可以是活动或过程、组织体系和人，以及以上各项的任意组合。"明确需要"是指在标准、规范、图纸、技术要求和其他文件中已经做出的明确规定的需要；"隐含需要"是指那些被人们公认的、不言而喻的、不必再进行明确的需要，如公路工程的路面应满足最起码的车辆行驶功能，即属于"隐含需要"。

"特性"是指实体特有的性质，仅反映了实体满足需要的能力。对于硬件和流程性材料类产品的实体特性，可归纳为性能性、可信性、安全性、适应性、经济性和时间性六个方面；对于服务实体类，其特性主要包括功能性、经济性、安全性、时间性、舒适性和文明性六个方面。

2. 工程实体的质量

工程实体质量在施工过程中表现为工序质量，是指施工人员在某一工作面上，借助某些工具或施工机械，对一个或若干个劳动对象所完成的一切活动的综合。工序质量包括这些活动条件的质量和活动质量的效果。

工程实体的质量是由参与建设各方完成的工作质量和工序质量所决定的。构成施工过程的基本单位是工序，虽然工程实体的复杂程度不同，生产过程也不一样，但完成任何一个工程产品都有一个共同特点，即都必须通过一道一道工序加工出来，而每道工序的质量好坏，最终都直接或间接地影响工程实体（产品）的质量，所以工序质量是形成工程实体质量最基本的环节。

3. 工作质量的概念

工作质量是指参与工程项目建设的各方，为了保证工程产品质量所做的组织管理工作和各项工作的水平及完善程度。公路工程的质量是规划、勘测、设计、施工等各项工作的综合反映，而不是单纯靠质量检验检查出来的。要保证公路工程的质量，就要求参与公路工程的各方有关人员对影响工程质量的所有因素进行控制，通过提高工作质量来保证和提高工程质量。

4. 质量控制

质量控制是指为达到质量要求所采取的作业技术和活动。质量要求需要转化为可用定性或定量的规范来表示的质量特性，以便于质量控制的执行和检查。质量控制贯穿于质量形式的全过程、各环节，要避免这些环节的技术、活动出现偏离规范的现象，使其恢复正常，达到控制的目的。

质量控制的内容是采取的作业技术和活动。这些活动包括确定控制对象、规定控制标准、制定具体的控制方法、明确所采用检验方法、实际进行检验、说明实际与标准之间有差异的原因、为解决差异而采取的行动。

（二）公路工程质量的内容

由以上讲述可知，公路工程质量管理的基本概念，应该从广义上来理解，即要从全面质量管理的观点来分析。因此，公路工程的质量与其他建筑工程一样，不仅包括工程质量，还应包括工作质量和人的素质。

1. 工程质量

工程质量是指工程适合一定用途，满足使用者要求所具备的自然属性，亦称为质量特征或使用性。公路工程质量主要包括工程性能、寿命、可靠性、安全性和经济性五个方面。

（1）工程性能

工程性能是指产品或工程满足使用要求所具备的各种功能，具体表现为力学性能、结构性能、使用性能和外观性能等方面。

（2）工程寿命

工程寿命是指工程在规定的使用条件下，能正常发挥其规定功能的总工作时间，也就是工程的设计或服役年限。一般来说，对工程使用功能能稳定在设计指标以内的延续时间都有一定的限制。

（3）工程的可靠性

工程的可靠性是指工程在规定的时间内和规定的使用条件下，完成规定功能能力的大小和程度。对于公路工程企业承建的工程，不仅要求在竣工验收时达到规定的标准，而且在一定的时间内要保持应有的使用功能，如路基的稳定性、路面的平整度等。

（4）工程的安全性

工程的安全性是指工程在使用过程中的安全程度。任何公路工程都要考虑是否会造成对使用或操作人员的伤害事故，会产生公害、污染环境的可能性。如公路工程中所用的沥青材料，对人的身体健康是否有危害；各类桥梁、路面在规范规定的荷载下，是否满足强度、刚度和稳定性的要求。

（5）工程的经济性

工程的经济性是指工程寿命周期费用的大小。公路工程的经济性要求，一是工程造价要低，二是维修费用要少。

以上工程质量的特性，有些可以通过仪器设备的测定直接量化评定，如某种材料的力学性能。但多数很难进行量化评定，只能进行定性分析，即需要通过某些检测手段，确定必要的技术参数来间接反映其质量特性。把反映工程质量特性的技术参数明确规定下来，通过有关部门形成技术文件，作为工程质量施工和验收的规范，这就是通常所说的质量标准。符合质量标准的就是合格品，反之就是不合格品。

工程质量是具有相对性的，也就是质量标准并不是一成不变的。随着科学技术的发展和进步、生产条件和环境的改善、生产和生活水平的提高，质量标准也将会不断修改和提高。另外，工程的质量等级不同，用户的需求层次不同，对工程质量的要求也不同。施工单位的施工质量，既要满足施工验收规范和质量评定标准的要求，又要满足建设单位、设计单位提出的合理要求。

2. 工作质量

工作质量是公路工程施工企业的经营管理工作、技术工作、组织工作和后勤工作等达到和提高工程质量的保证程度。工作质量可以概括为生产过程质量和社会工作质量两个方面。生产过程质量，主要指思想政治工作质量、管理工作质量、技术工作质量、后勤工作质量、服务工作质量等，最终还要反映在工序质量上，而工序质量要受到人、设备、工艺、材料和环境五个因素的影响。社会工作质量，主要是指社会调查、质量回访、市场预测、维修服务等方面的工作质量。

工作质量和工程质量是两个不同的概念，两者既有一定的区别又有紧密的联系。工程质量的保证和基础就是工作质量，而工程质量又是企业各方面工作质量的综合反映。工作质量不像工程质量那样直观、明显、具体，但它体现在整个施工企业的一切生产技术和经营活动中，并且通过工作效率、工作成果、工程质量和经济效益表现出来。所以，要保证和提高工程质量，不能孤立地、单纯地抓工程质量，而必须从提高工作质量入手，把工作质量作为质量管理的主要内容和工作重点。

在实际工程施工中，人们往往只重视工程质量，看不到在工程质量背后隐藏了大量的工作质量问题。仔细分析出现的各种工程质量事故，都不难得出是由于多方面工作质量欠佳造成的结果。所以，要保证和提高工程质量，就必须狠抓每项工作质量的提高。

3. 人的素质

人的素质主要表现在思想政治素质、文化技术素质、业务管理素质和身体素质等几个方面。人是直接参与工程建设的组织者、指挥者和操作者，人的素质高低不仅关系到工程质量的好坏，而且关系到企业的生死存亡和发展。

邓小平同志指出："人才问题是个战略问题，是决定我们命运的问题。"人是世间第一宝贵的，人可以创造一切，人才是一切财富中最宝贵的，是强国之本、创业之源。自改革开放以来，我国建筑业实行了工程招标投标制度，无数事实充分证明，企业的竞争实力，主要取决于施工企业人的素质。

### （三）影响公路工程质量的主要原因

1. 设计方案粗糙

设计是工程建设的灵魂，是工程质量的龙头，工程质量首先取决于设计质量。公路建设项目的前期工作很复杂，从规划、可行性研究、项目评估、设计文件到项目实施，周期较长。设计阶段把关不严、方案粗糙，将会导致在以后的施工中出现质量、安全隐患，还会因此影响工程的进度，造成不必要的损失。

设计阶段把关不严、设计方案粗糙，甚至存在重大缺陷，如与现场地物、地貌相矛盾，与结构物自身的使用功能相矛盾。待到施工过程中发现问题时再重新修改设计，由于时间仓促，势必使施工质量下降，留下质量隐患，甚至出现安全隐患。

工程实践证明，不懂工程施工的人永远搞不好设计。设计主管人员必须具备丰富的施工经验和较高的业务技能。很多设计方案的实际可操作性不强，甚至与实际严重脱节，就是设计人员闭门造车造成的。

2. 缺乏建设管理经验

由于我国条块分割的行政管理体制和资金来源的不同、项目管理模式各异、项目管理水平也有很大的差别，建设市场离规范化管理有一定距离。总体是重点大型项目、世行贷款项目、领导重视的项目较好，中小型项目、地方筹资项目欠规范。

公路建设市场管理体制至今还没有完全理顺，管理工作不规范是影响公路建设质量的一个主要原因。在公路建设项目的管理方面，项目法人责任制、招投标制、监理制和合同管理制没有完全推行开，导致在建设过程中责任不明确、互相推诿，出现人人都在管，最终谁都没具体对质量负责的现象。

3. 施工队伍公路施工经验、水平不能满足要求

有的施工队伍公路施工经历较少。一无能满足施工需要的机械设备，二无足够、合格

的技术管理人员，这对施工质量管理来说仍然是一个难题，没有经验就容易出问题。对施工前期的组织准备、技术准备、物资准备、现场准备不到位，在施工作业组织、施工进度计划、施工调度、现场管理、技术资料管理等方面的管理工作中没有能力或力不从心，致使工程管理处于混乱状态，工程质量无法保证。

4.质量管理体系不完善

公路建设的"政府监督、社会监理、企业自检"的三级质量控制体系有待进一步普及和完善。质量体系不完善主要体现在以下几个方面：

（1）监理队伍制约机制尚不完善。政府交通主管部门对监理市场主要是宏观管理，多是对监理单位和人员的资质进行管理，对监理单位的行为、监理工作运行情况、监理工作成效等的动态管理缺乏有效手段，在法规、行政、经济等方面，对监理单位的制约机制尚不完善。

（2）网络监督不完善，一些建设单位、施工单位的领导和管理人员，对工程质量监督重要性的认识不足，致使质量监督工作开展有一定难度。

（3）质量管理各方的质量检测设备、手段不完善。大部分监督单位的检测设备、设计、监理、施工、材料供应、检测手段、技术力量还不能满足质量检测工作的需要，有的与实际要求相差很大，直接影响到质量管理工作的深度和力度。

## （四）公路工程质量控制的主要措施

1.加强源头控制

首先，对公路工程质量的控制要从工程设计方面入手，工程施工设计方案必须符合设计规范要求和工程现场的实际情况。

其次，工程设计方案除了要确保结构的稳定性之外，还必须具有可实施性，也就是说要综合工程所在地的地质情况、施工条件、气候特点以及人文环境等方面的实际情况，因地制宜、综合考虑，使设计方案具有可行性、安全性和效益性。

最后，在工程施工过程中，设计单位应做好后续的服务跟踪工作。在公路工程建设过程中，在设计阶段不可能面面俱到，很多问题只有在施工过程中才能发现，如地质变化、自然灾害等。对于在施工过程中发生的设计变更，设计单位必须遵循"质量至上、安全第一"的原则，不能为了追求进度、节约成本而降低设计要求。

2.加强过程控制

公路工程的质量控制，主要体现在施工过程中，设计、施工、监理、业主、监督各单位应各负其责，相应履行工程设计、施工控制、质量监管、监督审查的职能。从施工方面来说，控制工程质量的具体措施如下：

（1）建立健全质量保证体系。建立健全质量保证体系是进行公路工程质量控制的先决条件，科学合理的质量保证体系，既能保证质量控制有序、高效运行，也能为质量控制提供决策保证。没有切实可行的质量保证体系，质量控制就成了无源之水、无本之木。

（2）制定和完善质量控制措施。质量控制措施是对质量保证体系的完善和细化，是质量体系得以有效运行的保障。

实施质量控制首先要建立、健全质量自检措施。自检措施应从检测程序、检测设备、检测手段、技术力量等方面着手，层层把关、环环紧扣。尤其是要注重项目的控制性工程和隐蔽工程的自检，检测不合格的一律不得进行下一道工序的施工。实施质量控制在具体实施过程中，首先要注重对主要原材料的检测控制。要从入围厂家的选择、进场材料的试验检测、加工安装的工序监控等方面着手，严格把关，杜绝不合格材料进入施工工序，在施工过程中及施工完成后发现材料质量问题的，必须严格按照设计图纸及技术规范的要求采取返工或其他能够满足设计规范要求的补救措施。

其次要注重对施工工序的过程控制。纵然原材料合格、施工方案可行、保障措施完备，但是如果施工工序不当，往往也会使前面的努力付诸东流。施工工序除了按照一般的施工原理、技术措施、工艺流程进行之外，还必须遵循项目的专项施工组织设计对工序的相关要求。

另外，还要根据公路工程所在地的地理、气候特征等具体情况，制订冬季、雨季及特殊气候情况的施工技术方案。

（3）制定、执行质量奖惩措施。控制公路工程的质量，除了采取科学合理的施工组织措施和质量控制方案之外，还要发挥施工技术人员的主观能动性，实行质量奖惩不是目的，而是质量创优的手段，通过奖惩措施的制定和执行，能够提高施工技术人员的质量意识，同时也起到了一定的鞭策和警示作用。

（4）加强与设计、材料供应、建设监理、业主、质量监督各单位的信息沟通和协调，严格执行监理、业主、监督各单位关于质量控制方面的文件、工作指令。很多质量隐患和事故的产生都是由于工程的相关各方缺乏沟通或者是相互推诿、扯皮造成的。

3. 加强跟踪控制

对于已完工的公路工程，在质量缺陷责任期内，如果存在路基沉陷、桥头跳车、路面早期破坏、边坡失稳等质量问题，必须适时对其进行跟踪测控，做到早发现、早解决。

通过以上所述可知，在公路工程建设整个过程中，质量是工程的生命，措施是管理的保证，管理是质量的灵魂。

## 二、质量体系的建立与运行

工程质量保证体系是企业以保证和提高工程质量为目标，运用系统的概念和方法，把企业各部门、各环节的质量管理职能组织起来，形成一个有明确任务、职责、权限、互相协调、互相促进、互相监督的有机整体，使质量管理制度化、标准化，从而建造令用户满意的工程。

公路施工有一套较完整的施工技术规范，是应当首先执行的。如果规范的内容不够完善，则 ISO 9002 体系标准明确了企业质量管理的工作程序，作为对技术规范的补充，用以控制公路产品形成过程，保证稳定的、合乎要求的产品质量。对于标准的内容，企业要灵活应用，内容可以调整，可以通过选择要素，组合出既符合质量管理原理，又适用于本企业条件的最佳状态质量体系。

### （一）公路施工企业质量体系的特点

公路施工企业质量体系的建立应体现以下特点：

1. 系统性公路施工企业的质量体系应根据公路产品质量的产生、形成和实现的运行规律，把影响质量的所有环节全部控制起来，以实现企业的质量方针和质量目标。

2. 预防性建立质量体系要突出以预防为主的要求。开展每项质量活动之前都要制订好计划，规定好程序，使质量活动处于受控状态，把质量缺陷消灭在形成过程中。

3. 经济性质量体系的建立与运行既要满足用户的需要，也要考虑企业的利益，要圆满解决企业与用户双方的风险、费用和利益，使质量体系的效果最优化。

4. 实用性建立质量体系必须结合公路施工企业、工程对象、施工工艺特点等情况，选择适当的要素，使质量体系具有可操作性，保持实用性和有效性，同时，企业应根据科技与生产的发展、环境条件的变化，及时调整和完善质量体系要素，使之适应企业经营的需要和满足用户的要求。

### （二）质量保证体系的基本内容

公路工程施工企业质量保证体系，主要包括施工准备阶段的质量管理、工程施工过程的质量管理和工程使用过程的质量管理三个基本组成部分。

1. 施工准备阶段的质量管理

公路工程施工准备阶段是进行质量管理的重要基础，这一阶段的质量管理工作主要有以下几项：

（1）图纸的审查设计。图纸是工程施工的依据，因此，要保证工程施工的质量，首先就要研究和熟悉图纸，了解设计意图。同时，通过熟悉和审查图纸，也可以发现设计中可能存在的差错和不便施工或难以保证施工质量之处，并使这些得到必要的改正。

（2）施工组织设计。编制施工组织设计是用来指导施工项目全过程各项活动的技术、经济和组织的综合性文件，是施工技术与施工项目管理有机结合的产物，它是保证工程施工活动有序、高效、科学合理地进行的重要措施和先决条件。

（3）材料和预制构件、半成品等的检验。施工单位必须建立和健全试验机构，充实试验人员，认真做好原材料、半成品、预制构件和设备的检验工作。凡是没有合格证明、材料或设备性能不清的，一定严格按照规定进行检验，未经检验的设备不得安装，不合格的材料、半成品、预制构件不得使用。

（4）施工机械设备的检修。为确保工程施工质量、施工安全和生产效率，施工单位必须搞好施工机械设备检修工作，经常保持施工机械设备的完好和高精度。

2. 工程施工过程的质量管理

公路工程施工过程是控制质量的主要阶段，这一阶段的质量管理工作主要有以下几项：

（1）在工程正式开工前和施工过程中，工程技术人员要做好施工的技术交底，监督按照设计图纸和规范、规程进行施工。

（2）进行施工质量检查和验收保证和提高工程质量，必须坚持质量检查与验收制度，加强对施工过程各环节的质量检查。对于已完工的分部分项工程，特别是隐蔽工程进行验收，不合格的工程绝不允许通过，该返工的必须返工，不留任何质量隐患。上道工序不合格，下道工序就不得进行。对于质量容易波动、常见的质量通病，或对工程质量影响比较大的关键工序，检测手段或检验技术比较复杂，单靠自检、互检不能保证质量的工序和最后交工前的检查更要注意质量检验。

质量检验要实行专职检验与群众检验相结合，以专职检验为主。但是公路工程建设十分复杂，每一道工序都要依靠专职检查人员也是不可能的，施工质量的好坏归根结底还是取决于参加施工的工人。因此，除加强专职检验外，还要发动施工人员参加自检、互检和工序交接检查验收，这对于保证工程质量是非常重要的。

（3）进行质量分析

检查验收是事后质量控制，即使发现问题，而事故已经发生、浪费已经造成。所以质量管理工作必须首先高度重视事前和事中质量控制，防患于未然，方能发挥更大的作用。通过质量检验可以获得大量反映质量问题的数据，采用质量管理统计方法对这些数据进行分析，就能找出质量缺陷的种种原因，并采取有针对性的预防措施，尽可能把质量问题消除于出现之前，使不合格产品和因返工或修理的工料费降到最低程度。

（4）实现文明施工

文明施工是指保持施工场地整洁、卫生，施工组织科学，施工程序合理的一种施工活动。文明施工的基本条件包括有整套的施工组织设计（或施工方案），有严格的成品保护措施和制度，大小临时设施和各种材料、构件、半成品按平面布置堆放整齐，施工场地平整，道路畅通，排水设施得当，水电线路整齐，机具设备状况良好，使用合理，施工作业符合消防和安全要求。

3. 工程使用过程的质量管理

公路工程交工投产使用过程是考验工程实际质量的过程。它是施工企业质量管理的归宿点，又是施工企业质量管理的出发点。因此，企业施工质量管理，必须从现场施工过程延伸到一定期限的使用过程，工程使用过程的质量管理是整个工程质量管理的重要组成部分。对于施工企业而言，产品使用阶段的质量管理主要包括以下两个方面：

（1）及时进行回访。对于已完工的公路工程进行回访，听取使用部门对施工质量方面的意见，从中发现工程质量存在的问题，分析产生原因，以便及时补救，并为日后改进施工质量管理积累经验。

（2）实行保修制度。对于施工原因造成的质量问题，施工企业应及时无偿进行保修。

### (三)质量保证体系运行的形式

质量保证体系是按科学的程序运转的,其运转的基本方式是按 PDCA 管理循环活动。美国数理统计学家戴明根据管理工作的客观规律总结出来的 PDCA 循环,是一种科学的质量管理方法与工作程序。它通过计划(Plan)、实施(Do)、检查(Check)和处理(Action)四个阶段,把经营和生产过程的质量管理有机地联系在一起。对于公路工程施工质量保证体系的运行,应当以质量计划为龙头、施工过程管理为重心,按照 PDCA 循环原理展开。

1. 计划阶段

可以理解为施工质量计划阶段,明确目标并制订实现目标的行动方案。在施工质量计划阶段,现场施工管理组织应根据其任务目标和责任范围,建立施工质量控制的管理制度,对质量工作程序、技术方法、业务流程、资源配置、检验试验要求、质量记录方式、不合格处理、管理措施等内容,做出具体规定并形成相关文件。施工质量计划编成后,还需对其实现预期目标的可行性、有效性、经济合理性等进行分析论证,并按规定的程序与权限经过审批后执行。

2. 实施阶段

实施阶段包含两个环节,即计划行动方案的交底和按计划规定的方法与要求展开施工作业技术活动。计划交底的目的在于使具体的作业者和管理者明确计划的意图和要求,掌握施工质量标准,从而规范作业和管理行为,正确执行计划的行动方案,步调一致地去努力实现预期的施工质量目标。

3. 检查阶段

检查阶段指对计划实施过程进行各种检查,包括作业者的自检、互检和专职管理者专检。各类检查也都包含两大方面:一是检查是否严格执行了计划的行动方案,实际条件是否发生了变化,没有按照计划执行的原因;二是检查计划执行的结果,即施工质量是否达到标准的要求,对此进行评价和确认。

4. 处理阶段

质量检查过程中发现施工质量有问题或质量不合格,应及时分析原因,采取必要的措施予以纠正,保持施工质量的受控状态。处置分为纠偏处置和预防处置两个步骤,前者是采取应急措施,解决当前的质量问题和缺陷;后者是信息反馈管理部门,反思问题症结或计划时的不周,为今后类似问题的质量预防提供借鉴。

质量管理活动的全部过程,就是反复地按照 PDCA 的管理循环,不停地、周而复始地运转。工程实践充分证明,这个管理循环每运转一次,工程质量就可得到提高;管理循环不停地运转,工程质量水平也就随之不断地提高。

### (四)工程质量控制管理机构

工程项目质量控制高度重视逻辑思维程序,工程技术只有通过科学的组织管理才能充分地发挥其效能。任何工程质量组织机构都包括 5 个必不可少的要素,即人员、职位、职责、关系和信息。

1. 质量控制机构的组织模式

组织是质量管理的一项重要职能。质量控制机构的功能是通过任务结构和权力关系的设计，来协调工程项目施工中的各个方面。根据我国体制和公路工程的特点，其组织模式大致可分为直线制、职能制、直线职能制、矩阵制等。大、中型工程项目班子，大多数采用直线制或直线职能制的模式。

项目经理部下设专职质检工程师1人，专职负责工程项目的质量控制管理；各施工工序设工序质检员1人，专职负责本工序的质量自检；工程质量的一切方面由质检工程师直接对总经理负责。对工程质量问题的处理，质检工程师有否决权。

2. 质量控制管理机构的职责划分

（1）业主的职责

一项工程建设的成败关系到业主的投资利益能否实现，所以业主对工程质量问题有最终决策权。工程施工每一步的质量情况都要形成文字资料，作为进行下一步工作的依据，这样便于施工企业及时听取业主的意见，从而避免出现大量返工。

①项目决策阶段的职责

工程业主在项目决策阶段全面负责开展以下各项工作：

A. 组织编写项目建设书或进行投资机会研究。建设项目应符合国民经济长远规划，符合部门、行业和地区规划的要求。

B. 自行组织或委托工程咨询单位进行项目可行性研究。可行性研究工作要坚持实事求是的原则，切不能主观决断，要使项目建立在科学的基础上。

C. 提出项目目标，组织编制项目决策文件，确定项目建设方案。项目建设方案的选取要充分考虑项目内外的客观条件，使建设方案得以顺利实施。

②项目实施阶段的职责

A. 委托社会监理。业主应当根据建设监理制度的规定及项目所在地建设行政主管部门的要求，并结合本单位的需求委托工程监理。委托监理要结合项目的特点，委托资质相适应、信誉高的监理公司，有条件的地方提倡采用招标方式委托监理。

B. 提供建设基地。这是项目业主的一项重要工作。除了购置土地外，应做好拆迁工作，以及清除地上、地下障碍物，通水、通电、通信、道路；提供工程现场及周围地区地下管网资料，办理承包方有关手续、证件、批件、公用设施保护与搬迁，移交测量用水准点和从标点，办理临时占地、占路等报批工作。项目业主应负起责任，应自己完成的工作不应交给承建单位去完成，如委托去办，应负经济责任。

C. 组织委托勘察和设计工作。对于已经委托设计监理的项目，应在监理单位的协助下进行，包括选择勘察和设计单位、组织设计招标、商签合同、组织设计竞赛。一般在监理的协助下由项目业主决策。

D. 组织施工招标工作。对于已经委托社会监理的项目，招标工作应在监理的协助下进行，但是关键性完全由项目业主决定。施工招标，是项目业主必须坚持选择施工承包单位的方式；承建单位有符合国家规定的注册资本；有与其从事的建设活动相适应的具有法定执业资格的专业技术人员；有从事相关建设活动所应有的技术装备；有一定从事相关建设活动的业绩等。

E. 项目业主必须向有关的勘察、设计、施工、工程监理等单位提供与建设工程有关的原始资料，这些原始资料必须真实、准确、齐全。原始资料是勘察单位、设计单位、施工单位和监理单位进行勘察设计、工程施工和监理作业的基础性材料。

F. 根据工程承包合同做好业主方的材料和设备采购工作。由业主采购的材料和设备应在承包合同中规定。业主供应材料设备的，双方应当约定供应材料设备一览表；按一览表约定的内容提供材料设备，并向承包人提供产品合同证明，对其质量负责。业主供应的材料设备，承包人派人参加清点后由承包人妥善保管，业主应支付相应的保管费用。业主供应的材料设备与一览表不符时，业主承担有关责任。业主供应的材料设备使用前，由承包人负责检验或试验，业主供应材料设备的结算方法，双方在专用条款内约定。

G. 筹集建设资金，履行货币支付义务。筹集建设资金，按合同协议的约定支付方式和付款办法，按时按量提供给工程承包单位、材料和设备厂家、社会监理单位及其他有关勘察设计单位的付款，杜绝资金不足、让有关单位垫款、不按时支付价款的违约事件发生。

H. 协调与工程项目有关各方的关系。在委托工程监理的情况下，工程项目的协调工作应主要由监理工程师承担，包括与承建单位的协调及与材料设备厂家的协调等。但是，业主应是重要的协调方。对于必须由业主进行决策的事项，双方需要协调，且基本上应由业主去协调。

I. 项目动工前的准备。主要包括人员培训，组织生产人员参加设备安装调试，落实原材料、协作产品、燃料，建立管理组织机构等。

J. 工程验收。组织有关单位共同参与验收。在社会监理单位的协助下，办理工程结算和编制工程决算，并做好保修阶段的有关工作。

上述应由业主完成的工作，业主应按施工阶段的需求，有计划、有步骤地进行，业主认真履行自己的职责，对实现项目目标起着关键作用。

（2）监理工程师的职责

监理工程师是指经全国统一考试合格，取得《监理工程师资格证书》并经注册登记的工程建设监理人员。监理工程师是根据与业主签订的合同内容，代表业主监控工程质量和其他方面，是工程质量实现的主要监督者，是业主和承包商之间的桥梁。监理工程师应按照合同要求，对影响工程质量的各个因素从原材料、施工工艺及成品进行控制。任何环节出现疏忽和错误，包括施工时施工人员自身的操作失误和放松质量检查，都会给工程的质量带来严重的损害。因此，监理工程师必须对工程施工实行全方位、全过程的质量监理。工程质量监理与单纯的质量验收不同，它不仅仅是对最后的产品进行检查验收，而是对产品进行全方位、全过程的监理。每道工序从开工前便进入监理，即每道工序开工前，承包商必须提交开工申请单，向监理工程师说明材料、设备、工艺及人员的准备情况，开工申请得到监理工程师批准后才能开工。为了保证工程质量，监理工程师在履行职责中应遵循以下原则：

①监理人员必须维护国家的荣誉和利益，维护公司的信誉，遵循"守法、诚信、公正、科学"的准则，以公正的立场、严肃的态度、严格的要求、科学的分析、求实的处理，努力搞好所承担的监理工作；

②监理人员必须遵守国家的法律、有关条例和规定，认真学习和坚持贯彻国家和地方有关工程建设的法律、法规和政策；

③监理人员必须坚持原则，秉公办事，清正廉洁，自觉抵制不正之风，不索贿，不受贿，不参与一切与本工程有关的兼职、任职、合伙经营和交易；

④监理人员必须坚守规程、规范、标准和制度，履行监理合同规定的义务和职责，工作认真，一丝不苟；

⑤监理人员必须注意保守有关秘密，对建设单位、设计单位、施工单位的秘密和信息，未经对方允许不得任意公开或传播；

⑥监理人员必须坚守自身职责和权限，未经上级委托，不得行使自身职责以外的职权；

⑦监理人员必须谦虚谨慎、尊重事实、文明礼貌、态度诚恳、平等待人、热情服务。

（3）项目经理的职责

项目经理，从职业角度而言，是指企业建立以项目经理责任制为核心，对项目实行质量、安全、进度、成本管理的责任保证体系和全面提高项目管理水平设立的重要管理岗位。项目经理是为项目的成功策划和执行负总责的人。项目经理是项目团队的领导者，项目经理的首要职责是在预算范围内按时优质地领导项目小组完成全部项目工作内容，并使客户满意。为此项目经理必须在一系列的项目计划、组织和控制活动中尽到应尽的职责，从而实现项目目标：

①根据承建工程的实际情况，制订施工方案和实施计划，确保工程项目目标的实现，并保证业主满意；

②根据承建工程规模、类型、施工条件和质量要求等方面，组织精干的工程项目管理班子，明确工程质量具体管理人员，组织开展创造优质工程活动；

③设置专门的工程质量管理部门，明确各自的质量管理目标，加强对全体施工人员质量意识教育，有计划地组织工程质量检查，并组织工程质量回访工作；

④不折不扣地履行合同中规定的义务，监督合同的执行，处理合同的变更；

⑤履行好企业内部的职责，主要包括施工准备工作、落实材料设备、监督检查各部门的工作、处理解决关键性问题等。

总之，项目经理的职责和任务就是根据承建工程的实际，带领参建的所有人员以良好的状况进行工程施工，使项目达到"优质、高速、低耗、绿色"的目标，达到业主的要求。

（4）质检工程师的职责

质检工程师是根据工程质量要求，专门从事质量检验、评定、监督的专业技术人员。

质检工程师负责向工程项目班子所有人员介绍该工程项目的质量控制目标和制度，负责指导和保证质量控制目标的实施，通过质量控制来保证工程建设满足技术规范和合同规定的质量要求。质检工程师的具体职责如下：

①根据业主和现行规范的要求，结合工程实际情况，研究施工对象的具体质量要求；

②在研究本单位或外单位过去已建工程质量所存在的问题后，根据拟建工程的具体实施情况，提出在施工中质量管理工作的重点；

③从工程项目质量控制的角度出发，对所编制的施工组织计划或施工方案进行审查，提出"优质、高速"施工方案的建议；

④根据业主和现行规范的质量要求，结合承建工程实际情况，编写质量管理方面的规章制度，包括内部质量控制方面的政策、法规、技术标准、施工规范及实施细则；

⑤根据编制的施工组织计划或施工方案及质量管理制度，组织有关部门和人员实施，并如实总结和报告质检的结果；

⑥接受工程建设各方关于质量控制的申请和要求，包括向各有关部门传达必要的质量措施，如质检工程师有权停止分包商不符合质量验收标准的工作，有权决定需要进行试验分析的项目，并可亲自准备样品、监督试验工作等。

（5）中心试验室的职责

公路工程中心试验室对工程原材料、半成品、水泥混凝土的内在质量的检验数据负责，包括检测项目取样方法及频率、制作方法、试验方法及原始数据的记录、计算、报告，以及对试验结果的误差分析等。

①设计检测和试验方案，制订试验检测实施计划。按照规定的检测试验项目、频度及时完成各项检测试验工作。

②根据现行的检测试验标准、规范，制定每一项目检测及试验的操作规程和补充细则。对观感性、描述性的项目要设计制定有效的、标准的评价方式及表达术语。

③调查分析出现偶然性质量缺陷的原因，如实报告调查结果，并随时采取纠正措施。

④对检测和试验所用的仪器、量具和设备，应进行计量方面的鉴定、校准、保养及维修，保证计量设备的计量精度，以求试验结果的正确。

⑤根据试验结果和规定的方法，编制检测试验工作的总结报告，将其作为工程质量评价的重要依据之一。

（6）企业机务部的职责

伴随着公路工程不断发展，其已经成为国民经济发展的重要支柱。其施工技术的不断提高，机务管理人员对机械设备科学化的管理水平要求日益提高。设备的优劣都会关系到其工程的施工质量、进度和安全。因此在公路工程中，可以发现机务管理对工程质量的重要性。

施工企业的机务部应对机械技术状况的完好性、附件的齐全性及工作装置调整的正确性负责，确保工程施工中机械设备符合施工组织设计的要求。机械设备应保养良好，达到能满足施工规范的技术要求。平时，机务部应主要负责实施和监督机手的工作；机务部主管应定期向质检工程师提供有关机械完好、技术条件状况的报告。

（7）企业材料部的职责

企业材料部是确保工程所用材料、设备质量符合设计要求的重要部门，应对所购进的材料和设备的质量负责，主要包括以下职责：

①所有购进的材料和设备应有出厂质量保证书、合格证及应有的化验报告，并应主动配合试验室进行抽检；

②严格遵守物资管理及验收制度，加强对设备、材料和危险品的保管，建立各种物资供应台账，做到账、卡、物相符；

③以审定后的设备、材料供应计划为依据，负责办理甲方供应设备材料的催运、装卸、保管、发放，自购材料的供应、运输、发放、补料等工作；

④负责对到达现场（仓库）的设备、材料进行型号、数量、质量的核对与检查，收集项目设备、材料及机具的质保等文件；

⑤负责做好到场物资的跟踪管理，以增强质量的可追溯性。

（8）工程技术部的职责

工程技术部是施工企业的主要技术部门，是贯彻有关施工、质检技术标准、规范和规程的执行部门，负责指导施工和处理施工质量问题，要在技术措施和工艺措施上保证工程质量，要根据施工技术规范编制操作工艺的实施细则，其具体职责主要包括以下方面：

①参加图纸会审和工程进度计划的编制，负责施工组织安排和施工管理工作。

②认真熟悉施工图纸、编制各项施工组织设计方案和施工安全、质量、技术方案，编制各单项工程进度计划及人力、物力计划和机具、用具、设备计划。

③编制文明工地实施方案，根据本工程施工现场合理规划布局现场平面图，安排、实施、创建文明工地。

④负责工程技术、测量工作，协助试验室报检验收工作。

⑤做好技术、安全、质量交底工作，办好签认手续，并对规程、措施、交底要求执行情况经常检查，随时纠正违章作业。做好施工队伍技术指导。

⑥随时掌握施工队或作业组在施工过程中的操作方法，严格施工过程的质量控制。

⑦组织隐蔽工程验收，按工程质量评定验收标准。经常检查所管辖施工队或作业班组的施工质量，并搞好自检、互检和工序交接检。发现不合格产品要及时纠正或向项目部领导汇报。

⑧督促施工所用材料、设备按时进场，确保工程顺利进行；严格监督、检查、验收进入施工区的材料、半成品是否合格，堆码、装卸、运输方法是否合理，防止损坏和影响工程质量。

⑨按时填写各种有关施工原始记录、隐蔽工程检查记录和工程日志，做到准确无误。

（9）工程质检员的职责

工程质检员是生产第一线的质量负责人，一切施工项目和所有工序都由各质检员每天填报质量日报表，这是企业内部质量管理信息系统建立的基础工作。其主要职责有以下方面：

①认真贯彻执行国家、地方政府和本公司有关工程质量管理的各项方针政策、规范及标准规定，对工程施工质量承担检查责任；

②依据项目工程质量特点、质量目标、合同质量目标，制定工程质量控制的措施和方案，并组织实施；

③督促班组搞好自检、互检工作，负责满足项目部检测器具使用要求，进行项目质量管理，参加项目工程质量评定工作；

④负责原材料、设备进货检验，检查成品质量和使用情况，及时检查试验结果，记录重要处置情况；

⑤负责工程质量信息的收集、整理、反馈工作，指导项目工程资料的记录与整理，负责收集工程资料；

⑥负责监督不合格产品的整改及复查工作，负责就质量问题与监理、业主等进行沟通。

3. 质量控制机构的检验工作程序

为了使质量控制机构能够有条不紊地运转，每当一个分部、分项或单位工程完工后，承包商应请业主（或业主委托的监理工程师）对分部、分项或单位工程进行质量检验。承包商向业主（或监理工程师）提出质量检验申请，必须在 24h 内送给业主（或监理工程师）。业主（或监理工程师）必须及时转达有关信息，进行协调工作，避免影响承包商的工作进度及随之而来的索赔。

## 三、公路工程的质量控制

施工质量控制是通过采取有效措施确保施工合同商定的质量要求和标准，避免发生质量问题。施工质量控制应当做到施工过程与技术要求相一致、与现行技术规范相一致、与设计质量要求相一致，符合施工合同要求和验收标准，同时还应满足施工进度和投资计划的要求。工程质量是在修建的过程中形成的。因此，施工质量控制必须贯穿于施工全过程和每个环节。

### （一）施工质量控制的原则

工程施工是使工程设计意图最终实现并形成工程实体的阶段，是最终形成工程产品质量和工程使用价值的重要阶段。在进行公路工程项目施工质量控制的过程中，应遵循以下原则：

1. 质量第一的原则

"百年大计、质量第一"，是所有施工企业或建筑工程推行质量管理的思想基础。公路工程质量的好坏，不仅关系到国民经济的发展及人民生命财产的安全，而且直接关系到施工企业的信誉、经济效益及生存和发展。因此，牢固树立"质量第一"的观点是工程质量管理的核心。

2. 用户至上的原则

"用户至上"是施工企业或公路工程推行质量管理的精髓。国内外多数施工企业把用户摆在至高无上的地位，把用户称为"上帝"，把企业同用户的关系比作鱼水关系。我国的公路工程企业是社会主义企业，其用户就是广大人民群众、国家和社会的各个部门，坚持用户至上的观点，企业就会蓬勃发展，背离了这个观点，企业就会失去存在的意义。

现代企业质量管理中"用户至上"的观点是广义的，它包括两个含义：一是直接或间接使用公路工程的单位或个人；二是施工企业内部，在施工过程中上一道工序应对下一道工序负责，下一道工序则为上一道工序的用户。

3. 预防为主的原则

工程质量是设计、制造出来的，而不是检验出来的。检验只能发现工程质量是否符合质量标准，但不能保证工程质量。在工程施工过程中，每个工序、每个分部、分项工程的质量，都会随时受到许多因素的影响，只要有一个因素发生变化，质量就会产生波动，出现不同程度的质量问题。

质量管理强调将事后检验把关变成对各工序的控制，从管质量结果变为管质量因素，防检结合，防患于未然，也就是在施工全过程中，将影响质量的因素控制起来，发现质量波动就分析原因、制定对策，这就是"预防为主"的观点。

4. 全面管理的原则

质量管理中推广的全面管理，就是突出一个"全"字，即实行对全过程的管理、全企业的管理和全员的管理。

全过程的管理，就是把工程质量管理贯穿于工程的规划、设计、施工、使用的全过程，尤其在施工过程中，要贯穿于每个单位工程、分部工程、分项工程、各施工工序。全企业的管理，就是强调质量管理工作不只是质量管理部门的事情，施工企业的各个部门都要参加质量管理，都要履行自己的职能。全员的管理，就是施工企业的全体人员，包括各级领导、管理人员、技术人员、政工人员、生产工人、后勤人员等都要参加到质量管理中来，人人关心工程质量，把提高工程质量和本职工作结合起来，使质量管理有扎实的群众基础。

5. 数据说话的原则

数据是实行科学管理的依据，没有数据或数据不准确，质量就无从谈起。全面质量管理强调"一切用数据说话"，因为它是以数理统计的方法为基本手段，而数据是应用数理统计方法的基础，这是区别于传统管理方法的重要一点。它是依靠实际的数据资料，运用数理统计的方法做出正确的判断，并采取有力措施，进行质量管理。

6. 不断提高的原则

重视实践，坚持按照计划、实施、检查、处理的循环过程办事，经过一个循环后，对事物内在的客观规律就会有进一步的认识,从而制订出新的质量管理计划与措施,使质量管理工作及工程质量不断得到提高。

7. 尊重事实的原则

贯彻科学、公正、守法的职业规范是搞好工程质量管理的根本。在质量控制实施过程中,应尊重客观事实、尊重科学,客观、公正,遵纪守法,坚持原则,严格要求。

### (二)施工质量控制的主要内容

工程施工是根据建设工程设计文件的要求,对建设工程进行新建、扩建、改建的活动。这个阶段既是形成工程实体的阶段,又是形成最终质量的重要阶段。因此,工程施工阶段的质量控制是工程项目控制的重点,也是监理工程师工作的重要内容。

工程质量控制是决定工程建设成败的关键之一,而工程质量很大程度上又决定于施工阶段的质量控制。根据工程质量形成的时间,施工的质量控制又可分为事前质量控制、事中质量控制和事后质量控制。

1. 事前质量控制的内容

质量的事前控制是指施工前监理工程师针对影响工程质量的诸因素及环节,制订措施和计划,从组织、技术等方面为工程的顺利实施做好准备工作。切实做好质量事前控制工作,把质量问题消灭在萌芽状态,实现防患于未然。因此,质量事前控制是事中控制乃至整个质量控制工作的基础,是实现质量控制目标的重要保障。事前控制的主要内容包括以下方面:

(1)审查施工承包单位的技术资质和参加承包项目的人员资质及施工质量控制管理系统机构。对于施工承包单位的技术资质审查可在施工招标中进行,其审查的主要内容是审查施工单位是否具有完成所承包的工程项目能力,并确保施工质量和施工进度的技术能力和管理水平。对参加施工的人员资格和组织机构审查可以在施工前进行。这里所指的施工人员应包括三方面的成员,即参加施工的技术人员、管理人员和质检人员。

(2)建立监理工程师质量控制系统。监理工程师协助施工单位订立施工现场质量管理制度、现场会议制度、质量统计报表制度和质量事故处理制度;协助施工承包单位完善质量保证体系,完善或改进计量校验和质量检测试验的方法及手段。

(3)对工程项目建设所需的原材料、半成品混合料、预制构件等进行质量检查与控制。凡是进场的原材料均应有产品合格证或产品技术说明书;凡重要的原材料应先提交样品,经检验认可后方能进行采购,经抽样检测合格后才能使用。

(4)审查施工单位提交的施工方案和施工组织设计,并从工程项目整体角度对其实行协调控制,保证工程质量具有可靠的技术措施。

(5)审核施工单位提交的有关施工控制参数及施工配合比,对于重要的公路工程,应进行复核试验。另外,对工程项目中采用的新材料、新工艺、新技术均应审核其技术鉴定书,凡未经试验鉴定或无技术鉴定书者,一律不能在工程项目中使用。

（6）为确保工程的位置和高程准确，应检查施工现场的测量标桩、结构物的定位放线及高程控制水准点。对于重要的结构桩位及高程应组织复核。

（7）组织参加工程建设的有关单位和人员，进行施工组织设计技术交底和施工图纸会审，为顺利施工打下良好的基础。

（8）对工程质量有重大影响的施工机械和施工设备，应审核施工单位提供的技术性能参数，凡不能保证工程项目施工质量要求的机械设备，不允许在工程中使用。

（9）审查工地检测试验室的仪器设备和试验检测人员的配备及试验室的工作环境，是否能满足所承包工程的质量要求。

（10）进行开工报告审核，把好工程项目质量的第一关。在对现场各项施工准备进行检查，并认为具备开工条件后，才能批准并发布开工令。如果由于某种原因而停工的工程，无监理工程师的复工令工程不得复工。

2. 事中质量控制的内容

事中质量控制也称作业活动过程质量控制，是指质量活动主体的自我控制和他人监控的控制方式。其中自我控制是首位的，即作业者在作业过程中对自己质量活动行为的约束和技术能力的发挥，以完成预定质量目标的作业任务；他人监控是指作业者的质量活动过程和结果，接受来自企业内部管理者和来自企业外部有关方面的检查检验，如工程监理机构、政府质量监督部门等的监控。事中质量控制的目标是确保工序质量合格，杜绝质量事故发生。事中质量控制的内容主要包括以下方面：

（1）完善施工过程工序质量控制，把影响工序质量的因素都纳入监控状态，并及时审核施工单位提交的质量检测试验资料和控制管理图表。

（2）严格工序之间的交接检查，主要工序应按有关质量验收规定经监理人员检查验收。否则不得进入下道工序。如路基工程中，对于填方地段的路基，未经压实度检查，不得填筑另一层次土料，又如在路面工程铺筑前，如果路基工程未经验收，则不能铺筑路面基层；而路面基层未经验收，不能进行路面面层铺筑。

（3）对于重要工程部位或重要施工环节，在有必要时，监理工程师应亲自组织抽查验收或随时进行复查，对于重要工程所用材料或预制构件，可自己组织检测或直接参与试验检测。

（4）对于完成的分项或分部工程，且经施工企业自检合格后，监理工程师则可参照现行行业标准《公路工程质量检验评定标准》（JYG F80/1—2004）和有关验收办法进行检测验收。

（5）根据工程的实际情况，对于设计和施工单位提出的设计变更方案及变更施工图进行审核。

（6）监理工程师可定期或不定期组织现场质量会议，及时分析并通报工程质量、施工进度及有关工程动态，同时不断协调有关单位之间的关系等。

（7）监理工程师按工程项目合同条款中的有关规定，行使工程质量监控权、工程数量认可权、工程计量支付权，使整个工程项目始终在监理工程师的监控之中。

3.事后质量控制的内容

事后质量控制也称事后质量把关，以使不合格的工序或产品不流入后道工序、不流入市场。事后质量控制的任务就是对质量活动结果进行评价、认定；对工序质量偏差进行纠正；对不合格产品进行整改和处理。事后质量控制的内容主要包括以下几方面。

（1）组织有关人员按照承包合同文件中规定的有关质量验收评定标准和办法，对所完成的单位工程或单项工程进行检查验收。

（2）审核施工单位提交的质量检验评定报告及其他有关技术资料文件；审核施工单位提交的工程竣工图表。

（3）组织人员整理工程项目的有关质量技术资料文件，并按照有关规定进行编目、汇总、装订和建档。

公路工程施工阶段的质量监控实质是监理工程师组织各施工单位，按照工程项目合同及设计文件中所规定的质量目标实施的过程，监理工程师在整个工程实施过程中处于中心地位。为此，应通过建立完善的工程项目质量监控体系来履行工作职责。

（三）施工质量控制的基本方法

公路工程施工质量控制的目的，在于使实施的结果符合预期的质量目标值。如何对工程施工质量进行有效控制是工程质量控制中的重点和值得研究的问题。工程实践证明，选择的施工质量控制方法是否合适是能否达到项目质量目标控制的一个重要手段。

公路工程项目建设本身是一个动态系统，因而它具有一般动态系统的主要特征，不但有预期的相对稳定性（项目目标、投资、进度、质量），而且系统内部又存在经常可变性（工程变更、材料人员、机具变化）；从外部环境到系统内部有信息转移性，而所传递的信息则是系统内部调节进程的依据，具有可以调节、纠正行为的能力，能保持系统的动态平衡。

公路工程项目施工质量控制的方法主要是通过审核有关技术文件、报表和直接进行动态跟踪检查这两个基本环节，运用质量控制系统在工程项目施工过程中进行连续的评价、验收和纠偏。

1.审核技术文件报表

公路工程项目施工质量控制的审核技术文件报表的具体内容包括以下几方面：

（1）审核进入施工现场的各施工单位和施工人员的技术资质证明文件，确保技术人员和施工管理人员符合要求，以保证工程施工质量。

（2）审核施工单位提交的施工方案和施工组织设计，确保有符合拟建工程的可靠技术措施，从而保证施工顺利进行和工程施工质量符合设计要求。

（3）审核施工单位提交的有关原材料、半成品和预制构件的质量检验报告；审核施工单位提交的有关施工控制标准及施工配合比。

（4）审核施工单位提交的开工报告，经审核和实际考察后确认符合开工条件时，向施工单位下达开工指令。

（5）审核施工单位提交的有关工程施工中的工序质量动态的统计资料和管理图表。

（6）审核在工程施工过程中的设计变更、修改图纸和有关技术证书。

（7）审核拟建工程有关新材料、新技术、新工艺的技术鉴定书。

（8）审核施工单位提交的施工中工序交接检查、分项工程质量检查报告。

（9）审核施工单位提交的有关工程质量事故处理报告，并对处理报告做出评价和结论。

（10）审核并签署施工现场有关技术、质量、计量、进度等统计报表。

2. 施工质量跟踪检查

施工质量跟踪检查是指施工过程中设置的各个施工质量控制点，并且指定专人所进行的相关施工质量跟踪检查。监理工程师或其代表进行施工质量跟踪检查的具体方法通常有目测检查、量测检查和试验检查三种。在进行施工质量跟踪检查中发现有关工程质量问题应及时加以纠正，并指令施工单位采取相应的技术措施。施工质量跟踪检查的具体工作内容如下：

（1）开工前检查。开工前检查的目的是评价施工单位是否具备开工条件，在开工后能否在保证工程质量的前提下，连续、顺利地进行施工。

（2）工序交接检查。对工程的主要工序或工程质量有重大影响的工序应进行工序交接检查，检查的目的是施工质量层层把关，尽力消除某个工序施工隐患。

（3）隐蔽工程完工检查。对重要的或影响工程质量的主要工序实施隐蔽工程检查，是为了避免被下道工序所掩盖的无法进行复查的部位发生重大差错，保证工程质量满足设计要求。隐蔽工程检查工作应在本工序已完成且班组自检合格后，并在下道工序施工前进行。

（4）分项、分部工程完工检查。分项、分部工程的检查是单位工程验收的前提。从分项、分部工程开始，做好单位工程质量检查与验收，对保证工程质量十分重要。分项、分部工程完成后，首先由质检员、质检工程师逐级进行自检。自检合格后，由项目部质检工程师陪同监理工程师进行检查，检查结果填入验收表格，双方签字后方可进行下一工序的施工。

（5）随班日常定期检查。随班日常定期检查是监理工程师获取第一线真实质量资料的一种手段，通过这种检查方法可以及时发现施工质量问题，并对操作人员进行技术指导。

（6）停工后复工前检查。因处理质量问题或某种原因停工后需复工时，必须经检查检测认可后方能复工，这是确保工程质量的一项重要技术措施。

（7）不定期的随机检查。公路工程不定期的随机检查主要是指以下方面：

①随机检查、检测进场的建筑材料、建筑构配件和设备的质量；

②随机检查、检测施工的检验批、分项工程的质量状况和验收程序；

③随机检查、检测及涉及结构安全和使用功能的重要部位或关键工序；

④随机检查、检测施工现场计量装置等标定情况。

### (四)工程施工工序的质量控制

公路工程质量是在施工工序中形成的,而不是最后检验出来的。为了把工程质量从事后检查把关转向事前控制,从而达到"预防为主"的目的,必须加强施工工序的质量控制。

1. 工序质量控制的目的和作用

工序质量控制是指为把工序质量的波动限制在规定的界限内所进行的活动。工序质量控制是工程施工过程控制的核心,它是利用各种方法和统计工具判断和消除系统因素所造成的质量波动,以保证工序质量的波动限制在要求的界限内,使工序处于受控状态,能稳定地生产合格产品。

(1)工序质量控制的目的

影响工程产品质量的原因有两个方面,即偶然性因素和异常性因素。当工序仅在偶然性因素的作用下,其工程产品的性能特征数据(计量值数据)分布基本是算术平均值及标准差固定不变下的正态分布,工序处于这样的状态称为稳定状态。当工序既有偶然性因素又有和异常性因素作用影响时,则算术平均值及标准差将发生不规律的变化,工序处于这样的状态称为异常状态,并应采取必要的措施不断地消除,使工序处于管理状态,确保工程产品质量。

(2)工序质量控制的作用

工程项目的施工过程,是由一系列相互关联、相互制约的工序构成。工序质量是工程质量控制的基础,它直接影响着工程项目的整体质量。要控制工程项目施工过程的质量,首先必须控制工序的质量。工序质量包含两方面的内容:一是工序活动条件的质量,二是工序活动效果的质量。工序质量的控制,就是对工序活动条件的质量控制和工序活动效果的质量控制,据此来达到整个施工过程的质量控制。具体地讲,工序质量控制具有如下作用:工序质量控制能有效地控制施工生产过程,及时发现施工中质量异常现象和原因,并便于采取有效的技术措施,防止不合格项目的发生,确保工程施工质量;有助于施工企业的各项管理工作的改进和提高。通过质量控制活动中的工序条件质量的分析和解决,促进施工企业与施工生产活动有关的业务部门和管理人员的协同工作,促进和改进本部门或本岗位的工作,提高工作质量,以保证工序条件质量的提高。

2. 工序质量控制的原理和方法

(1)工序质量控制的原理

工序质量控制的原理是采用数理统计方法,通过对工序一部分子样检验的数据,进行统计、分析,来判断整道工序的质量是否稳定正常,若不稳定,产生异常情况需及时采取对策和措施予以改善,从而实现对工序质量的控制。

(2)工序质量控制的方法

①实测采用必要的检测工具和手段,对抽出的工序子样进行质量检验。

②分析对检验所得的数据通过直方图法、排列图法或管理图法等进行分析了解这些数

据所遵循的规律。

3）判断根据数据分布规律分析的结果，如数据是否符合正态分布曲线，是否在上下控制线之间，是否在公差质量标准规定的范围内，是属正常状态还是异常状态，是偶然性因素引起的质量变异，还是系统性因素引起的质量变异等，对整个工序的质量予以判断，从而确定该道工序是否达到质量标准。若出现异常情况即可寻找原因，采取对策和措施加以预防，这样便可达到控制工序质量的目的。

3. 工序质量控制的主要内容

工程工序质量包含两方面的内容：一是工序活动条件的质量，二是工序活动效果的质量。从工序质量控制的角度来看，这两者是互为关联的：一方面要控制工序活动条件的质量，即每道工序投入的人力、材料、机械、方法和环境等的质量是否符合要求；另一方面又要控制工序活动效果的质量，即每道工序施工完成的工程产品是否达到相关质量标准。工序质量控制，就是对工序活动条件的质量控制和工序活动效果的质量控制，据此来达到整个施工过程的质量控制。在进行工序质量控制时，应着重于以下四方面的工作。

（1）严格遵守工艺规程。施工工艺和操作规程是进行施工操作的依据和法规，是确保工序质量的前提，任何人都必须严格执行，不得违反。

（2）主动控制工序活动条件的质量。工序活动条件包括的内容较多，主要是指影响质量的五大因素，即施工操作者、材料、施工机械设备、施工方法和施工环境等。只要将这些因素切实有效地控制起来，使它们处于被控制状态，确保工序投入品的质量，避免系统性因素变异发生，就能保证每道工序质量正常、稳定。

（3）及时检验工序活动效果的质量。工序活动效果是评价工序质量是否符合标准的尺度。为此，必须加强质量检验工作，对质量状况进行综合统计与分析，及时掌握质量动态。发现质量问题，随即研究处理，自始至终使工序活动效果的质量满足规范和标准的要求。

（4）设置工序质量控制点。控制点是指为了保证工序质量而需要进行控制的重点或关键部位或薄弱环节，以便在一定时期内、一定条件下进行强化管理，使工序处于良好的控制状态。

4. 工序质量控制点的设置方法

在某一个工序中对产品质量起到关键性作用的地方，可作为关键质量控制点重点控制。工序质量控制点的主要作用，就是要使工序按规定的质量要求和操作正常运转，从而获得满足质量要求的最多产品和最大经济效益。为了保证产品在施工过程中质量稳定，除了应对一般工序进行控制和验证，使其处于受控状态外，还应对关键的工序设置质量控制点，系统地开展工序控制活动。

质量控制点设置的原则，是根据工程的重要程度，即质量特性值对整个工程质量的影响程度来确定。为此，在设置质量控制点时，首先要对施工的工程对象进行全面分析、比较，以明确质量控制点，然后进一步分析所设置的质量控制点在施工中可能出现的质量问题，或造成质量隐患的原因，针对隐患的原因，相应地提出对策措施予以预防。由此可见，设置质量控制点是对工程质量进行预控的有力措施。质量控制点的涉及面较广，根据工程特点，视其重要性、复杂性、精确性、质量标准和要求，可能是结构复杂的某一工程项目，也可能是技术要求高、施工难度大的某一结构构件或分部、分项工程，也可能是影响质量关键的某一环节中的某一工序或若干工序。

总之，操作、材料、机械设备、施工顺序、技术参数、自然条件、工程环境等，均可作为质量控制点来进行设置，主要是视其对质量特征影响的大小及危害程度而定。工程质量控制点的种类有以工序为对象来设置工序质量控制点，以管理工作为对象来设置工序质量控制点。工序质量控制点的设置是保证施工过程质量的有力措施，也是进行工程质量控制的重要手段。

5.施工现场质量检查控制

公路工程施工现场质量检查是对其工程质量最直接的控制，其控制的方法主要有测量、试验、观察、分析、监督和总结等。

# 第三节　公路工程项目安全管理

## 一、公路工程安全管理范围及要求

### （一）公路工程安全管理范围

1.依据公路工程的专业特点的管理。依据公路工程的专业特点，安全管理分为路基工程的安全管理、路面工程的安全管理、桥梁工程的安全管理、隧道工程的安全管理、水上工程的安全管理、陆地工程的安全管理、高空工程的安全管理、爆破工程的安全管理、电气作业的安全管理。

2.依据施工安全隐患和事故征兆的特点的管理。

（1）安全隐患的类别：①按安全隐患可能引发的事故种类划分，可分为：用电事故安全隐患，火灾事故安全隐患，爆炸事故安全隐患，坍塌事故安全隐患，施工机械和设备倾翻、倾倒事故安全隐患，施工机械和施工设施局部损坏（折断垮塌等）事故安全隐患，自升（滑升、提升、爬升、倒升）式整体施工装置（模板、脚手架、工作台等）坠落和失控事故安全隐患，窒息和中毒事故安全隐患（包括危险或不良施工场所与作业环境、毒气和有毒物品的存在等），高处作业和交叉作业伤害事故的安全隐患，安全防护设施、防护品的配置与使用不到位的安全隐患，违章指挥和违章作业事故安全隐患，预防灾害措施不到位事故的安全隐患。②按安全隐患涉及的安全工作方面划分为：安全作业环境和条件缺陷隐患，安全施工措施缺陷隐患，安全工作制度缺陷隐患，安全岗位责任不落实隐患，现场安全监控管理工作不到位隐患。

（2）施工安事故的征兆：①按征兆出现的顺序划分，可分为早期、中期和晚期三类。②按征兆所示的事故划分，一般都有某种征兆提前出现的事故有基坑（槽）坍方（塌）、脚手架和多层转运平台倾倒、脚手架局部垮架、脚手架垂直坍塌、支撑架垮架和倒塌、机械设备倾翻、自升式施工设施的坠落、火灾等。

### （二）公路工程安全隐患排查与治理

安全生产事故隐患（简称事故隐患），是施工单位违反安全生产法律、法规、规章、标准、规程和安全生产管理制度的规定或者因其他因素在生产经营活动中存在可能导致事故发生的物的危险状态、人的不安全行为和管理上的缺陷。

事故隐患分为一般事故隐患和重大事故隐患。一般事故隐患是指危害和整改难度较小，发现后能够立即整改排除的隐患。重大事故隐患，是指危害和整改难度较大，应当全部或者局部停产停业，并经过一定时间整改治理方能排除的隐患或者因外部因素影响致使施工单位自身难以排除的隐患。

1. 安全隐患排查。

（1）对施工单位的要求：①施工单位应当建立健全事故隐患排查治理制度。生产经营单位主要负责人对本单位事故隐患排查治理工作全面负责。②施工单位应当建立健全事故隐患排查治理和建档监控等制度，逐级建立并落实从主要负责人到每个从业人员的隐患排查治理和监控责任制。③施工单位应当保证事故隐患排查治理所需的资金，建立资金使用专项制度。④施工单位应当定期组织安全生产管理人员、工程技术人员和其他相关人员排查本单位的事故隐患。对排查出的事故隐患，应当按照事故隐患的等级进行登记，建立事故隐患信息档案，并按照职责分工实施监控治理。⑤施工单位应当建立事故隐患报告和举报奖励制度，鼓励、发动职工发现和排除事故隐患，鼓励社会公众举报。对发现、排除和举报事故隐患的有功人员，应当给予物质奖励和表彰。⑥总包单位应当与分包单位签订安全生产管理协议，并在协议中明确各方对事故隐患排查、治理和防控的管理职责。总包单位对分包单位的事故隐患排查治理负有统一协调和监督管理的职责。⑦施工单位应当每季、每年对本单位事故隐患排查治理情况进行统计分析，并分别于下一季度15日前和下一年1月31日前向安全监管监察部门和有关部门报送书面统计分析表。统计分析表应当由生产经营单位主要负责人签字。

（2）对人的不安全行为的排查：在公路工程施工中存在的不安全行为，是指在施工作业中存在的违章指挥、违章作业以及其他可能引发和招致发生安全事故的行为。不安全行为可以分为以下四类：①违章指挥。②违章作业。③其他主动性不安全行为。④其他被动性不安全行为。

（3）对事故的起因物、致害物和伤害方式的排查：直接引发生产安全事故的物体（品），称为"起因物"；在生产安全事故中直接招致（造成）伤害发生的物体（品），称为"致害物"；致害物作用于被伤害者（人和物）的方式，称为"伤害方式"。在某一特定的生产安全事故中，起因物可能是唯一的或者为多个。当有多个起因物存在时，按其作用情况会有主次和前后（次序）之分、组合和单独作用之分。在某一特定的伤害事故中，致害物可能是一个或多个。在同一安全事故中，起因物和致害物可能是不同的物体（品）或同一物体（品）。

起因物和致害物的存在构成了不安全状态和安全（事故）隐患，不及时发现并消除，就有可能引起或发展成事故。而一旦发生安全事故，对起因物和致害物的分析确定工作，又是判定事故性质和确定事故责任的重要依据。

2.重大事故隐患的报告与治理。

（1）重大事故隐患报告的内容：①隐患的现状及其产生原因。②隐患的危害程度和整改难易程度分析。③隐患的治理方案。

（2）重大事故隐患治理方案包括以下内容：①治理的目标和任务。②采取的方法和措施。③经费和物资的落实。④负责治理的机构和人员。⑤治理的时限和要求。⑥安全措施和应急预案。

（3）施工单位在事故隐患治理过程中，应当采取相应的安全防范措施，防止事故发生；事故隐患排除前或者排除过程中无法保证安全的，应当从危险区域内撤出作业人员，并疏散可能危及的其他人员，设置警戒标志，暂时停产停业或者停止使用；对暂时难以停产或者停止使用的相关生产储存装置、设施、设备，应当加强维护和保养，防止事故发生。

（4）施工单位应当加强对自然灾害的预防：对于因自然灾害可能导致事故灾难的隐患，应当按照有关法律、法规、标准和有关规定的要求排查治理，采取可靠的预防措施，制订应急预案。施工单位在接到有关自然灾害预报时，应当及时向下属单位发出预警通知；发生自然灾害可能危及施工单位和人员安全情况时，应当采取撤离人员、停止作业、加强监测等安全措施，并及时向当地人民政府及其有关部门报告。

（5）地方人民政府或者安全监管监察部门及有关部门挂牌督办并责令全部或者局部停产停业治理的重大事故隐患：治理工作结束后，有条件的施工单位应当组织本单位的技术人员和专家对重大事故隐患的治理情况进行评估，也可委托具备相应资质的安全评价机构对重大事故隐患的治理情况进行评估。

（6）经治理后符合安全生产条件的，施工单位应向有关部门提出恢复生产的书面申请，经有关部门审查同意后，方可恢复生产经营。申请报告应当包括治理方案的内容项目和安全评价机构出具的评价报告等。

（7）施工单位的安全部门应当建立事故隐患排查治理监督检查制度，定期组织对各项目事故隐患排查治理情况开展监督检查；应当加强对重点项目的事故隐患排查治理情况的监督检查。对检查过程中发现的重大事故隐患，应当下达整改指令书，并建立信息管理台账。

### （三）危险性较大的工程专项施工方案编制

1.危险性较大工程的范围

（1）应当编制专项施工方案，并附安全验算结果的工程：①不良地质条件下有潜在危险性的土方石方开挖。②滑坡和高边坡处理。③桩基础、挡墙基础、深水基础及围堰工程。④桥梁工程中的梁、拱、柱等构件施工等。⑤隧道工程中的不良地质隧道、高瓦斯隧道、水底海底隧道等。⑥水上工程中的打桩船作业、施工船作业、外海孤岛作业、边通航边施工作业等。⑦水下工程中的水下焊接、混凝土浇筑、爆破工程等。⑧爆破工程。⑨大型临时工程中的大型支架、模板、便桥的架设与拆除，桥梁、码头的加固与拆除。其他危险性较大的工程。

（2）必要时还应当组织专家进行论证、审查：①建设单位项目或技术负责人。②监理单位项目总监理工程师、相关专业监理人员及安全监理人员。③施工单位技术负责人及其安全管理机构负责人。④施工单位项目负责人、项目技术负责人及专项施工方案编制人员。⑤专家组成员。专家组成员应当从专家库中选取，由5名以上符合相关专业要求的专家组成，与本项目相关的建设、施工、监理单位的专家不得参加。

勘察、设计单位技术负责人及相关专业技术人员应当参加专家论证审查会。实行施工总承包的，施工总承包单位及相关专业承包单位技术负责人及相关人员应当参加专家论证审查会。

2.专项施工方案编制的内容

（1）工程概况：危险性较大的工程概况、施工平面布置、施工要求和技术保证条件。

（2）编制依据：相关法律、法规、规范性文件、标准、规范及图纸（国标图集）、施工组织设计等。

（3）施工计划：施工进度计划、材料与设备计划。

（4）施工工艺技术：技术参数、工艺流程施工方法等。

（5）施工安全保证措施：组织保障、技术措施、应急预案等。

（6）劳动力计划：专职安全生产管理人员、特种作业人员等。

（7）计算书及附图。

## 二、公路工程安全技术要点

### （一）公路工程高处作业安全技术要点

1.高处作业的脚踏板应用坚实的钢拉板或木板铺满，不得留有空隙或探头板，脚踏板上的油污、泥沙等应及时清除，防止滑倒。

2.在有坠落可能的部位作业时，必须把安全带挂在牢固的结构上，安全带应高挂低用，不可随意缠在腰上，安全带长度不应超过3 m。

3.高处作业应按规定挂设安全网（立网和平网），安全网内不许有杂物堆积，破损的安全网应该及时予以更换。

4.作业平台的承重必须满足施工荷载的要求，不得多人集中在作业平台的某一部位进行作业，以防发生突然断裂坠落伤人。

5. 高处作业操作平台的临边应设置防护栏杆，防护栏杆的高度不应低于 2 m，水平横档的间距不大于 0.35 m，强度满足安全要求。

6. 高处操作平台必须设置供作业人员上下的安全通道和扶梯，平台严禁超载，平台架体应保持稳固。

7. 操作平台的临边外侧下方是交通通道时，敞口立面必须设置安全立网，做全封闭处理，并设置限宽、限高、限速的安全标示牌和防撞设施。

8. 在高处进行预应力张拉作业前，必须搭置可靠的张拉工作平台，若在雨天作业，还应架设防雨棚，张拉钢筋的两端要设置安全挡板，并在张拉作业平台上设置明显的安全标志和操作规程，禁止非操作人员在张拉作业时进入张拉施工区。

9. 高处作业所用的物料、机具，均应合理分散、堆放平稳，不可放置在临边或升降机口附近，也不许妨碍作业人员通行和装卸。高处作业拆除下的模板及剩余物料应及时清理运走，不得随意乱置。严禁向下丢弃物料。传递物件时，不得抛掷。

10. 高处作业场所必须设置完备可靠的安全防护设施和安全警示标识牌，任何人不得擅自移位、拆除和损毁，确因施工需要暂时移位和拆除的，要报经项目负责人审批后方可拆移。工作完成后要即行复原，发现破损应及时更新。

11. 高处作业的挂篮、支架托架、模板及操作平台等应由专业技术人员进行专项设计，其设计图纸、设计计算书、操作规程、技术交底等需上报主管部门审核，批准后实施，经验收合格后方可投入使用。

12. 高处作业临时配电线路按规范架（敷）设整齐；架空线必须采用绝缘导线，不得采用塑胶软线；高空作业现场按要求使用标准化配电箱，箱内应安装漏电保护器，下班切断电源，锁好电闸箱并有可靠的防雨设施。

13. 桥梁主塔（墩）塔身高于 30m 时，应在其顶端装设防撞信号灯，主塔还应采取防雷措施，设置可靠的防雷电装置。遇雷雨时，作业人员应立即撤离危险区域，任何人员不得接触防雷装置。

14. 作业人员在上下交叉作业时，不得在同一垂直面。下层作业人员应处于上层作业人员和物体可能坠落的范围之外。当不能满足要求时，上下之间应设置隔离防护层。

15. 在高处进行电焊作业时，作业点下方及火星所及范围内，必须彻底清除易燃、易爆物品，作业现场要备置消防器材，严禁电焊人员将焊条头随手乱扔。

16. 高处进行模板安装和拆除作业时，要按设计的顺序进行，作业面及操作平台下方不得有人员逗留、走动和歇息。

17. 进行高处拆除作业时，必须对拆除作业人员进行专业安全培训，作业前，要进行层层安全技术交底，并做好交底签认记录。

## （二）公路工程水上作业安全技术要点

1. 在船舶通航的大江、大河、大海区域进行水上施工作业前，必须按《中华人民共和国水上水下活动通航安全管理规定》的程序，在规定的期限内向施工所在地海事部门提出施工作业通航安全审核申请，获批准并取得"中华人民共和国水上水下活动许可证"后，方可施工。

2. 水上作业施工前，应了解江、河海域铺设的各种电缆、光缆、管道的走向，按规定采取有效措施予以保护，防止电缆、光缆及水下管道遭到损坏。

3. 项目要制订水上作业各分项工程安全实施方案和细则，对参加水上施工作业人员必须进行水上作业的安全知识教育和专项技术培训，并做好安全交底工作。

4. 水上施工必须在作业人员必经的栈桥、浮箱、交通船、水上工作平台临时码头上配备安全防护装置和救生设施。

5. 进行水上夜间施工时，要有充足的灯光照明，尽量避免单人操作，特别是电焊作业时，最少安排两人相互监护。

6. 要与地方气象部门、海事部门建立工作联系，及时了解和掌握施工水域的气候、涌潮、浪况、潮汐、台风等气象信息，正确指导安全施工。

7. 作业人员进入水上作业时，必须穿好救生衣，戴好安全帽；乘坐交通船上下班时，必须等船停稳后，可从指定的通道上下船。严禁从船上往下跳跃，防止拥挤推拉、碰撞、摔伤或滑落水中。

8. 在浮箱上作业时，要注意来往船只航行时引起的涌浪造成浮箱颠簸，避免作业人员摔伤或被移位物体碰撞、打击，造成伤害。

9. 遇有六级以上大风、大浪等恶劣天气时，应停止水上作业。

10. 水上进行吊装、混凝土浇筑、振桩等各项作业时，必须严格按照施工工艺和程序，要有专人指挥。由于天气变化或其他原因造成停工停产时，应对有可能造成倾倒滑动移位的设施和构造物采取临时加固措施。

## 第四节　公路工程项目施工技术管理

### 一、技术管理的基础工作

在工程项目实现质量、工期、成本、安全等预定目标的进程中，为充分发挥技术管理的保证作用，必须做好各项基础工作。施工技术管理的基础工作是指为实现施工企业技术管理、实现技术管理的任务，创造技术管理的客观有利条件而应事先做好的一系列最基本的工作。其主要内容有以下几个方面。

### （一）建立技术管理组织系统及管理制度

1. 组织系统

（1）企业组织系统

企业设总工程师和技术管理部门，对各工程项目的技术管理工作实行集中统一领导，通过各项管理活动，对各工程项目在施工全过程中的技术要求，包括现代化施工水平、施工技术难点等进行预测、预控，对施工技术力量进行综合协调平衡。充分发挥企业整体的技术优势，对高难度的技术问题组织攻关，以保证各项目的施工活动正常有效地进行。

（2）项目组织结构

项目经理部设项目总工程师和负责项目施工全过程技术管理职能的机构，针对具体工程项目的技术需要开展工作。该机构的职能人员来自企业技术管理部门，在业务上受企业技术管理部门的指导。参与项目施工的作业层施工队的项目技术负责人和单位工程技术负责人，在业务上受该项目的施工技术管理机构领导。项目总工程师、施工队项目技术负责人和单位、工程技术负责人，在项目施工期间应保持相对稳定。

2. 管理制度

公路工程施工具有分散、多变和内容繁杂等特点，难以进行连续的规律性强的技术管理。然而，建立健全严格的技术管理制度，把整个企业的技术管理工作科学地组织起来，使技术活动无论在室内或作业现场，都有明确的目标、具体的内容和严格的检查制度，从而增强技术活动的可操作性和可检验性，保证管理工作有章可循，这对于有条不紊地、有目的地开展技术工作，建立正常的生产技术秩序都有重要的意义。

管理制度的内容决定了施工管理体制和管理水平，难以形成统一的标准或规定。一般认为，根据在施工过程中通常开展的技术活动，主要应建立以下几种管理制度。

（1）图纸会审制度

①概述

图纸会审是一项极其严肃和重要的技术工作，认真做好图纸会审，对于减少施工图纸中的差错、保证和提高工程质量有重要作用。搞好图纸会审工作，首先要求参加会审的人员应熟悉图纸。各专业技术人员在领到施工图纸后首先必须认真地全面了解图纸，搞清设计图纸及技术标准的规定要求，还要熟悉工艺流程和结构特点等重要环节。

②图纸会审的步骤

A. 初审。初审指在熟悉图纸的基础上，在某专业内部组织有关人员对本专业施工图的所有细节进行审查。

B. 内部会审。内部会审是指施工企业内部各专业工种之间对施工图纸的会同审查，其任务是对各专业、各工种间相关的交接部分，如设计高程、尺寸、施工程序配合、交接等有无矛盾；施工中协作配合作业等事宜做好仔细会审。

C. 综合会审。综合会审是指在内部会审的基础上，由土建施工单位与各分包施工单位共同对施工图进行全面审查。图纸综合会审工作，一般由建设单位负责组织、设计单位进行技术交底、施工单位参加。

③图纸会审记录

图纸经过会审后，会审组织者应将会审中提出的有关设计问题，需及时解决的建议做好详细的记录。图纸会审记录上应填写单位工程名称、设计单位、建设单位和主持单位及参加审核人员名单等。对会审提出的问题，凡是涉及单位变更修改的，应在会审记录"解决意见"栏内填写清楚，尽快地请设计部门发"设计变更通知单"，施工时按"设计变更通知单"执行。

（2）施工日记和施工记录制度

施工日记是在整个施工阶段，对施工活动（包括施工组织管理和施工技术）和施工现场情况变化的综合性记录。从开始施工时，就应以单位工程技术负责人为主，全体技术人员参与，按单位工程分别记录，直至工程竣工。施工日记应逐日记录，不允许中断，必须保证其完整。在工程竣工验收时，施工日记是质量评定的一项重要依据。施工日记在工程竣工后，由承包单位列入技术档案保存。施工日记的主要内容如下：

①日期、气候。
②工程部位、施工队组。
③施工活动记载。

施工活动记载主要包括以下内容。

A. 主要分部、分项工程施工的起止日期。
B. 施工中的特殊情况（停电、停水、停工等）记录。
C. 质量、安全、设备事故（或未遂事故）发生的原因，处理意见和处理方法的记录。
D. 设计单位在现场解决问题的记录，若设计变更应由设计单位出具变更设计联系单。
E. 改变施工方法，或在紧急情况下采取的特殊措施和施工方法的记录。
F. 进行技术交底、技术复核和隐蔽工程验收等的摘要记载。
G. 有关领导或部门对该项工程做出的指示、决定或建议。
H. 其他活动，如混凝土、沙浆试块编号、日期等。

施工记录是按工程施工技术、规范及验收规范中规定填写的各种记录，是检验施工操作和工程质量是否符合设计要求的原始数据，其中有些记录（如隐蔽工程、地质钻孔资料等），需经有关各方签证后方可生效。作为技术资料，在工程完工时，应交建设单位列入工程技术档案保存。

（3）技术交底制度

技术交底是为了使参与施工任务的全体职工明确所担负工程任务的特点、技术要求、施工工艺等，做到心中有数，以利于有计划、有组织、又快又好地完成任务。技术交底工作原则上应在正式施工前做好。

工程施工前必须进行技术交底，交底记录作为施工管理的原始技术资料。交底内容包括合同有关条款、设计图、设计文件规定的技术标准，以及施工技术规范和质量要求、施工进度和总工期，使用的施工方法和材质要求等。

(4)"四新"试验制度

"四新"试验是指新材料、新结构、新工艺、新技术实验。正式施工前，在做好技术准备工作的基础上，要进行和通过有关试验。组织试验的程序如下：

①拟定试验的技术规程，包括工艺规程和操作规程。

②组织现场试验。

③根据现场试验结果，修订原拟定的技术规程。

④根据试验修订后的技术规程，对有关的技术工种、组织人员进行培训。

⑤对操作人员进行考核，合格后，才能上岗。

(5)材料、构(配)件检验制度

材料、构配件质量的优劣，很大程度上决定了公路工程产品质量的好坏。正确合理地使用材料、构配件是确保工程质量、降低成本、减少原材料的关键，因此，应重视材料、构配件的试验检验工作。

凡用于施工的原料、材料、构配件等物资，必须由供应部门提供合格证明文件。对于那些没有合格证明文件或虽有证明文件，但技术领导或质量管理单位认为有必要时，在使用前应按规定程序进行抽查、复验、证明合格后，才能使用。

为了做好材料、构配件的检验工作，施工企业及各个项目经理部都应根据需要，建立和健全实验、试验机构，配备试验人员，充实仪器设备，严格按照国家有关的试验操作规定，对各种材料进行试验，为工程选定各种合格优质的原材料，提供各种施工配合比，作为施工的依据，凡初次使用的材料、结构件或特殊材料、代用材料，必须经过试验的鉴定，并制定操作规程，经上级领导批准后，才能正式用于施工或推广应用。

(6)安全施工制度

公路项目施工的特点是点多面广且流动面大、工种多，常年露天作业、深水和高空作业，立体交叉作业多，因此不安全因素多。安全工作要以预防为主，消除事故隐患，一定要克服麻痹思想，重视劳动保护，增强企业施工队伍的安全意识，真正做到"安全生产，人人有责"。

(7)工程验收制度

工程验收是检查评定工程质量的重要一环。在施工过程中除按有关质量标准逐项检查操作质量以外，还必须根据公路工程的施工特点，对隐蔽工程、结构工程和竣工工程进行验收。

①隐蔽工程验收

所谓隐蔽工程是指那些在施工过程中上一工序的工作结果，被下一工序所掩盖，今后无法进行复查的工程部位。例如，湿软地基的换填层、挡土墙及涵洞的基坑和基础、钢筋混凝土工程中的钢筋等。因此，这些工程在下一工序施工前，应由作业层技术员通知工程监理人员对隐蔽工程进行检查、验收，并认真办好隐蔽工程验收签证手续。做好隐蔽工验收是保证工程质量，防止留下质量隐患的重要措施。对于公路工程，隐蔽工程项目的主要内容如下：

A. 软基处理施工隐蔽检查。主要内容包括：原地面清表及碾压情况；按照设计图纸要求画出布桩平面图，检查布桩根数和间距是否满足图纸要求；桩长及桩径尺寸检查；碎石垫层的厚度及钢塑土工格栅搭接长度；留存现场检查的照片及音像资料，按照分部分项工程、划分编号和存档。

B. 地基承载力、碎石垫层、八字墙基础，主要内容包括检查基底平面位置、尺寸大小、基底标高；检查基底地质情况和地基承载力是否与设计资料相符；检查基底处理和排水情况是否符合公路桥涵施工技术规范要求；检查施工记录及有关试验资料等；检查碎石垫层厚度；基槽（坑）的几何尺寸和槽底标高或挖土深度应符合设计要求。如有局部加深、加宽者，应附图说明其原因及部位。基槽施工中遇有坟穴、地窖、废井、旧基础、管道、泉眼、橡皮土等局部异常现象时，应将其所处部位、深度、特征及处理方法进行描述并附图说明；对地质复杂的或重要的工程，对地基变形有特殊要求以及地基开挖后对地基土有疑义的工程，应根据设计要求或验槽磋商的意见进行有关试验。经过技术处理的地基基础及验槽中存在的问题，处理后需进行复验，复验意见和结论要明确，签证应齐全，必要时应有勘察部门参加并签字。

C. 混凝土灌注桩钢筋笼，主要内容包括混凝土灌注桩钢筋笼，必须在钢筋检验批质量验收合格后，提请质监部门进行隐蔽工程验收并填写隐蔽工程验收记录；放置钢筋笼前，应对原材料、钢筋连接件、钢筋笼进行检查；主筋、箍筋直径、间距和长度应符合设计和规范要求；钢筋的材质检验应符合设计要求；钢筋笼埋置位置应符合设计要求。

D. 钢筋混凝土工程，主要内容包括钢筋混凝土工程钢筋必须在钢筋检验批质量验收合格，在模板合模前或浇捣混凝土前，提请有关单位进行隐蔽工程验收并填写隐蔽工程验收记录。纵向受力钢筋的品种、规格、数量、位置等必须符合设计和规范要求。钢筋的连接方式、接头位置、接头数量、接头面积百分率等必须符合设计和规范要求。箍筋、横向钢筋品种、规格、数量、间距等必须符合设计和规范要求。预埋件的规格、数量、位置等必须符合设计要求。重要构件的钢筋隐蔽结点应附简图。

②中间验收

中间验收是在分部或单位工程施工过程中，经由监理工程师隧道工序检查在认可的基础上，待该项目工程完工后，再由项目经理部总工程师及时通知监理工程师，对工程质量进行全面检查和评定。

中间验收的内容：感官验收，即检查工程外观质量是否符合质量标准和设计要求；各项工程技术鉴定，包括原材料试验、试块强度、隐蔽工程验收、技术复核、质量评定，必要时需进行实测或复验，中间验收合格后，需由双方共同签字留证。

③竣工验收

工程竣工验收由建设业主、监理工程师和工程承包施工方共同组织，对所建项目进行全面的、综合的、最终的检查验收。验收的依据是承包合同和有关的通用工程质量验收管理办法及标准等，在交工过程中，若存在不合格的项目，应限期修复完工，到时再行验收，直至合格。竣工验收合格后，应评定质量等级，办理工程交接手续，存入技术档案，同时开放交通。这时，施工方应将工程使用管理权交还建设业主，但施工方仍负有一定期限的保修职责。

（8）变更设计制度

施工图的修改权为设计单位及项目设计者所拥有，施工单位只应按施工图进行施工。未经设计单位及项目设计负责人允许，施工单位无权修改设计。

若施工方提出工程变更，施工方需向监理方提出工程变更要求，监理方确定合理性和可行性，提出对进度和费用相应变化的建议并向业主方提交，业主方依据审批权限批准并通知设计方出设计变更文件，交总监签发《工程变更通知》后方可实施。

若设计方提出设计变更要求，应由监理方确定变更的可行性并对进度和费用向业主方提交审核意见，业主方依据审批权限批准，并通知设计方签发设计变更文件，交总监签发《工程变更通知》后方可实施。

若监理方提出应变，应由监理工程师提出变更，应列明进度及费用意见，业主方依据审批权限批准，并通知设计方出设计变更文件，交总监签发《工程变更通知》后方可实施。

（9）工程质量检验评定制度

①各工序施工完毕后应按《公路工程质量检验评定标准》（JTGF80—2004）进行质量评定，及时填写工序质量评定表，检查项目、实测项目填写齐全，签字手续完备。

②部位工程完成后及时汇总各工序质量评定表，填写部位质量评定表，计算部位合格率，签字手续完备。

③单位工程完成后及时汇总各部位质量评定表，填写单位工程质量评定表，由施工主要技术负责人签字，加盖单位印章作为竣工验收和质量监督部门核定质量等级的依据。

（10）技术总结制度

①概述。

工程完工后，项目经理部应及时组织有关人员编写工程技术总结，科研课题、"四新"项目的负责人，在课题或项目完成后应及时撰写专题报告和学术论文。

②技术总结的主要内容。

工程概况、技术难度、施工方案、主要技术措施。"四新"应用情况、QC成果、出现的技术问题及处理措施、安全技术措施实施、技术管理制度、技术档案管理、技术经济效益分析。

③学术活动。

鼓励专业技术人员撰写与本职工作或专业相关的学术论文并以此来推动技术进步、人才的培养。

（11）技术档案制度
①概述。
基本建设档案资料是指在整个建设过程中形成的应当归档的文件，包括基本项目的提出、调研、可行性研究、评估、决策、计划、勘测、设计、施工、调试、生产准备、竣工、测试生产等工作活动中形成的文字材料、图纸、图表、计算材料、声像材料等形式与载体的文件材料。

②公路工程施工技术档案管理。

A. 项目应配备专职或者兼职人员负责工程文件材料收集，形成一套完整的竣工资料上交有关单位。

B. 施工过程中应按交通运输部《公路工程竣工文件材料归档范围及保管期限》的要求收集有关工程施工活动的文字材料、图纸、图表、计算材料、声像材料。

C. 项目竣工时，应按交通运输部《公路工程竣工文件材料立卷归档管理办法》或者按照建设单位要求组卷归档、装订，并且在3个月内向上级单位及建设单位办理移交手续。

### （二）技术负责制

企业一般实行四级技术负责制：企业设企业总工程师，项目经理部设项目总工程师，施工队设主任工程师，单位工程设技术负责人。实行技术工作的统一领导和分级管理，推行责任制。

1. 企业总工程师

企业总工程师是企业经理在技术管理工作和推行技术进步方面的助手，在企业经理的领导下，对企业的技术工作负全面责任。

2. 项目总工程师

项目总工程师是项目施工现场的技术总负责人，业务上受企业总工程师的直接领导，在项目经理的具体领导下，对该项目的技术工作全面负责，其主要职责如下：

（1）全面负责工程项目的技术工作和技术管理工作。

（2）贯彻执行国家的技术政策和上级提出的技术标准规范、验收规范和技术管理制度。

（3）领导编制工程项目的总体施工组织。设计、组织重大施工方案的制订和技术攻关项目的实施，审定重要的技术文件，处理重大质量事故的安全事故。

（4）领导工程竣工验收和总结工作。

3. 主任工程师

施工队主任工程师是工程队长在技术管理、推行技术进步和现代化管理等方面的助手，是施工队技术管理的负责人，对工程队的技术工作负全面责任。其主要职责如下：

（1）全面负责单位工程的技术工作和技术管理工作。

（2）主持编制和审定单位工程的施工组织设计，施工组织的方案制订工作。

（3）参加单位工程的图纸会审和技术交底。

（4）组织技术人员学习和贯彻各项技术政策、技术标准、技术规范、规程和各项技术管理制度。

（5）组织制定质量保证和安全技术措施，主持单位工程的质量检查，处理施工技术、施工质量和安全问题。

（6）负责单位工程的技术总结，汇总竣工资料、原始技术凭证，做到"工完资料清"。

（7）领导技术学习和技术练兵。

4. 技术负责人

单位工程技术负责人是施工队主任工程师在技术管理方面的助手，在施工队长的领导下，合理安排施工顺序，具体指导作业班组按施工图的设计要求组织施工，其主要责任如下：

（1）开工前参与施工预算编制、审定工作，工程竣工后参与工程结算工作。

（2）参与编制施工组织设计并贯彻执行。

（3）负责所管理工程的图纸审查，向工人进行必要的技术交底。

（4）负责技术复核，如中线、高程、坐标的测量与复核。

（5）贯彻执行各项专业技术标准，严格操作规程、施工规范及质量验收标准。

（6）负责材料试验准备工作，如原材料试验及混凝土等混合料的试配。

（7）向上级提供技术档案的全部资料，并整理施工技术总结及绘制竣工图。

（8）参加质量检查活动及竣工验收工作。

5. 共性的职责

各级技术管理机构的职责和业务范围有所不同，都存在以下几方面的共性职责。

（1）各级技术管理机构都要深入实际，调查研究，总结和推广先进经验，为工程项目的顺利完工创造良好的条件。

（2）向各级领导提供必要的分析资料、技术情况、技术咨询、技术建议方案和措施，便于领导决策。

（3）经常检查下属各职能部门和人员贯彻执行有关技术规范和规程的情况，发现问题，及时反映。

（4）在各自的业务范围内，负责经常性的业务工作。

### （三）技术管理的标准化体系

技术标准和技术规程是技术标准化的主要内容，是组织现代化施工的重要技术保证，是组织施工和检验、评定各种筑路材料的技术性能或等级的技术依据，也是检查和评定工程质量的标准。

公路工程技术管理的主要技术标准有《公路工程质量检验评定标准》（JTG F80/1—2004）、《公路工程竣工验收办法》等，还有筑路材料及半成品的技术标准和相应的检验标准、各种结构技术设计标准及技术规定等。这些技术标准大多都是较高层次的行业规定，施工企业在组织施工和生产中必须认真贯彻遵守。

技术规程是技术标准的具体化、规程化。这些技术规程包括以下方面：工艺规程，规定产品生产的步骤和方法；操作规程，主要规定工人操作方法和使用工具设备的注意事项；设备维修的检修规程，规定设备维护检修的方法和要求；安全技术规程，规定施工生产过程中应遵守的安全要求、注意事项等。

技术标准和规程标准分国家标准、部级标准和企业标准三级，后者必须依据和遵循前者的标准要求，且是对前者的具体化和补充。

标准和规程是在一定历史条件与技术经济条件下工程实践的总结。它不是一成不变的，必然要随着生产力的发展、技术水平的提高，每隔一定时期进行必要的补充、修订和完善，以适应施工生产的技术管理需要。

贯彻执行技术标准与规程的基本要求：组织施工人员学习各种有关的标准与规程，要求他们熟悉和掌握这些标准与规程，加强技术监督和检查；将技术标准和规程做必要的分解和具体化。如对工程质量标准和操作规程，从原材料开始到每道工序、半成品和成品，在每一个具体工种的施工生产过程中进行分解，制定具体的要求，以便执行者明白技术标准和规程所要达到的目标，更好地执行。

### （四）收集信息和开展科学技术研究

随着科学技术和社会生产力的发展，现代化大生产的生产力要素构成已经不仅仅是劳动力、简单工具和生产资料三要素，生产要素的内涵发生了重大变化。技术和管理作为智力型生产力要素，在生产形成过程中起着越来越重要的作用。因此，要高质量、高速度、高效益地完成工程项目的建设，必须依靠科学技术的进步。技术进步的内涵和内容，已由单纯对技术成果的开发与管理发展为"全面技术进步"的概念。在具体实施过程中，就是通过大量占用企业内外及国内外的信息资料，密切结合本企业的施工实际，以提高企业施工效益和社会信誉为总目标，针对工程项目实施过程中存在的各种问题，不断进行科学的分析、试验和研究，提出行之有效的技术方法、手段和措施，积极指导和运用于施工实际，使技术进步的巨大作用在工程项目建设中得到更大的发挥。因此，这是一项全面的、长期的和准备性的技术管理工作，要促进这项工作积极地开展，有效的办法就是建立固定的有组织和制定明确的制度，有计划地开展活动，定期检查总结，使这项技术管理工作真正贯穿于整个技术活动之中。

对于科技信息，必须重视信息资源，建立信息系统，组织交流。科技信息交流的内容主要包括有关资料的收集、整理和报道等。科技信息的获取方式，可采用人工和计算机检索、参观学习等，对于生产中的关键问题，可按专题系统收集资料，组织小型研讨会、专题讲座、现场交流等。

技术文件是根据施工的必要在施工过程中产生的，是技术管理的重要手段和对象。技术和保密等工作环节，都应该建立起一套严格的管理制度，以保证技术文件的完整性、正确性和及时性。文件的内容十分丰富，主要包括各种施工图纸和说明书、各种技术标准以及施工中的记录、签证材料等有关的技术档案。技术文件的管理，应根据实际需要建立和健全专职管理机构。总公司和公司一级应建立技术档案资料室，项目经理部等基层单位应做好装订、归档、保管、借用和保密等工作，制定一套严格的管理制度，以保证技术文件的完整性、正确性和及时性，满足施工生产和科学研究的需要。

## 二、施工技术管理

### （一）施工准备阶段的技术管理

施工前的技术准备工作是为了创造有利的施工条件，以保证施工任务顺利完成。其主要工作内容及基本任务是了解和分析建设工程特点、进度要求，摸清施工的客观条件，编制施工组织设计，合理部署和全面规划施工力量。制订合理的施工方案，充分、及时地从技术、物资、人力和组织等方面为工程施工创造一切必要的条件，使施工过程连续地、均衡地、有节奏地进行，保证工程在规定期限内交付使用，同时使工程施工在保证质量的前提下，做到提高劳动生产率和降低工程成本。在施工准备的诸项工作之中，以网络计划技术为手段的施工组织设计的编制应列为中心内容。

施工组织设计既是指导一个工程项目进行施工准备和施工的基本技术经济文件，又是企业做好项目之间动态平衡的依据。根据各工程项目的施工组织设计，企业可在人力和物力、时间和空间、技术和施工组织上做出一个全面合理的安排，最大限度地满足人力、财力、物资、机械等在项目之间的合理流动，达到在动态中实现平衡的目的，项目动态管理加快了各项工作的节奏，施工组织设计的编制也适应动态管理的需要。为此，应采取以下两项措施。

1. 加强施工组织设计编制的组织工作。在工程承包合同签约以后，及时组织编制，大型工程项目由企业总工程师领导，企业技术管理部门具体组织，项目经理部及参加施工作业层有关人员具体编写。中小型项目由项目总工程师组织项目经理部技术管理机构和参加施工的作业层有关人员一起编写。为了加快编制进度，由组织编制者将编写内容列出提纲，对参加编写的人员明确分工，落实责任到人，限定时间完成，再由主编汇总整理、组织讨论、修改定稿。编制过程中尽可能将文稿录入计算机，采用专用软件处理，最后将成果送技术管理部门审核。大型工程项目的施工组织设计报企业总工程师审定，企业经理批准中小型项目由项目总工程师审定，项目经理批准。

2. 管理标准化。施工组织设计的编制依据、编写格式、基本内容和编写审批程序应有统一规定，实行标准化管理，编制时尽可能采用图表形式，为组织集体编写创造条件。施工组织设计的编写内容包括工程概况、工程施工任务量、施工综合进度控制计划、施工资源安排，以及重点工程的施工方案和技术组织措施、工程质量管理和安全施工措施、施工总平面图布置、物资供应管理、预计存在的问题等。

## （二）施工过程中的技术管理

施工过程的技术管理即施工现场技术管理，是施工技术管理的主要内容。项目经理部为了实现质量、工期、成本、安全的预定目标，搞好现场文明施工，必须加强施工过程的技术管理，其主要内容如下：

1. 搞好图纸会审，坚持按图施工。

2. 编制并优化施工方案或施工措施，包括施工技术组织、降低成本措施、合理化建议等。严格按照施工组织设计和施工方案的各项要求组织施工，做好技术交流，认真执行规范和规程，保证施工质量和施工安全。

3. 及时检查施工进度和计划执行情况，并根据实际变化有效地调整资源使用计划，确保工程按期完成。

4. 认真做好施工记录和隐蔽工程检查记录。

5. 做好施工技术资料的积累和整理，确保与施工进度保持同步。

在项目动态管理过程中，施工节奏快、工序施工周期短、人员流动频繁，因此，各种施工记录和隐蔽工程检查记录以及一切施工技术资料的积累必须及时，与施工进度保持同步，在施工过程中，记好施工日志，按规定填写各种交工技术表格，由各有关人员签证认可，并办理质量评定验收手续。对于每个分部工程，一旦施工完毕，必须及时将施工结果的真实情况记录在案。为此，项目经理部应结合网络计划节点考核，同时考核施工技术资料的积累是否与工程进度保持同步。企业管理部门也应定期组织到各项目施工现场巡回跟踪服务，检查和督促这项工作的开展情况。

在施工过程中推行技术系统目标控制管理，对于顺利完成各项技术管理工作是非常有效的。技术系统目标管理是方针目标管理在技术系统管理中的具体应用。其要求从技术管理、质量管理、安全技术、试验检测、计量管理、技术进步等方面，将方针目标层层展开，抓住主要控制环节，制定出实施对策并明确责任单位和完成日期。其核心是用现代化的管理技术与方法实行目标预控，体现管理的先导性和规范性。其措施和方法是从基础工作入手，进行全过程与全员的控制并通过层层相关的"计划—执行—检查—总结"循环运作，在动态中逐个实现分解的具体目标，从而在项目实施过程中保证总目标的最终实现。

## （三）竣工验收阶段的技术管理

竣工验收是工程施工的最后一个环节，是全面考核施工成果、检验施工质量的重要技术管理阶段。它开展的主要工作如下：

1. 组织试验人员进行以试通车为主的全面实验检查。

2. 按单位工程组织预验收，填报竣工报告。

3. 整理交工报告，编写技术总结。

4. 向业主及监理工程师办理竣工验收和交工技术文件归档。

竣工验收阶段时间短、工作量大，因此，在该阶段应特别重视做好交工资料的收集和整理，并与工程完工尽可能同步，保证迅速交工。

交工技术资料的整理有两项内容。一是指将平时积累的资料审查整理，检查有无错项和遗漏，使之成为一套完整齐全、先后有序、真实可靠、质量达标的竣工资料；二是指竣工图的绘制。由施工企业负责绘制的竣工图有两种情况：一种是按原图施工没有变动的，只要在原施工图上加盖"竣工图"章后，即作为竣工图归档。这种情况比较简单，工作量不大。另一种情况是在施工中仅做一般性设计变更，则要求在施工图上说明修改的部位，并附上设计变更文件，或直接在施工图上修改，再加盖"竣工图"章作为竣工图，这种情况的工作量较大。为了减少工作量，提高功效，缩短绘制时间，可采用刻有"此处有修改，见××号设计变更联络笺"和"此处有修改，见×月×日技术签证"的印章，并印在施工图的修改部位附近，再填上联络笺字号或技术签证日期，最后再加盖"竣工图"章。

为了抓紧抓好交工验收及竣工验收工作，作业层和项目经理部必须在工程竣工后一定时间（一般是1个月）内，将交工技术资料和竣工图整理装订成册，送交项目监理工程师审核，在一个月内与业主办理手续并返回技术资料一份，送交企业综合档案室存档。这一工作应视为施工进度控制网络计划延伸的最后一个节点，列入节点考核内容。

# 结　语

公路的桥梁施工是整个高速公路施工的核心，也是保证交通安全的重要举措，为人们生活提供了便利，也推动了社会的进步与发展。施工企业和施工队伍都要做好工程质量控制工作。施工企业作为指导中心，应当遵守有关质量标准，严格控制施工期、现场施工和在建阶段管理。在施工过程中，要保证施工队伍的严谨和专业性。对整个施工进行监管，对设备、技术等科学管理，最终实现道路和桥梁的更好发展和建设。

公路桥梁工程的全面质量管理体系是现阶段我国公路桥梁事业发展的重要内容，对保障公路桥梁质量起着根本性作用，相关部门要对此加以重视，并加大质量管理的投入，促进质量管理体系的建设。全面质量管理体系的建立健全能够有效提高我国公路桥梁工程的质量，给人们提供更加便捷安全的交通环境，为社会经济发展提供道路交通保障，对我国社会长期稳定发展有着十分重要的意义。

综上所述，公路桥梁方面的工程施工质量，直接关乎其正式投入运行使用中的情况，因公路桥梁方面的建设都不是暂时性的，而是为了长久性运行，所以一定不能成为"豆腐渣工程"，为此施工阶段的工作人员，要严格把控好公路桥梁方面的工程施工，并注重管理手段和管理理论的有机结合，以此科学且合理地完成公路桥梁方面的工程施工。

# 参考文献

[1] 姚宇.浅谈公路桥梁施工的质量监督及其控制[J].建筑与预算,2021(05):41-43.

[2] 刘澜涛.公路桥梁工程预制梁施工管理[J].交通世界,2021(15):140-141.

[3] 郭彪.公路桥梁施工中现场监理管理控制要点分析[J].技术与市场,2021,28(05):190-191.

[4] 朱翔.公路桥梁工程施工质量管理问题探究[J].智能城市,2021,7(09):79-80.

[5] 霍延峰.分析公路桥梁施工中的质量管理和控制[J].四川建材,2021,47(05):97-99.

[6] 史兴波.BIM技术在公路桥梁施工管理中的应用[J].砖瓦,2021(05):122-124.

[7] 邓宗原.公路桥梁工程设计中桩基沉降问题[J].科技经济导刊,2021,29(13):95-96.

[8] 吴鸣飞.公路桥梁施工管理常见问题与对策[J].黑龙江交通科技,2021,44(04):117-118.

[9] 蒋恩泽.公路桥梁施工管理优化策略分析[J].智能城市,2021,7(07):79-80.

[10] 姚宇.公路桥梁施工中的质量管理及控制对策分析[J].砖瓦,2021(04):130-131.

[11] 徐凯鹏,冯涛.山区高速公路桥梁工程施工风险评估及研究[J].建筑安全,2021,36(04):55-59.

[12] 兰桂芳.计算机技术在公路桥梁工程施工中的应用[J].交通世界,2021(10):3-4.

[13] 黄竞.公路桥梁工程高强度混凝土配合比设计[J].交通世界,2021(10):149-150.

[14] 于涛荣.公路桥梁施工项目管理的特点与方法研究[J].工程建设与设计,2021(06):203-204.

[15] 党永刚.农村公路桥梁改造工程施工技术与管理措施:以何家台桥为例[J].科技资讯,2021,19(09):85-87.

[16] 金友刚.公路桥梁工程预制梁施工管理[J].科技风,2021(08):106-107.

[17] 蒋蕾.施工组织设计中影响公路桥梁工程造价的因素分析[J].居舍,2021(08):167-168.

[18] 管兵.高速公路桥梁混凝土工程施工技术管理要点探析[J].居业,2021(02):101-102.

[19] 王晓宁.公路桥梁工程施工进度管理工作的可行性建议[J].工程建设与设计,2021(03):234-236.

[20] 陈睿.公路桥梁施工中的质量管理及控制对策分析[J].砖瓦,2021(02):157-158-160.

[21] 方刚.公路桥梁工程施工及安全管理研究[J].工程技术研究,2021,6(03):178-179.

[22] 赵俊.公路桥梁施工安全问题研究[J].居舍,2021(03):156-157.

[23] 章妮.钢筋混凝土预应力公路桥梁工程的设计探讨[J].城市建筑,2021,18(03):184-186.

[24] 贾汪涛.公路桥梁工程施工质量管理问题探究[J].智能城市,2021,7(01):89-90.

[25] 张贵宏,王淑芳.公路桥梁工程施工的管理要点和对策探析[J].农村经济与科技,2020,31(24):38-39.

[26] 张毅.公路桥梁工程施工质量管理分析[J].农村经济与科技,2020,31(22):55-56.

[27] 张涵墨,张榄.高速公路道路桥梁工程设计中存在的安全隐患及对策[J].江西建材,2020(11):83-85.

[28] 王二赞.山区公路桥梁工程设计要点研究[J].河南科技,2020,39(32):109-111.

[29] 张军杰.公路桥梁工程设计中桩基沉降问题研究[J].河南科技,2020,39(29):116-118.

[30] 陈亚彪.提高公路桥梁设计安全性和耐久性的措施分析[J].科技经济导刊,2020,28(24):55+60.

[31] 李伟.公路桥梁工程中的涵洞施工技术分析[J].黑龙江交通科技,2020,43(07):105+107.

[32] 余梅群.高速公路桥梁工程造价控制措施研究[J].运输经理世界,2020(03):58-60.

[33] 王枫.桥面径流收集系统在绿色公路桥梁工程中的应用[J].山西交通科技,2020(02):72-74.

[34] 杨怀伟,郝俊宇.港区桥梁工程设计存在的问题及对策[J].珠江水运,2020(06):106-107.

[35] 宋述臣.公路桥梁施工混凝土裂缝防治探讨[J].居舍,2020(09):57.

[36] 刘晓刚.山区高速公路桥梁的抗震设计和加固设计[J].交通世界,2020(Z2):102-103.

[37] 苗夏.公路桥梁工程施工变更索赔要点及应对措施[J].冶金管理,2020(03):243-245.

[38] 孙海宁.公路桥梁工程中桩基沉降问题的解决措施[J].交通世界,2020(Z1):176-177.

[39] 马文朝.公路桥梁工程的桩基础加固设计[J].住宅与房地产,2019(31):100.

[40] 姚俊.公路与桥梁工程如何提高设计质量[J].城市建筑,2019,16(30):171-172.